여혐민국

누구 덕분에 이렇게 사는데

한 사람을 소개하는 방법에는 여러 가지가 있다. 내 소개도 그렇다. 간략하게 이야기하자면, 나는 30대 후반에 아이 둘의 엄마로 현재 영국 런던 마이크로소프트에서 데이터 과학자로 일하고 있다. 최종 학력은 영국 옥스포드 대학의 소프트웨어 엔지니어링 석사이다.

꿈과 희망을 주는 자기계발서 느낌으로 스토리를 만들어 보자면 다음과 같다. 나는 평범한 군인 가족의 장녀로 여섯 군데의 초등학교를 거쳐 졸업을 했다. 그 후 육군 항공 소령으로 전역하신 아버지를 따라 인종차별로 유명한-당시엔 대한민국 대사관조차 없던-남아프리카공화국으로 이민을 갔다. 고등학교 땐 부모님의 사업이 망했다. 빚쟁이들은 얼마 하지 않는 가구를 쓸어갔고 학교에 사정해 장학금을 받아 고등학교를 마칠 수 있었다. 고3 나이에는 망하는 사업을 돕느라 세일즈도 직접 뛰었는데, 그러다 보니 결석일수가 50일이 넘었다. 가고 싶었던 미국 대학에는 진학하지 못했으므로 "아프리카의 한국인 소녀 하버드로 진학하다"와 같은 가슴 뿌듯한

기적은 없었다. 아직 90년대일 무렵이니 성공했다면 저 제목으로 책 좀 팔았을지 모르지만, 못했으니 책도 없다.

미국 유학의 꿈이 날아간 뒤 남아공 대학에 진학했고, 이제 IT 시대가 열릴 거라는 선견지명이 있어 초보 개발자로 중소기업에 취직했다. 2002년 스물 셋 되던 해에는 일찌감치 결혼도 했다. 그 후 일하는 동시에 아이를 낳아 키우면서 옥스포드에서 석사과정을 마쳤고, 마이크로소프트의 데이터 과학자가 되었다. 열심히 살았냐고 묻는다면 그렇다고 답하겠다. 그러나 열심히 살 수 있었던 비결이 양파 너만의 노력이냐고 묻는다면, 실은 페미니즘의 덕이 컸다고 답할 것이다.

"Why feminism?"

얼마 전 시애틀 본사에 출장을 간 김에 친구를 만났다. 20대 중반의 여자로 20만 달러를 훌쩍 넘는 연봉을 받는다. 그 친구는 같은 업계 남자는 좋아하지 않고, IT 종사자가 아닌 이상 그 나이대에 자기만큼 버는 사람은 흔치 않아서 남자 만날 때 연봉을 따지지 않는다. 사귀는 남자가 자신의 3분의 1 정도만 벌어도 된다는데, 유일한 이유는 "내가 돈 쓸 때 불편하지 않기 위해서"다. 이 친구가 남자와 같은 조건으로 일하면서도 차별받지 않는 것, 자기보다 덜 버는 남자와 사귀면서 걱정거리가 없는 것은 이전에 미리 싸워준 페미니즘 전사들 덕분이다.

또 다른 여자를 안다. 연봉은 40만 달러에 가깝다. 남편은 집에서 아이를 본다. 어차피 벌어도 아내의 10퍼센트 남짓이다. 이 여자가 남자와 같은 조건에서 일하고 능력만으로 평가와 보상을 받는 것, 갓난아이를 두고도 계속 직장에 다닐 수 있으며 남편이 집에서 애를 본들 주위에서 '그냥 그런가 보다' 하는 것, 이것 또한 먼저 싸워준 페미니즘 전사들 덕분이다.

10년 전 아프리카를 떠나 영국에 올 때 취업 비자를 받은 것은 나였고, 남편은 피부양자 자격으로 왔다. 나는 학사 소지자였고 남편은 그렇지 않았기 때문이다. 남편은 닷컴(.com) 버블 시절에 대학교를 중퇴하고 곧바로 일을 시작한 케이스였다. 영국정부는 남편보다 어린 내가 학사가 있고 돈을 벌고 있으며 비자의 주 신청자라는 것을 자연스럽게 받아들였다. 수십 년 간의 꾸준한 페미니즘 운동이 없었다면 여자가 가장일 수 있다는 것, 남자가 피부양자라는 사실은 쉽게 인정되지 않았을 것이다.

영국에 와서는 쭉 면접을 보러 다녔다. 서른 살 여자였지만 그 어떤 면접관도 나에게 '결혼했냐, 애 낳을 거냐, 애 낳으면 직장 어떻게 다닐 거냐, 친정어머니가 애 봐줄 수 있냐' 따위는 묻지 않았다. 영국에서 취업 1년 후 임신을 하고, 출산을 했으나 잘리지 않았으며 어떤 불이익도 받지 않았다. 덕분에 경력을 계속 쌓을 수 있었고 아이를 키우면서도 게임회사 EA(Electronic Arts), 그리고 마이크로소프트에 이직할 수 있었다. 이 역시, 유부녀가 직업을 갖지 못하거나 직업이 있더라도 아이를 낳으면 당연히 해고되어야 했던 지난 시절, 여성에게 가정과 직장은 양립할 수 없다고 믿던 시대부터 싸워준 이들 덕분에 가능한 결과다.

EA와 마이크로소프트 면접을 볼 때 아무도 내게 애가 있는지, 애를 누가 봐주는지, 아이를 더 낳을 생각이 있는지, 왜 남편이 있는데 일하려 하는지, 남편이 잘 버는데 나까지 높은 연봉을 받아야 하는지 묻지 않았다. 정당하게 내 경력에 맞는 연봉을 받았다. 엄마라고, 여자라고 덜 받지 않았다. 실제로 남자 동료들도 일이 바쁜 아내 대신 아이를 픽업하러 가거나 아픈 아이를 돌보러 일찍 퇴근한다. 그래도 '저 정신 나간 놈은 일을 하겠다는 거야 말겠다는 거야'라는 지적은 없다. 일하는 여자들뿐만 아니라 그들의 남편도 페미니즘의 덕을 보고 있다.

마이크로소프트에 다닌 지 5년이 다 되어간다. 그동안 석사를 마쳤고, 둘째도 낳아 아이 둘을 키우느라 정신없이 살았다. 5년 동안 아이가 아파서 재택근무 한 날도 많았고, 육아 때문에 잠을 못 자서 피곤한 기색도 많이 보였다. 그러나 그 긴 시간 동안 누구도 나에게 엄마의 자질을 의심하는 질문을 하지 않았고, 애 키우느라 일 제대로 하겠냐는 식의 말도 하지 않았다.

내가 독해서 버틴 게 아니고
내가 잘나서 회사가 알아서 대우해준 게 아니고
내가 운 좋게 훌륭한 상사를 만나서 그런 게 아니고

그저 사회 분위기가 그렇게 바뀌어 있었기에 어렵지 않게 일할 수 있었다. 성평등, 고용평등 그리고 노동자 권리를 위해, 목숨까지 바쳐 싸워주었던 사람들 덕분이다.

요즘 페미니즘이 이렇다 저렇다 '페미나치'가 어떻다 욕하는 사람들이 있는 거 안다. 이상적인 미래를 꿈꾸며 모인 사람들이 하나같이 다 옳을 수는 없다. 그냥 '있어 보여서' 참여하는 사람, 자기한테 유리하니까 써먹으려고 페미니즘 하는 사람도 있을 거다. 그러나 1950~60년대 여성 참정권부터 시작해 여성이 일할 수 있는 권리, 남성과 같은 보수를 받을 수 있는 권리, 출산휴가를 가질 권리, 가정 있는 여성이 차별 받지 않을 권리 등을 위해 싸워온 사람들은 분명 페미니스트들이었다.

그래서 확실히 말할 수 있다. 내가 가진 것, 누리는 것의 대부분은 페미니즘과 페미니스트들이 투쟁해 만들어놓은 기반 덕분이라는 것을. 그 사실에 늘 감사하고 산다.

자, 이제 다시 처음으로 돌아가서 나의 스토리를 다시 써보자. 이번에는 청소년에게 꿈과 희망을 줄 만한, '나는 이렇게 열심히 해서 성공했어요' 버전이 아니다.

나는 한국에서 초등학교만 마치고 이민을 갔다. 인종차별로 유명한 남아공에서 쭉 자랐다. 부모님의 사업이 망하기도 했다만 나 자신도 그리 성실한 학생은 아니었다. 어린 시절 치기로 겪을 수 있는 모든 종류의 방황이란 방황은 다 거쳤다고 자부한다. 자연스레 대학 입시도 망했다. 아프리카 의대 따위 안 간다고 큰소리 쳤지만 사실 갈 성적도 안 됐다. 그저 그런 대학의 공대에 입학했다가, 그나마 연애한답시고 1학년부터 학점을 망치고 인문대로 전과했다. 그러고 나서도 공부에는 관심을 붙이지 못해 일단 직장부터 구했다. 한국이었다면 좀처럼 만회하기 힘들었을 선택을 이미 여러 번 한 셈이다. '신념과 열정을 가지고 도전하는' 그런 류의 선택도 아니었다. '망했으니 될 대로 되라지!' 류의 선택이었다.

나의 첫 직장은 직원 다섯 명을 둔 작은 IT 회사였다. 세전 월 50만 원이라는 엄청난 월급을 벌고 있었으므로 대학 따위는 필요 없다며 과감히 때려쳤다. 그러고도 20퍼센트 인상된 파격적인 연봉을 받았다. 삼성그룹 현지 채용이나 대사관 근무 따위는 비웃음으로 거절했다. 그나마도 다니던 대학보다 더 인지도가 낮은 방송대로 옮겨 이름만 걸어놓고 공부는 늘 뒷전이었다.

나는 늘 최고를 꿈꾸는 반항아였으므로 그 여세를 몰아 어린 나이인 스물 셋에 결혼까지 감행했다. 취업 시 불이익을 받는 유부녀 신분으로 이런 저런 중소기업을 전전하면서 경력을 쌓았다. 그렇게 일하며 8년이나 걸려 학부 공부를 마쳤다. 여러모로 후지고 인종차별로 유명한 남아공에서 20년을 유색 소수인종 여자로 대학을 다니고 취업도 하고, 학위 없이 계속 일을 한 것이다. 영국에 와서는 아무도 알아주지 않는 아프리카 대학 인문학 학위를 가진, 애 없는 유부녀 외국인 신분으로 구직했다. 그럼에도 아무런 문제가 없었다. 영어권 국가에서니까 그랬겠지, 하는 의견에는 나도 어느 정도 동의한다. 그렇게까지 어렵지는 않았기 때문이다. 내가 한국에 있었더라면 대입에 실패하고도 이렇게 쉽게 취업할 수 있었을까? 일하면서 학사 학위를 마칠 수 있었을까? 유부녀 처지에 취업이나 이직이 쉬웠을까? 스펙 없이 중소기업 다니다가 대기업으로 이직하기가 과연 가능했을까?

지금 한국의 젊은 친구들을 보면 나보다 훨씬 더 열심히 사는데도 불구하고 몇 배는 더 힘들다. 남아공은 선진국도 아니고 여러 가지로 열악한 환경이지만, 나처럼 확실한 목표의식 없이 방황하는 사람에게도 여러 번의 기회를 주었다. 삼십 대 후반이 된 지금은 그래도 어릴 때 한국을 떠나서 다행이라는 생각을 한다. 여자로서, 유색인종 외국인으로서 힘든 일이 많지 않았기 때문이다. 한국의 남초 직장에서 일하는 여자 분들에 비하면 훨씬 수월했다.

이게 바로 내 스토리의 진짜 배경이다. 나도 이기적인 사람인지라, 월급 50만 원짜리 고졸 유부녀에서 대기업의 데이터 과학자가 된 건 내가 잘났기 때문이고 '노오오오력'을 엄청나게 해서라고 말하고픈 충동이 있다. 그러나 그런 식으로 내 삶을 포장하는 것은 아무런 의미가 없다. 한국에서 비슷하게 방황했더라면 지금의 모습이 되지 못했을 것을 나 자신이 잘 알기 때문이다. 만약 누군가 나를 가리켜 '이 여자는 결혼하고 아이 둘을 낳으면서도 공부를 끝내고 커리어를 쌓아 돈을 벌어오는데, 한국 여자들은 취집이나 하려고 들고 너무 의존적이다'라고 말한다면 그건 그야말로 엄청난 기만이다.

그래서 이 책을 썼다. 한국은 패자에게 냉혹하다. 여자에게는 몇 배로 더 가혹하다. 나는 내 노력만 강조하며 인생을 억지로 포장하기보다는 나의 이십 대의 시절과 비슷하게 실수도 하고 방황도 하는 이들에게 이야기하고 싶었다. 우리에게 어떤 사회 변화가 필요한지 말이다. 우리에겐 페미니즘이 필요하다. 스웨덴의 통계석학이자 카롤린스카 대학교 교수인 한스 로슬링Hans Rosling이 방한해서 말했듯이.

"페미니즘이 대한민국을 구할 것이다."

CONTENTS

PART FOUR │ 여험을 해부하다

PART ONE

시작하며

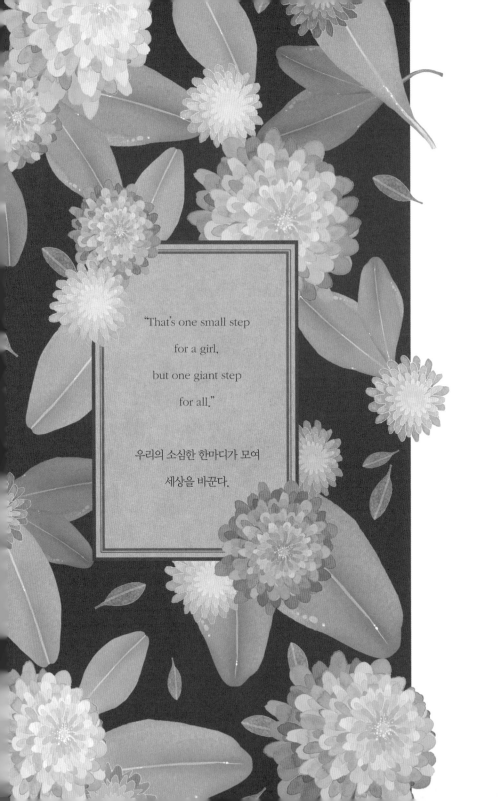

"That's one small step

for a girl,

but one giant step

for all."

우리의 소심한 한마디가 모여

세상을 바꾼다.

"I didn't want to
be a feminist"

'나는 커서 페미니스트가 될 거야!'라고 말하는 꼬마 소녀는 없다. '아유, 우리 장한 딸 커서 대단한 페미니스트가 되겠어!'라는 부모도 없다. 새로운 여자친구를 자랑하면서 '내 여친은 정말 대단한 페미니스트야! 부럽지?'라는 남자도 없다. 페미니스트라고 하면 못생기고, 남자와 연애를 못하고, 목소리 크고 악으로만 가득 찬, 루저의 모습을 떠올린다. '남자처럼 털이 많은 레즈비언, 못생긴 노처녀들이나 페미니스트 하는 거 아니야?'라는 식으로 곧잘 얘기한다. 외모가 못생기거나 나이가 들어서 남자들이 거들떠보지 않으니 악을 쓰게 된 늙은 마녀, 혹은 남자를 미워하는 동성애자 정도로 페미니스트를 인식한다.

그럼에도 불구하고 우리는 왜 페미니스트가 될까?

평범한 여자들은 페미니스트로 거듭나기 전에 셀 수 없이 많은 차별을 거친다. 어려서부터 부모님이, 주위 어른들이 말하는 '좋은 여자' 상에 자신을 맞춰간다. 부모님께 효도하는 착한 아이, 동생을 돌보는 착한 아이, 말을 곱게 하고 인사도 잘하는 여자 아이가 되려고 노력한다. 그 대가는 '요즘 세상에 참 되바라지고 못돼 처먹은 애들도 많은데 너는 착하구나, 참 얌전하구나, 시집 잘 가겠구나, 남자한테 사랑받겠구나'라는 소위 덕담으로 돌아온다.

어떤 이는 사춘기 때부터 혼란을 느끼기 시작한다. 2차 성징이 나타나기는 했으나 아직 성이나 남녀 간의 권력 구도에 대해 누구도 알려준 적이 없다. 그런 아이에게 세상은 가슴과 엉덩이가 발달했다는 이유로, 여성성을 보인다는 이유로 온갖 추파를 던지기 시작한다. 순수를 강요하는 동시에 '다 알면서도 모르는 척 남자를 갖고 노는 요물' 취급을 하기도 한다. 사랑스럽고 보호받아야 할 아이에서, 갑자기 남자에게 성적 매력을 어필하는 존재로 바뀌면서 여자는 생각이 많아진다. 왜 나는 갑자기 성적 대상이 되었는가. 왜 나는 섹시한 동시에 순진한 처녀여야 하는가.

어떤 이는 직장인이 되어서야 차별을 실감한다. 공부 잘한다고 대접받으며 자랐고, 대학 시절에도 알파걸로 어디서도 무시받은 적 없는데 취업하고 나니 성희롱이 난무하고 여자라고 의견이 무시당하기 일쑤고, 여직원이니 커피나 타오라는 이도 있고 회식에서는 상사 옆에 앉아 술을 따라야 한다. 어떤 아이디어를 냈는지 어떤 업무를 맡았는지보다는 어떤 옷을 입었는지 가슴이 큰지 다리가 얼마나 섹시한가로 평가되면서 처음으로 느낀다. 아, 내가 잘나면, 나만 잘하면 이런 일 없을 줄 알았는데. 성차별이라고 **빽빽**거리는 건 남의 얘기인 줄 알았는데. 그런 나도 변하는구나. 언제부터인가 "일도 못하고 언제 시집갈지 모르는 여직원보다 남자 직원이 든든하지!"라는 말로 포장되어 남자 동기들이 먼저 승진하고, 성희롱을 고발한 여직원은 조용히 직장을 그만두지만 가해자는 아무 일 없다는 듯 계속 다니는 것을 보면서, 이것이 개인의 노력, 즉 혼자 '잘난' 것으로 해결될 일이 아니라는 걸 깨닫게 된다.

어떤 이는 부모가 돼서야 불공평함에 항거한다. 곱게 기른 딸을 결혼시켰더니 자꾸 결혼생활에 대한 불평을 늘어놓아서, '결혼 생활 다 힘들다, 참고 살아라, 남자는 여자하기 나름이다' 조언을 하던 아버지는, 사위에게 개처럼 얻어맞고 얼굴이 알아볼 수 없게 부어터진 딸을 그제야 친정에 데려오면서 후회 속에 가치관을 바꾼다. 이혼한 여자를 경시하는 사회 분위기 속에 자신도 전에는 '여자가 이혼을 하다니, 인생 막장이군' 하고 욕하곤 했는데 이제 귀한 딸을 지키자니 입장이 달라진다. 이혼이 가능하다는 사실에조차 감사하게 된다.

불평등이 개인의 경험에만 머물면 페미니즘 논의는 생겨나지 않는다. 차별의 벽에 부딪힌 이들이 각자의 분노를 타파할 어떤 행동을 취할 때 비로소 페미니즘은 태어난다. 누군가는 그저 하소연을 하고, 누군가는 가해자와 맞서 싸운다. 얘기하고, 토론하고, 글을 쓰고, 설득하고, 고발하고, 고소하고, 욕하고, 덤비고, 뒷담을 한다. 그러면서 누군가는 해결을 보고 누구는 사과를 받는다. 누군가는 주위의 압박에 반발을 포기하고 누군가는 '세상이 이렇게 생겨먹었나 보다' 하고 손을 놓아버린다. 그러나 차별이 계속되는 한 피해자는 끊임없이 나타난다. 새로운 피해자들은 또 계속 불평하고, 욕하고, 싸우고, 고발하고, 글을 쓰고, 마이크를 잡고 말한다. 어떤 일을 계기로 비슷한 차별적 경험을 가진 이들이 모이기도 하고 거리로 나서기도 한다. 시위하고 부수고 큰 소리로 떠든다. 그러는 동안 사회는 아주 조금씩 바뀐다. 몇 밀리미터씩이라도 앞으로 나아간다. 사회의 부조리와 차별에 대해 묵인하지 않고 시끄럽게 난리치는 이들 덕분에. 차별을 그저 개인적인 불운으로 이해해야 했던 여자들은 다른 이들도 나와 비슷하게 나쁜 경험을 했으며 이를 참아야 하는 게 아니라 싸워서 바꿀 수 있음을 깨닫게 된다. 그 구심점에는 하나하나의 분함과 서러움이 수많은 점으로 더해지고 분노의 밀도가 높아지면서 중력이 생긴다. 부조리함을 미처 인지하지 못했던 이들도 빨아들일 수 있는 힘이 생긴다. 그저 '못생긴 년들의 히스테리'로 치부되다가, 이제야 제대로 된 이름을 얻는다.

"페미니즘."

02

당신은
페미니스트인가요?

내 남편은 페미니스트가 아니다. "당신 페미니스트야?" 하고 물으면 불편하다는 듯 웃으며 자리를 피할 사람이다.

그렇지만 그는 가사를 분담하며 생색낸 적 없고, 아이 돌보는 것은 나보다 한 수 위이며, 냉장고를 살펴서 장을 보고 요리를 하며, 애들을 먹인 후 뒷정리까지 싹 해놓는 사람이다(설거지뿐만 아니라 부엌 정리도 나보다 더 깔끔하게 한다)! 내가 빨래를 개고 청소할 때 혼자 처자 빠져 텔레비전이나 보고 있는 그런 인간이 아니다. 물론 나도 마찬가지다. 남편이 애들 밥 해 먹인다고 "어머 나를 너무 사랑해서 이렇게나 해주네, ㅠㅠ 난 누워서 폰이나 볼래" 하지 않는다. 엄연히 성인인 두 사람이 아이 둘 키우고 같이 살면서 "넌 날 사랑하니까 날 위해서 이 정도 해줘"라는 식의 응석을 부릴 여유는 없기 때문이다.

남편은 내가 무슨 글을 쓰는지에 큰 관심이 없다. 여권 신장에도 별 관심 없다. 그렇지만 그는 누군가가 여성 동료에게 성희롱 발언을 한다면 곧바로 그를 제지하거나 인사과에 고발할 것이다. 여자 직원이라고 해서 능력이 없을 거라 넘겨짚지도 않는다. 예쁜 여자에게 더 친절하지도 않고, 못생긴 여자를 나쁘게 대하는 무례한 행동도 하지 않는다.

그는 사람들이 나를 페미니스트라 부른다는 것을 알면 상당히 불편해할지도 모른다. 남아공의 마초적인 문화 속에서 자란 탓에 남녀 성역할 구분에도 좀 더 익숙하다. 마침 전기기사 자격증이 있기도 해서 집 안의 전기나 하드웨어 문제는 남편 전담이다. 이것저것 고장이 났다 하면 먼저 나서서 고친다. 반면에 난 빨래를 전담하고 청소 도우미 구하는 일이나 애들 학교에 관련한 일을 좀 더 맡아서 하는 편이다.

하지만 결혼 후 10년 넘도록 내가 가방끈이 더 길어도 전혀 신경 쓰지 않았고, 아주 잠깐이나마 내 소득이 더 많을 때에도 개의치 않았다. 아이가 아프면 누구라도 재택근무를 하기 마련인데, 그때마다 나와 거의 비등하게 책임을 진다. 자기 커리어만큼 내 커리어도 존중해준다. 같이 석사 과정을 할 때도 마찬가지였다. 남자라는 이유로 책임을 더 떠맡으려는 것도 없고, 내가 여자라고 특정한 일을 떠맡기지도 않는다. 나는 며느리라는 이유로 시댁에서 감정노동을 하는 법이 없고, 남편에게 역시 내 부모님께 사위 노릇하라거나 한국어를 배우라고 하지 않는다. 효도는 무조건 셀프다.

남편은 '로맨틱 마초' 부류의 남자가 아니다. "내 여자는 내가 책임지겠다", "오빠만 믿고 따라와" 따위의 말도 하지 않는다. 그저 성인 둘이 함께 살면서 같이 벌고 같이 집안일을 나누고 같이 아이 키운다는 생각뿐이다. 나도 마찬가지다. "날 사랑한다면 이 정도는 해줘야지" 하는 생각은 둘 다 1그램도 없다. 둘째 만두가 한참 잠 안자고 칭얼거리던 무렵에도 내가 하룻밤을 꼴딱 새고 나면 다음 날은 남편이 밤을 새가며 아이를 번갈아 돌봤다. 상대방에게 "날 얼마나 사랑하는지 보여줘"라는 기대를 버리고 그저 존중하는 동거인으로 서로를 대하면 많은 것이 단순해진다.

남편은 페미니스트도 아니고, 여성혐오를 비판하는 발언도 딱히 하지 않는다. 15년의 결혼생활 동안 나를 한결같이 동등한 파트너로 대해주는 것이 이 남자가 하는 것의 전부이다. 그러나 성차별에 대해 '사이다' 글을 쓰는 그 어느 누구보다도 남편은 매일 나에게 한 인간으로서의 존중을 지켜줬고, 여자가 아닌 그냥 사회의 한 구성원으로 살 수 있는 삶을 만들어주었다.

누군가 여성혐오 발언을 좀 했다고 해서 손가락질 할 필요는 없다고 생각한다. 우리 모두가 어느 정도는 환경의 산물이다. 나 자신을 포함해서 여성혐오를 전혀 하지 않는 사람을 나는 아직까지 만나지 못했다. 모두들 여혐 사회에서 태어나 평생을 자라고 살아오다 보니 DNA 레벨까지 여혐이 물들어 있다. 생각 없이 말을 던지다 보면 자기도 모르게 여혐에 물든 말이 나올 때도 분명 있다. 말과 단어 하나하나를 지적하고 고쳐나가는 것도 중요한 일이다. 그러나 기본적으로 인간에 대한, 삶을 같이하는 이에 대한 존중이 있다면 "너 '나는 페미니스트다'라고 해봐! 못해? 그럼 너 여혐러야?"라며 몰아붙일 필요는 없다고 생각한다.

그래서 남자들에게 페미니스트가 되라고 강요하진 않는다. 최소한 여자를 그저 성관계를 가질 수 있는 물건이나 사냥감으로 보지 말고 한 사람으로 존중해달라 부탁하는 편이다. 그게 그렇게 힘들다면 최소한 성추행이나 성희롱이라도 하지 말고, 안 사귀어준다고 모욕하지 말고, 열 받는다고 때리지 말고, 여자라고 직장에서 차별하지 말고, 자신과 하등 상관없는 여자들의 소비 습관이나 옷차림, 남자 취향에 손가락질하지 말아달란 것이다.

내 남편은 자신을 페미니스트라 하지 않지만, 그런 선언을 굳이 받아낼 필요가 없게 해주었다. 나에게 잘해주는 것은 내가 예뻐서도 아니고 나를 너무 사랑해서도 아니고, 그냥 그가 타인을 존중할 줄 하는 평범한 사람이라 그렇다. 그는 다른 여자와 결혼했어도 그랬을 남자이고, 실제로 내 주위 남자들도 그런 사람들이 대부분이다. 늘 감사하고 산다. 당연한데, 그래도 감사하다. 한결같이 동등한 인간으로 대우받는 내가 얼마나 운이 좋은 편인지 잘 알아서다.

완벽한 페미니스트라는 건 어차피 이상 속에나 존재한다. 대다수의 사람들은 자신이 처한 부조리에 대해서만 싸울 여력이 있다. 미디어 속 성적 대상화를 지적하는 사람이 있고, 성차별 발언과 성희롱을 일삼는 상사를 상대로 싸우는 사람이 있다. 자신이 페미니스트가 아니라고 주장하면서도 임신한 여자의 해고는 부당하다는 것에 동의하는 사람도 있다. 그 사실로 그는 이미 페미니스트다. 이름보다 중요한 것은 지금 실제로 행해지고 있는 차별에 대항하는 것이다. 함께 싸우고 있다면 당사자야 어떻게 생각하든지 간에 우리는 이미 페미니즘 전우이니까.

03

반反 여혐의
거미줄을 치자

 방문자가 그리 많지 않은 블로그에 둥지를 틀고 10년 동안 글을 썼다. 여성혐오 문제와 관련된 글을 쓰기 시작하면서 험한 욕도 듣기 시작했다. 익명으로 욕하는 이들에게 지쳐서 정든 블로그를 닫고 페이스북으로 이사를 갔다. 처음엔 지인들만 드나들었고, 방문자는 100명 남짓이었다. 조용하고 아기자기한 분위기가 좋았다.

어쩌다 IT 관련 포스트 몇 개가 널리 퍼지면서 구독자가 늘기 시작했다. 새로운 구독자는 거의 남자였다. 페이스북으로 옮긴 지 6개월쯤 되었을 땐 구독자가 4천 명에 육박했다. 덜컥 겁이 났다. 어떻게든 사람들의 관심이 모이면 말도 많고 탈도 많아진다는 걸 알아서였다. 곧 악플러가 생길 테고 혹시라도 내 신상이 털리면서 귀찮은 일이 벌어질 가능성이 높았다. 생각보다 판이 너무 커졌다 싶어서 확 엎어버리고 도망갈까 하는 충동이 들었다.

남자 비율이 높은 공간에서 성차별, 여성혐오에 관한 글을 꾸준히 올리는 것은 솔직히 쉽지 않은 일이다. 구독자수가 줄어들까 봐 걱정하는 게 아니다. 지난 10년 넘게 블로그를 하면서 성차별에 관한 의견을 약간이라도 피력하면 어떤 협박과 욕을 피드백으로 받는지를 아주 자세하게 겪었기 때문이다. 다시는 같은 일을 겪고 싶지 않았다.

도망가고 싶어.

지금까지 이 생각은 한 번도 멈춘 적이 없다. 그렇지만 그럴 때마다 다시 다짐한다.

마음 다잡고 갈 데까지 가보자. 나 같이 해외에서 일하고 살면서 뒷일 걱정 안 해도 되는 사람이 이렇게 몸 사리면 딴 사람은 어쩌냐. 페친 중 남자가 대부분인 한국 공대 여자들은 어쩌고, 찌질한 개저씨 상사나 선배들이 줄줄이 페북에 포진해 있는 사람들은 어쩌냐. '좋아요' 하나 누르기도 무섭고 뉴스 공유 하나에도 지적질에 시달리는데, 그런 거 하나 없는 내가 도망가고 그러면 안 되지.

이미 선배 페미니스트들이 격하게 싸워준 나라에서 살면서 많은 혜택을 누리고 있잖아. 극도로 남초인 직장에 다니면서도 성희롱,

성차별 발언 한 번 들어본 적 없잖아. 다음 세대를 위해 싸워준 분들 덕분에 편하게 사는 주제에 이득만 쏙 빼먹자고? 내가 큰 손해 보지 않으면서 도울 수 있는 부분까지도 욕 조금 먹을까봐 무서워서 관두면 그야말로 양심불량이지. Pay it forward(내가 받은 호의는 남에게 다시 베풀자). 노력하지 않고도 받은 게 있는데, 나도 다른 이들을 위해서 별 거 아니라도 할 수 있는 건 해야지.

이렇게 다짐하는데도 불구하고 이제는 2만 명 넘게 구독하는 내 페이스북 페이지에 들어갈 때마다 묵직한 두려움을 느낀다. 그럼에도 페이지를 엎지 않는 또 다른 이유.

찰스 두히그의 『습관의 힘(The Power of Habit)』[1]이라는 책에서 다룬 일화 때문이다. 미국의 민권운동가 로사 파크스Rosa Parks의 단순한 거부가 어떻게 흑인 인권에 엄청난 변화를 몰고 왔는지에 관한 이야기다.

마틴 루터 킹Martin Luther King Jr. 목사가 인종차별 철폐 운동을 시작한 것은 어느 날 갑자기 하늘에서 한줄기 빛과 함께 내려온 "흑인들에 대한 차별을 없애라"는 하느님의 명령 때문이 아니다. 로사 파크스 여사도-앨라배마 주 몽고메리 흑인인권운동의 촉발제로 잘 알려져 있는-그날 "오늘은 내가 아주 각오하고 개겨서 이 사회를 뒤집어보리라" 다짐한 것도 아니었다. 1955년 당시만 해도 흑인들은

---

1 『습관의 힘(The Power of Habit)』, 찰스 두히그, 갤리온, 2012.

버스 뒤쪽의 유색인종 칸에만 탑승할 수 있었고 이마저도 백인이 요구하면 당연히 자리를 내주거나 내려야만 했다. 치사하긴 하지만 그렇다고 목숨 걸고 싸울 일도 아니었다. 그럼에도 그녀는 "난 일어날 필요가 없다고 생각한다"는 말로 자리를 양보하길 거부했고, 곧장 경찰에 체포되었다. 하지만 백인에게 자리를 양보하지 않아서 처벌받은 흑인이 로사 파크스가 처음도 아니었다. 그 해만 해도 몇 명 있었다.

그렇다면 왜 앞서 체포된 사람들이 아닌 로사 파크스가 '몽고메리 버스 보이콧 운동'의 계기가 된 것일까? 그리고 우리는 어떻게 여성혐오를 타파할 수 있을까?

찰스 두히그는 그 이유를 이렇게 설명한다.

로사 파크스가 다른 이들과 달랐던 것은 그 지역 사회에서 'weak ties', 즉 느슨한 유대관계를 많이 갖고 있다는 점이었다. 그곳에서 오래 살면서 여러 방면으로 활발히 활동했던 그는 지인이 많았다. 권력 있는 절친이 많아 영향력이 있었다는 말이 아니다. 사람은 어느 사회에든 속해 있기 마련이고 그 사회의 눈치를 본다. 친한 친구의 잔소리나 가족의 충고도 있겠지만 가장 강력한 힘은 '주변의 압력'이다. 이 압력은 그리 세지 않아도 된다. 예를 들어 학생들의 자선 활동 참가율을 높이려면 친한 친구 한 명이 같이 가는 것보다, 지인의 지인처럼 약한 관계가 있는 집단에서 분위기를 조성하는 것이 가장 효과적이라고 한다. 이를 테면, 여러 명이 자선 활동 참가에 대해 웅성웅성 말을 나누다가 "아, 너 그때 관심 있다고 했지? 우리 다음 주 수요일에 출발하니까 7시에 보자"라고 말하는데 거절하기란 쉽지 않다는 거다.

로사 파크스는 교회에서 아주 잘 알려진 사람이었다. 그녀가 체포되자 그녀의 어머니는 놀라서 여기저기 도움을 요청하는 전화를 돌렸고, 그중 한 명이 몽고메리 전미흑인지위향상협회(NAACP)의 지부장 E.D. 닉슨의 부인이었다. 부인에게서 이 소식을 들은 닉슨 지부장은 곧바로 로사 파크스를 돕기로 하고 클리포드 듀어라는 백인 변호사에게 전화를 건다. 이 변호사는 로사 파크스와 아주 친한 사이는 아니었으며, 다만 드레스 수선을 곧잘 하던 로사 파크스가 그의 세 딸의 드레스를 수선한 적이 있었다. 마침 차별 정책 철폐를 위한 소송을 준비하고 있던 닉슨과 듀어는 로사 파크스에게 자신들이 파크스를 법정에서 변호해도 되는지 물었다. 로사 파크스의 남편은 일이 커질까 무서워 이를 반대했지만 로사 파크스는 도움이 된다면 하겠다고 동의했다. 건너건너라도 아는 지인의 부탁을 그냥 거절해버리기가 어려워서였다. 그날 밤, 로사 파크스와 함께 여러 단체에 속해 있으며 영향력 있는 학교 교사 모임의 수장이던 조 앤 로빈슨도 이 소식을 듣고 모든 멤버들에게 로사 파크스의 체포 소식을 알렸다. 그 교사들이 가르치는 학생들도 이 소식을 들었다. 그날 자정, 로빈슨은 임시 미팅을 열어 파크스의 법정 출두일 월요일까지 버스 보이콧을 하자고 제안했다. 그리고 전단지를 제작했다. 하루 새에 전단지는 몽고메리 곳곳에 뿌려졌다. 로사 파크스가 보석으로

풀려난 날, 닉슨은 덱스터 애비뉴의 침례교회에 있던 마틴 루터 킹 목사에게 전화를 걸었다. 킹 목사의 지지와 보이콧 미팅 장소로 그의 교회를 원한다는 부탁이었다. 어린 자녀가 있던 킹 목사는 복잡한 일에 휘말리고 싶지 않아서 생각해보겠다며 답을 보류했으나 닉슨은 킹 목사의 절친에게 그를 설득해달라고 부탁했다. 결국 절친의 설득까지 외면할 수 없던 킹 목사는 닉슨의 부탁을 수락하게 된다.

이 모임 역시 화르륵 타올랐다 꺼지는 수많은 사회운동 중 하나가 될 수 있었겠지만 이를 살린 것은 약한 연결고리를 통해 생겨난 잔잔한 압력이었다. 버스를 보이콧하며 출퇴근이 불편해지자 흑인 택시 기사들이 출퇴근을 도와주기로 하고, 매주 모이고, 농성하고, 킹 목사가 테러를 당하기도 하고, 그래도 평화적으로 싸우자 다짐하고, 힘들어지면 서로 지지해주고, 그러면서 인권운동의 참여가 자연스러워졌다. 생활의 일부가 된 것이다. 이것은 로사 파크스가 독해서 가능해진 일이 아니다. 킹 목사의 카리스마 하나로는 불가능했다. 아주 사소한 인연으로라도 연결된 여러 명이 조금씩 참가하고, 차별에 반대하는 이들의 네트워크가 촘촘하게 이어지면서 다들 동참할 수밖에 없게 되어서였다.

그래서 우리의 한 마디 한 마디가 중요하다. 짧더라도 상관없다. "아, 그 말은 여성혐오 같은데요"라고 한마디 던졌을 때, 그 말을 듣거나 보는 다른 여성들, 비슷한 말을 하고 싶었던 다른 여성들과 약하게나마 네트워크가 생성된다. 페이스북에서 글을 하나 공유하면서 우리의 동창들과 동료들의 네트워크 안에 아주 작은 반反 여혐 정서의 씨줄이 하나 생긴다. 그 안에서 다른 사람이 한마디를 더하면서 날줄이 생긴다. 이 다음에 또 다른 여혐 이슈가 등장하면 조금이라도 연결된 우리의 네트워크에는 다른 분위기가 조성된다. 여혐에 대해 이게 아니다, 싶었던 사람들은 우리에게 쉽게 응원을 보낼수 있게 되고, 여혐 발언을 맘껏 내뱉던 이는 주변의 압력을 미미하게라도 느끼며 자신을 한 번 더 검열하게 된다.

우리가 여혐이라 지적한 상대는 우리의 말을 전혀 받아들이지 않을지도 모른다. 하지만 그 당사자 말고 다른 이들도 우리의 이의제기를 듣고 지켜본다. 이 한 마디로 우리는 수십 개의 네트워크 베이스를 깐 셈이다. 공유 한 번으로 분위기가 조금 더 바뀐다. 지금은 연약한 거미줄처럼 그냥 확 쳐내면 무너질 것처럼 보일지 모르지만, 우리뿐만 아니라 다른 이들도 함께 열심히 실을 치고 있다면 이야기는 달라진다. 극악한 여혐러들도 의외로 (남자뿐 아니라) 여자의 눈치를 많이 본다. 여자들이 어떤 글을 공유하는지, 어떤 말에 화를 내는지, 온라인상에선 '꼴페미'들이 어쩌고저쩌고 큰소리칠지 몰라도 자기가 관심 있는 여자, 여자 선배, 상사 앞에서는 한 마디라도 더 조심하게 될 것이다.

몽고메리의 흑인들은 1년이 넘게 승차 거부를 지속하면서 흑인 승객이 70퍼센트를 차지했던 버스 회사들에게 엄청난 금전적 타격을 주었다. 결국 1956년 12월 연방대법원이 몽고메리시 정부에 버스 인종차별 대우를 철폐하는 판결을 내린다. 그리고 이 판결의 연쇄 반응으로 미국 전역에서 여러 가지 인종차별 제도가 사라지기 시작했다. 마지막으로 1964년, 미국 의회는 인종과 종교 차별 금지를 골자로 하는 민권법을 통과시켰다.

　논란이 분분한 메갈리아. 혹시 메갈리아가 등장하기 이전의 네이버 뉴스 댓글란을 기억하시는지? 나는 기억한다. 무서워서 자주 들여다보지도 못했다. 그런데 메갈리아 등장 이후에 정말 웬만한 남자는 명함도 못 내밀 정도로 질펀하게 욕을 해주는 여자들을 보고 나니까 훨씬 겁이 줄어들었다. 여느 때처럼 쌍욕 섞인 댓글을 봐도 덜 무서웠고, 여성혐오적 욕설로 가득 찬 댓글에 반박 댓글도 달 수 있을 정도로 용기가 생겼다. 여혐에 맞서 싸우는 네트워크를 보아서였다.

　내 페이스북 페이지를 열고 나서 여러 가지 모습을 목격했다. 여자분들의 댓글이 많이 달리고, 악플에 항의도 하고, 공유하는 분들을 보면서 내가 의도했던 아니든 내 페이지가 어느 정도 '토론의 장'이 되었다는 느낌을 받았다. 내가 네이버 뉴스에 '아, 나도 댓글 달 수 있어' 하고 느꼈듯 그들 역시 여혐에 대해 친구들과 조금은 공개된 공간에서 터놓고 말할 수 있는 기회가 주어진 셈이다. 그리 촘촘하진 않아도 네트워크가 만들어지기 시작했다. 물론 여혐에 관한 내 글이나 페미니즘에 관한 주제가 새로운 건 아니지만, 이 주제들은 여자들이 보통 폐쇄적인 여성 커뮤니티에서만 하던 얘기였다. 남자들이 끼어들 만한 자리에서는 아예 말도 꺼내지 않고 넘어갔던 그런 내용들. 이전엔 나를 포함한 많은 여성들이 남성과 충돌할 수 있는 곳에서는 일부러라도 의견을 내지 않았다.

나는 내가 여자라서(이 역시 여혐이다), 소심해서 그런 거라 믿었다. 그런 선입견이 바뀌게 된 것은 것은 독자들이 좀 더 많아지면서였다. 80퍼센트에 가까운 비율로 남성이 주로 방문하던 곳에 여성 독자들의 방문이 늘어나고 댓글로 의견을 활발하게 내놓기 시작하자 그제서야 욕설과 악플이 눈에 띄게 줄어들었다. 악플러 차단을 많이 하지 않았는데도 자연스럽게 그리 되었다. '본진이라서 털린다', '양파 애 편드는 사람 많으니까 말해봤자 소용없다'라는 말을 다른 곳에서 보게 되었다. 그때 깨달았다. 내가 여자라서, 소심해서 지금까지 말을 못 한 게 아니구나. 여혐러들도 똑같이 욕먹는 거, 다른 사람들이 비웃는 거 무서워하고 싫어하는구나. 이제까지 그렇게나 여성혐오성 댓글을 달고 마음대로 욕설하고 다닌 건, 세상이 다 자기편이고 다 자기 맘 같다고 굳게 믿기 때문이었구나. 자기들만의 여혐 네트워크가 촘촘하게 형성되어 있어서 그럴 수 있었던 거구나!

그때부터 블로그와 페북 페이지를 내 소유의 개인적 공간이라기보다 '우리들의 체육관'이라고 여겼다. 나처럼 '나는 소심해'라고 자책하던 사람들의 체육관인 셈이다. 매일 잠깐이라도 들러 조금씩 연습하고 힘을 기르는 곳. '이건 아니다'라고 공개적으로 말하는 방법을 연습하고, 헛소리하는 사람에게 대들 수 있는 기회를 갖는다. 그렇게 아주 조금씩 간이 커지고 배짱이 생기고, 비슷하게 함께 싸우는 사람들을 보면서 용기를 더 얻는다. 별것도 아닌 내 글에 '좋아요' 한 번 누르는 것조차 엄청난 부담인 분들이 많다. 내 글을 공유할 때마다 조심스럽게 변명을 덧붙이는 어린 친구들을 보면 참 짠하기도 하다. 그리고 부끄러워진다. 난 나를 비난할 한국 페친 한 명도 없으면서 그저 모르는 사람들에게 싫은 소리 좀 듣는 게 싫어 글쓰기를 망설였는데, 이 친구들은 공유 한 번, 좋아요 한 번마저 훨씬 더 큰 용기를 필요로 하는 환경에 있기 때문이다.

한국 상황에 대해 잘 모르는 부분도 아마 많을 거다. 한국어보다 영어가 편한 이방인으로서, 이전까지 공익적인 일은 해본 적도 없고 내 밥벌이 하나만 챙기며 살아왔다. 그러나 지금은 조금이나마 우리 사회에 도움이 되는 일을 하고 있다고 믿는다. 그저 글 몇 개라도 써서 화젯거리를 만들고 그에 대해 토론이 이루어질 수 있도록 만듦으로써. 여혐러들이 지긋지긋하다고 느낄 정도로 포기하지 않고 계속 '고나리질' 함으로써. 그런 소통의 매개체로 존재하는 것만으로도 가치가 있다고 생각하게 된 것이다. 사회 곳곳에서 여성혐오로 고생했으나 지원군을 찾지 못한 이들이 내가 만든 장을 통해 눈물의 상봉을 하고 있었다. 나 역시 전보다 훨씬 더 겁이 줄었다.

작게라도 시작하자고 부탁하고 싶다. 여혐 관련 기사에 댓글 달고, 그 댓글에 좋아요 누르고, 공유하고, 그렇게 담을 좀 키워서 실제 남자사람친구가 "김치녀" 어쩌고 하는 말을 내뱉으면 "헐, 너 그런 사람이었어?"라고 한마디 날려줄 수 있기까지 몇 달, 몇 년이 걸릴지도 모른다. 직장의 성차별을 상대로 싸우는 건 그보다 훨씬 더 레벨 업 하고 사회가 바뀌어야 가능할 것이다. 선배나 상사에게 대항해서, 부모님이나 시댁 어른들을 상대로 싸우자면 쌓아둔 내공 없이 쌩으로 덤비기엔 무리다. 특히나 여성에게 야박한 사회 분위기에서는 더욱 더 그렇다. 하지만 사회 분위기를 바꾸는 데에는 작은 행동도 도움이 된다. "너 그런 식으로 말하다 여혐러로 찍히면 장가 못 가"라고 당신에게 한마디라도 들은 남자는 다음 번 말할 때에는 아주 조금이라도 신경을 쓰게 되어 있다. 당신이 공유한 기사를 보고 "어, 얘도 여혐 문제에 신경 쓰네? 여혐러로 찍히지 말아야겠다" 하고 찔끔하는 페친이 한 명이라도 있을 것이다. 여직원들끼리 진상 개저씨 욕하면 지나가다 듣고 조금이라도 몸을 사리게 되는 상사가 있을 것이다.

우리 그렇게 아주 조금씩이라도 바꿔가자.

That's one small step for a girl, but one giant step for all.
우리에겐 소심한 한마디일지 몰라도, 그 한마디가 모여 사회를 바꿀 테니까.

PART TWO

우리가 겪는 여험

진짜로 무서운 여혐은

폭력과 차별을 방조하고

묵인하는 사회다.

04

여성은 두려움과
평생 함께해야 하는가

한국에서 '여성혐오'라는 단어가 대중의 관심으로 급부상하게 된
계기 중 하나가 '강남역 살인사건'이었다. 물론 그 전 해부터 메갈리
아가 탄생하며 한국에 만연한 여혐 분위기에 대한 논란이 꽤나 활발
하게 이루어지기 시작했으나 여성혐오가 넷상의 키보드 배틀이 아
닌, 보다 전방위적 이슈로 떠오르게 된 계기는 확실히 강남역 살인
사건이었다. 남자들은 왜 여자들이 이 사건을 여성혐오 살인으로 보
는지 이해하지 못했고, 여자들은 왜 남자들이 여성혐오 범죄가 분명
한 사건을 극렬히 아니라고 주장하는지 이해하지 못했다. 강남역 살
인사건, 왜 여자들은 이 사건에 민감하게 반응했을까.

강남역에서 한 젊은 여성이 일면식 없는 남자에게 살해당했다. 사건 이후로 강남역 10번 출구에는 한참 동안이나 추모 행렬이 이어졌다. 한쪽에서는 이 사건이 대한민국 사회 전반에 여성혐오가 얼마나 만연해 있는지를 드러낸 사건이라 했고, 다른 쪽에서는 조현병 환자의 살인사건을 이용하여 '남성혐오'를 조장하는 것이라 했다 (남성혐오라니, 이 무슨 '백인혐오' 같은 말인가). 두 그룹이 팽팽히 맞서면서 많은 갑론을박이 오갔다. 범인 스스로 "여자들이 나를 무시하는 것이 싫었다. 그래서 먼저 지나간 남자는 해하지 않고 여자를 골라 찔러 죽였다"고까지 진술했는데도 왜 이 사건이 여성혐오 사건이 아니라 할까 답답해하는 이들과 "모든 남자를 잠재적 가해자로 취급하지 말라"는 의견이 날카롭게 대립했다. 대체 왜일까?

조현병 환자에 의한 살인 사건은 흔하지 않다. 얼마나 흔하지 않냐면, 그런 사건이 발생할 때마다 톱뉴스로 기사가 나올 만큼 드물다. 정신 멀쩡한 사람이 저지르는 살인이 훨씬 많다. 그런 관점에서 보자면 이번 사건이 단지 망상에 빠진 미친놈의 범죄일 뿐이라는 '여혐범죄 부정론자'의 주장도 일리가 있다. 살인범의 망상이 외계인에 대한 것이었다면 이 사람은 여자를 죽이는 대신 지리산 중턱에서 UFO와 교신을 시도했을지도 모르고, 개신교에 대한 반감을 망상으로 품고 있었다면 서울 대형 교회의 목사를 죽였을 수도 있겠다. 여혐도 망상의 일부라고 주장하는 사람들의 말이 맞다면 말이다.

그러므로 여혐범죄 부정론자들의 논리에 따르면 이는 10만 번에 한 번 정도 있을만한 특이 사건이다. 그저 그 정신병 환자의 망상에 하필이면 여자가 타깃이 되었을 뿐이다. 아마 이와 같은 범죄는 향후 몇 년, 어쩌면 몇십 년 동안 일어나지 않을 것이다. 조현병이든 분노조절장애이든 그 어떤 종류의 정신질환을 앓고 있는 환자가 또 다른 살인을 저지를지 모르나, 그때는 다른 사람이 타깃이 될 수 있다. 이번 사건에 여자가 목표가 된 것은 그저 우연이다.

이들이 말하고 싶어하는 것은 이 작은 확률을 침소봉대하여 사회 현상으로 일반화시키는 것이 옳지 않다는 것이다. 그렇지만 그들도 이것만큼은 부정하지 못할 것이다. 이 사건으로 인해 한국의 여성혐오가 공론화되었으며 많은 여성들이 이 사건을 기점으로 페미니즘에 훨씬 더 관심을 갖게 되었다는 것을.

❧

나는 극도의 남초 환경에서 계속 공부하고 일했지만 한 맺힐 정도의 여혐 트라우마는 별로 없다. 그러나 내게 아주 확실히 새겨진 것은 폭력에 대한 두려움이다. 이것은 내가 여자라서가 아니라 치안이 나쁘기로 유명한 남아공에서 자라서 그렇다. 내 남편은 키 183센티미터에 몸무게가 90킬로그램이 넘지만, 이 덩치의 남자 역시 폭력에 대한 두려움이 강하다.

우리 부부는 영국에 사는 지금도 차를 잠글 때 눈에 보이는 자동

차 내부에는 짐을 두지 않는다. 비닐봉지 하나라도 눈에 보이게 두었다가 차 창문이 깨진 적이 너무 많았기 때문이다. 운전할 때 누가 창문 쪽으로 다가오면 소스라치게 놀란다. 차 강도가 잦아서 생긴 반사신경이다. 밤에 길을 걷다가 뒤에서 발소리가 들리면 돌아보지 않고 반대쪽으로 건너가 걸음을 재촉한다. 남편 덩치 정도면 남아공에서는 평균이고, 훨씬 큰 남자들도 많은데 그들 역시 비슷하다. 키크고 몸 좋아봐야 머리에 총구를 들이대면 아무 소용이 없다는 걸 잘 알아서다.

남아공에서는 아시아계가 자주 타깃이 된다. 시내에서 흑인 대상으로 현금 장사를 많이 하다 보니 가게 영업 중에 털리는 건 다반사이고 집 안까지 무장강도가 쳐들어오기도 한다. 아시아계 사람들이 체구가 작은 편이기도 하지만 불법 체류자들이 많아 신고를 제대로 하지 않는다는 점이 잘 알려져 있어 그렇다. 남아공에 정착해서 경제생활 하는 한국 교민들 중에서 강도 한 번 안 당해본 사람 찾는게 그 반대의 경우보다 더 어렵지 않을까 싶다.

어머니가 시내에서 운영하던 가게 역시 흑인 대상이었다. 여성 범죄자들도 많았으나 보통은 좀도둑이었고, 무장강도는 99퍼센트 흑인 남성이었다. 흑인 거주 지역에서 강간은 아주 흔한 사건이지만 요하네스버그는 무장강도와 차 강도가 더 자주 일어난다. 그래서 한 대 얻어맞고 지갑이나 차를 빼앗기고 마는 여자들보다 강도에게 덤빌 가능성이 있는 남자가 더 위험하다. 총기를 소지한 사람도 많기 때문에 타깃이 건장한 남자면 강도들은 그냥 쏴죽이고 본다.

남아공 정도의 엉망인 치안 상황에서는 '조심해야지!'가 말이 된다. 조심하지 않으면 곧바로 당하기 때문이다. 밤에 카메라를 목에 매고 요하네스버그 시내에 나가면 십중팔구 일이 터진다. 낯선 이가 대문 앞에서 서성거리는 것을 보고도 그냥 집에 들어가는 것 역시 마찬가지다. 그 서성대던 놈이 뒤따라 들어와 자기 동료들에게 문을 열어주고, 그렇게 10인조 AK47 강도단에게 당할 수도 있다(우리 부모님도 이렇게 당했다). 이렇게 살면 공포가 생활이 된다.

내가 떠날 때만 해도 남아공의 치안이 그리 나쁘지 않다 우기는 사람들이 있었다. 그들은 영국에도 칼 맞아 죽는 사람이 있다고 했다(그리고 실제로 이 글을 쓰기 며칠 전에 그런 일이 영국에서 일어났다! 슈퍼마켓 주차장에서 여자만 골라서 4명이나 찌른 남자가 붙잡혔다). 그렇게 주장하는 사람들은 강도와 강간이 어느 나라에서나 일어나는 일이라고 했다. 자신은 당한 적이 없고, 주변 사람들이 오버한다고 말했다. 하지만 나에게는, 내 부모님에게는, 남아공의 한인들에게는 완전히 다른 이야기였다. 소매치기나 집에서 물건이 없어지는 건 애교로 친다고 해도, 거리에서 협박하면서 삥 뜯기, 가게나 집에 쳐들어오는 무장강도 등 한 번도 당하지 않은 사람을 찾기가 어려웠다. 소소한 상황까지 치면 떠나기 전 5년간은 우리 부모님도 거의 분기마다 한 번씩 당하셨을 정도다.

어머니는 아직도 흑인을 보면 무서워하신다. 나도 무섭다. 인종차별적인 거 아는데도 그렇다. 남편도 길에서 흑인 남성이 다가오면 일단 본능적으로 경계부터 한다. 이런 우리에게 '흑인을 다 범죄자 취급하는 분란 종자'라 한다면 어떨까. 머리로는 그 말을 이해할 수 있고 괜히 의심받은 흑인 남성들에게 미안해지기도 하나, 요하네스버그 같은 곳에서 오랜 시간 몸으로 체득한 공포는 이성적인 설명으로 쉽사리 사라지지 않는다. 남아공 인구의 80퍼센트가 흑인이고, 대다수가 극빈자 층이며 잃을 것이 없는 사람들이다. 범죄 발생률이 높을 수밖에 없다. 절대적인 수로 보면 범죄자 흑인 남성보다 선량한 흑인 남성이 압도적으로 많다는 것, 나도 안다. 그렇다고 해도 뼛속 깊이 공포가 새겨진 우리는 십년 후에도 늦은 밤 으슥한 곳에서 흑인 남자가 슥 다가오면 우선은 놀랄 것이다.

남아공을 떠난 지 7년이 되었다. 나는 단 한 번도 돌아가지 않았다. 그때처럼 숨 막히게 갇혀 사는 기분은 다시 경험하고 싶지 않다.

당신이 남아공에서 거주한다면 강력 범죄의 피해자가 될 확률이 아시아계로서 20퍼센트, 즉 5분의 1이라고 하자. 이건 일상생활에 지장을 줄 정도로 높은 수치다. 당신은 어딜 가든지 두리번거릴 것이며, 주차할 때마다 조심할 것이다. 반면 남아공에서 당신이 한국인이란 이유로 조현병 걸린 환자에게 칼 맞을 확률은 100만분의 1에 가깝다고 하자. 100만분의 1과 5분의 1. 아주 큰 차이다.

바로 여기에 강남역 살인사건을 여혐범죄라고 말하는 사람과 부정하는 사람의 차이가 있다. 부정하는 사람은 100만분의 1을 보고 있고, 여자들은 5분의 1을 보고 있는 것이다.

한국에서 여자들이 남자 때문에 나쁜 경험을 할 확률은 5분의 1보다 훨씬 높다. 싫지만 해코지 당할까봐 좋게 좋게 거절할랬더니 쌍욕을 하면서 협박하는 남자. 버스나 지하철에서 가슴부터 다리까지 뚫어져라 쳐다보는 개저씨나 할아버지들. 괜히 대응했다가 얻어맞을까봐, 재수 없으면 정말 칼이라도 맞고 죽을까봐 기분이 더러워도 아무 말 하지 않을 것이다. 택시 안에서 성희롱 발언을 하는 기사 아저씨의 말도 보통 참고 넘어간다. 여기에 매일 매일 가볍게 당하는 여혐―외모 비하, 지적질, 직장/학교에서 남자 선후배들과의 불쾌한 해프닝을 더하고 좀 덜 흔한 아빠/오빠/남동생/친척에게서 받는 성적인/육체적인 학대, 심한 성추행/폭행―경험까지 다 더해보자. 이 모든 상황과 그 비슷한 상황에서 여자들은 이 남자들이 날 해치지는 않을까, 네가 미리 조심했어야 한다는 비난을 받을까 두려워서 입을 닫았다.

그런데 왜 지금까지 폭발하지 않았을까? 범죄를 피해자 탓으로 돌리는 것은 남자에게 편리한 핑계일 뿐만 아니라 여자에게도 얄팍한 도피처가 되었기 때문이다. 강간당한 여자는 '밤늦게 다녔고, 술집에서 일했으며, 짧은 치마를 입고 있었기 때문이다'란 말을 믿으면, 나는 '그런 여자가 아니기' 때문에 안전할 거라 믿을 수 있었다. 성추행, 성폭행 고발자를 언론에서 꽃뱀 취급해왔으므로 '성폭행 사건이 심각한 게 아니라 꽃뱀들이 거짓 신고하는 거구나' 하며 안도할 수 있었다. 그리고 해코지 하는 인간들이 설혹 있대도 경찰이나 내 주위 남자가 지켜줄 수 있을 것 같기도 했다. 사회가 만들어둔 소위 '개념녀' 프레임에 자신을 맞추었으니, 나만은 안전하리라 생각할 수 있었다.

그 모든 환상을 와장창 부순 사건이 이번 강남역 살인사건이다. 그 살인범은 피해자가 개념녀인지, 죽어 마땅한 죄를 지었는지 묻지 않았다. 남친과 더치페이 따박따박 했는지 묻지 않았고, 먼저 작업 걸다가 퇴짜를 맞은 것도 아니었다. 피해자가 혼자 있던 것도 아니고 남자친구와, 다들 안전하다고 느끼는 강남역 번화가 한복판에서, 아무런 도발을 하지 않았으나 단지 여자라는 이유로 살해당했다. 피해자가 김치녀라서 죽은 게 아니고, 술집 여자라서 죽은 게 아니고, 야한 옷을 입었다가 강간 미수로 죽은 게 아니고, 맘충이라서 죽은 게 아니고, 기센 여자처럼 바락 바락 대들어서 죽은 것도 아니었다. 그냥, 아무 이유 없이, 여자라는 이유로 타깃이 되었다. 이건 어떻게 대비할 수 있는 방법이 없었다.

아마 이때 비로소 느낀 여성분들이 많을 것이다. 내 태도가 어떻든 간에, 내가 무슨 노력을 하든지 간에 언제 어디서든 당할 수 있겠구나. 남자인 친구들에게 여혐 경험담을 얘기할 때마다 '에이 그런 미친놈들은 그냥 무시해'라는 대답이 돌아왔는데, 그 많은 미친놈들이 진짜 나를 죽일 수도 있는 놈들이구나. 그리고 만약 내가 죽는다면 어떻게든 내 잘못으로 전가되겠구나.

그와 동시에 그렇게 안전하고 치안 좋다던 서울은 여성들에게 남아공의 숨막힘과 비슷해졌을 것이다. 그냥 무시하고 미친놈이라 여겼던 남자들이, 전철을 탈 때마다 겪던 추행과 오지랖의 주인공 할아버지가, 퇴근길에 괜히 나를 위협적으로 쫓아오던 아저씨가, 껄렁대며 나를 위아래로 훑어보던 남고생 무리가, 계단을 오르며 치마를 가린다고 "지랄하네. 안 봐, 이 미친년아!" 하고 냅다 욕하던 남자가, 그냥 미친놈이라 무시할 수 없으며 그 수많은 미친놈들이 나를 쉽게 어찌 할 수 있다는 사실을 깨달은 것이다. 그 공포는 당신이 만만한 체구의 동양인 관광객으로서 카메라를 목에 매고 요하네스버그의 밤거리를 걸어야 알 수 있을 것이다. 이번 범죄가 서울을 그렇게 만들었다. 다음 '미친놈'은 조현병이 아니라 밤늦게 술 마시고 혼자 집에 가는 여자를 타깃으로 하는 택시기사일 수도 있다. 헌팅에 거절당한 분노를 조절하지 못하는 남자일 수 있고, 치마 뒤를 가린다고 대뜸 쌍욕을 하는 지하철의 남자일 수도 있다. 언제나 그들을 위한 변명은 있었다. 그리고 이들은 아주 많다. 뉴스에 끊임없이 나온다. 살인까지는 가지 않더라도 강간, 폭행, 몰카는 수없이 많다.

강남역 살인사건 피해자를 추모하러 가면서도 혹시나 몰카에 찍혀 해코지 당하지 않을까 두려워 마스크를 쓰고 간 여성들에게 그들은 무슨 말을 했나. 여전히 여자들의 공포를 이해할 수 없다고, 드문 일을 갖고 오버하지 말라고, 괜히 모든 남자를 범죄자로 취급하지 말라고, 그런 취급이 '기분 나쁘다'고 하지 않았나.

그러나 진심으로, 여자들은 죽음의 공포를 느낀다. 몸으로 겪어보지 않은 공포가 와 닿지 않는다는 거 잘 안다. 같은 런던 거리를 걸으면서 덩치 큰 남아공 출신 백인 남자들이 훨씬 더 귀를 곤두세우고 조심하는 건, 당신보다 겁이 더 많아서도 아니고 피해망상이 있어서도 아니다. 인간은 어쨌든 동물이고, 생존에 대한 위협을 당해본 이는 그 학습된 본능을 쉬이 없애지 못한다.

강남역 살인사건은 여자들에겐 100만분의 1이 아니다. 미친놈의 희귀한 범죄가 아니다. 지금까지, 그리고 지금도 매일같이 느끼는 최악의 공포 시나리오가 그대로 펼쳐 보여진 것이다.

이 사건에 대해 남자를 '잠재적 가해자'로 몰아간다고 하는 이들은 왜 그렇게 말할까?

그들은 '여혐하는 남자가 위험한 남자고, 여자들이 예로 드는 말들이 진짜 여혐이라면 나는 매일 여혐을 하는 중이며 고로 여성들에게 위험한 존재다. 여자들이 원하는 사고를 하지 않는다는 이유로 그들을 칼로 찔러 죽일 수 있는 살인범 취급하는 거 아닌가. 뭐가 여혐이고 뭐가 여혐이 아닌지 여자들이 맘대로 정하는데 내가 어떻게 완벽하게 피해갈 수 있나. 너네 편 아니면 내가 미래의 범죄자라도 된다는 거냐?'라고 생각해서가 아닐까 한다.

　온라인 분위기를 보면 "나는 페미니스트요"라고 선언하는 극소수의 남성을 빼고는 여성혐오 혐의에서 자유로울 수 있는 남자가 거의 없다. 전형적인 여혐 신조어인 '김치녀'나 '맘충'이라는 단어도 써봤고 그 외 쏟아져 나오는 여혐의 예시에서 한두 가지쯤은 해봤을 것이다. 그런데 그렇다고 해서 자신들을 여혐러라고 라벨링을 하고는 그런 말이나 생각, 행동을 했으므로 살인도 할 수 있는 나쁜 놈으로 치부해버리니 억울할 수 있다. 게다가 이걸 인정하기 시작하면 앞으로는 말 한 마디 맘대로 못하고, 여차하면 적어도 일베 유저 내지는 사람 찔러 죽일 놈으로 몰려 매장될 듯 보인다.

　그들에게 여자들이 여혐이라 정의하는 것들은 사실 거의 모든 남자들이 겉으로 말만 하지 않을 뿐, 대부분 맘속으로 하는 생각이다. 그렇기 때문에 이번 범죄는 당연히 정신병이 이유라고 외친다. 정신병자 하나가 어쩌다 사람 하나 죽인 걸 갖고 건수 잡았다 싶어서 남자들 입을 틀어막고 평범한 발언과 행동도 범죄화하려는 의도로 여긴다. 성대결로 몰고 가려는 프레임이다. 여성들이 여혐으로 겪은 공포의 공감대 형성은, 이 일을 여혐 범죄로 만들려는 페미니스트들의 농간에 넘어간 언론 조작이다.

　왜 당신들이 '잠재적 살인자 취급하지 말라'고 아무리 이야기해도 여성들이 이해를 하지 못하느냐고 묻는다면? 여성의 입장에서 여혐은 우리가 살아가는 세상에 너무나도 깊고 넓게 퍼져있는 사상이라서다. 실제로 성차별은 엄마로부터 시작한다는 이들도 많고, 여혐에 대해 싸울 때 그 대상은 남자만큼이나 여자도 많다. 영어 단어인 미소지니misogyny가 여성혐오라고 번역되었는데, 번역이 잘못된 건 아니지만 한국어로 받아들이면 오해하기 좋은 어감이다. 그러나 미소지니는 실제로 혐오보다는 '차별'이나 '멸시'에 가까운 의미를 담는다. 따라서 여자가 일삼는 여성혐오란 곧 자기혐오이며, 자기멸시인 것이다.

여혐 논쟁에서 가장 유감인 부분 중 하나는 남성이 가해자, 여성이 피해자로 곧잘 보여지는다는 점이다. 남자도 분명 여성혐오를 하지만, 앞서 말했듯이 여자 역시 성차별과 여성혐오를 남자만큼이나, 어떨 때는 그들보다도 더 심하게 한다. 나 역시 여혐 발언에서 자유롭지 못하다. '여자 방이 이렇게 지저분하다', '난 얼굴이 무기다', '내가 여자라서 그런지 이러쿵 저러쿵', '우리 딸은 예뻐서 인기 많을 거야' 등의 말들이 대표적인 여혐 발언이다. 여자를 싫어하는(hate) 것이 여성혐오가 아니고, 여성을 차별하고 낮추어 보고 멸시하고 대상화하는 것이 바로 여성혐오이다. 그래서 저 예시들은 완벽히 여성혐오에 부합한다. 여자아이를 키우는 엄마들도 여성혐오적 발언을 아주 쉽게 내뱉는다. '여자애가 좀!', '여자는 시집만 잘 가면 돼', '예뻐서 시집가는 건 걱정 없겠다', '남녀공학에서 여자애들이 너무 나서서 우리 아들들이 고생한다'. 실제로 많은 여성들이 자라면서 어머니나 할머니, 그 외 주위 여자 어른들에게서 여성혐오를 당했다. 여혐은 이미 오래전부터 제도적이고, 공기처럼 퍼져있으며, 신문에, 방송에, 글속에, 너무 많은 중요인물의 발언에서 독가스처럼 스며 나온다. "나도 여자지만 여자들은 이러이러해서 안 된다고 생각합니다. 전 그 래서 여직원을 안 뽑죠"라고 말하는 여성 기업인들이 좋은 예다.

폭력적이고 위험한 행동이나 발언만이 여혐인 것도 아니다. 여자 라서 아껴주고, 여자라서 보호해주고, 여자라서 봐주고, '무서웠지, 걱정하지 마. 오빠가 해결해 줄게' 하는 것도 사실 여성혐오에 포함 된다. 'Positive discrimination'이라고 하는데, 이득이 되는 차별이 라 부르기도 한다. 그러므로 '여자라서 참 꼼꼼하게 일 잘하네', '천 상 여자답게 하는 짓이 예쁘네'라는 칭찬도 실은 넓은 의미에서 여성 차별, 여성혐오에 들어간다.

여자에게 유리하게 보이는 차별, 즉 여혐이 소위 '김치녀'를 만들 어냈다. 여자는 남자가 보호해야 하는 존재라고 가르친 것은 누구 인가? 여자니까 보호받고 공주 대접 받아야 한다는 사상이 존재하 면 그를 바탕으로 이득을 보는 여자들도 당연히 생긴다. 여권이 신 장되어 김치녀가 생겨난 것이 아니라, 예쁘고 젊은 여성만을 우대하 며 온갖 혜택을 주려고 드는 시스템이 마치 여권이 신장된 것처럼 보이는 현상을 만든 것이다. 공주 대접 받는 여혐의 반대편에는 남 자 형제들 뒷바라지 하느라 학교에 가지 못한 여자들이 있고, 수많 은 성추행과 성폭행이 있다. 양쪽 다 인간의 역사 내내 존재해온 시 스템이다.

다시 한 번 여혐하는 사람이 무조건 남자라는 인식이 틀렸음을 강조하고 싶다. 여성혐오는 외모지상주의만큼이나 남녀노소 가릴 것 없이 사회 전반에 퍼져있는 인식이다. 단순한 여혐 발언이나 생각, 행동 정도로 예비 살인자라 두려워하는 게 아니라는 말이다. 만일 그렇다면 여성혐오를 하는 여자들도 예비 살인자로 불려야 할 테니까 말이다.

어떤 사회에나 폭력적인 구성원들은 있기 마련이다. 그중 여자를 소모적인 대상이나 화풀잇감으로 만만하게 보는 분위기가 만연하고 치안이 나쁜 상태에서는 여자가 피해자가 될 확률이 더 높다. 기혼여성이라 구직이 힘들어 남편에게 경제적으로 의존하는 여자는 가정폭력을 당해도 신고하기 힘들다. 물리적 폭력을 행사하는 것은 거의 대부분 남자이지만 인간관계에서의 여성혐오는 남자만큼이나 여자들도 많이 저지른다. 어떤 엄마는 만만한 딸을 더 구박하기도 하고, 시어머니는 사위보다 며느리를 갈군다.

진짜로 무서운 여혐은 '김치녀' 같은 단어보다 폭력과 차별을 방조하고 묵인하는 사회다. 여성을 대상으로 한 성추행이나 폭력 사건이 많음에도 불구하고 여자들의 안전에 무신경한 여혐, 피해를 당하고 두려움에 떨어도 여자의 잘못으로 돌리는 여혐, '여자가 맞을 짓을 했겠지'라고 동조하며 폭력을 합리화하는 이들의 여혐, 성폭행 당한 여성을 오히려 더러워졌다고 손가락질하는 여혐, 사귀는 사이에 다투다가 좀 때릴 수도 있고 좋아하면 스토킹도 좀 할 수 있고 부부 사이에 강간이 어디 있느냐고 말하는 여혐, 이토록 만연해 있는 사회의 여혐이 두려운 것이다. 그런 사회에서는 폭력적인 사람들이 약자인 여자를 폭행하거나 강간하기 쉽고, 그런 사회에 사는 여자는 밤길에 어떤 남자가 뒤에 있으면 본능적으로 두려워진다. 내 뒤에 있는 남자가 여혐 시스템을 완벽 체화하여 악용하는 '폭력 행사자'일 수 있어서다. 그가 자신에게 폭력을 저지른대도 사회가 알아서 변명해줄 것을 알아서이다. 여자가 옷을 야하게 입어서 그랬다, 그냥 욱해서 그랬다, 남자는 성욕을 잘 참지 못하니까 어쩔 수 없다 등으로 말이다.

페미니즘은 남자들을 죄인으로 만드는 이상한 잣대가 아니다. 누군가를 잠재적 범죄자로 낙인 찍기 위한 수단도 전혀 아니다. 거듭 말하지만 여자들 자신도 여혐을 전혀 하지 않기가 힘든 일인데 어떻게 하루아침에 사람들의 사고방식이 바뀌길 바라겠는가. 그저 극히 폭력적인 사람들이 여자들을 대상으로 쉽게 저지르는 강력 범죄가 많아 하루하루가 두렵다는 것을 알아줬으면 하는 거다. 여성을 만만하게 대해도 대수롭지 않게 여기는, 피해를 입힌 가해자보다 당한 여자를 탓하는 사회 분위기를 바꾸는 것을 도와달라는 부탁이다. 누군가 쉽게 목숨을 위협받는 사회가 결코 당연한 것이어서는 안 되니까.

05

평행우주의 혐오 체험 1 :
"아시안 놈들이 감히 까불어?"

그래도 강남역 살인 사건이 여혐 사건으로 느껴지지 않는다면, 다음 가상 시나리오가 인종차별로 느껴지지 않는지 보자.

미국 남부의 한 명문 공대에서 한국계 미국 학생이 살인을 당했다. 3학년 마이클 장(21)은 그의 고향에서는 잘 알려진 수재로 고등학교를 1등으로 졸업하고 기계공학과 재학 중이었다. 가해자는 제이크 제너(22). 같은 학교 화학과 3학년이며 마이클 장과는 기숙사 이웃이었다. 제너는 대학 미식축구 팀의 에이스이기도 하다.

"중국 새끼들이 지네 나라도 아닌데 깝치고 다니잖아요"라는 것이 그가 밝힌 살인의 이유. 마이클 장은 중국인이 아니었고, 미국에서 태어난 미국인이었다. 그러나 이 학교에 최근 아시아계 학생들의 비율이 크게 늘어나면서 백인 학생들과의 충돌이 빈번하게 일어나고 있다. 지난 12개월 동안 백인 학생에게 폭행당한 아시아계 학생 수는 35명. 병원에 입원할 정도의 부상을 입은 것도 10명이나 된다. 보복이 두려워 신고하지 않는 폭행도 많다는 후문이다.

학교 캠퍼스의 분위기를 밀착취재했다.

학생 1: 이번 일로 또 피해자 코스프레 하는 일은 없었으면 좋겠습니다. 사실 동양계 남자애들이 덩치가 작아서 당하는 거지 그걸 갖고 인종 차별이라고 하는 건 오버죠, 오버.

학생 2: 아니 뭐, 좀 반감이 생길 만도 하잖아요. 이 동네에서 동양계 비율이 5퍼센트 미만인데 이 캠퍼스를 보세요. 반이 중국이랑 인도 애들이에요. 그리고 주정부 예산에서 나오는 장학금을 부모가 세금도 안 내는 외국 애들이 다 가져가니까 열 안 받겠어요?

이 학교 학생의 27퍼센트가 아시아계이지만 그중 절반 이상이 미국 시민이다. 외국 국적의 학생들은 학비를 몇 배로 더 내고 있으며 장학금 지원도 받지 못한다. 그러나 반 아시아계 정서에 사로잡힌 백인 학생들은 통계를 믿지 않는다. 아시아계 학생이라고 뭉뚱그려

지나 그들은 한국인, 중국인, 일본인, 인도인, 베트남인, 인도네시아인, 필리핀인 등등 15개 국적을 망라한다.

학생 3: 대학에 아시아계 교수들이 더 들어오면서 심해진 것 같아요. 피해자가 아시아계다 하면 다 들고 일어서니까, 정말 걔네가 당하고 있는 것처럼 분위기가 그렇게 조성되는 거 같고요….

기자: 아시아계 학생들이 폭행당하는 비율이 아주 높습니다. 한 번이라도 백인에게 신체 위협을 느꼈다는 응답한 비율이 95퍼센트죠.

학생 3: 그건 의미 없죠. 저도 백인으로서 백인에게 당연히 위협 느껴봤는데요.

기자: 위협을 느꼈다는 백인 학생들의 비율은 15퍼센트밖에 되지 않았습니다.

학생 3: 그러니까 그게 아시아계 애들 피해자 코스프레라니까요. 통계를 보세요. 폭행 사건에는 백인 피해자가 훨씬 많아요.

기자: 백인 학생 만 명 중에 쌍방 폭행 포함한 피해자가 130명이고요, 아시아계 학생은 거의 100퍼센트 일방적 피해자로 35명입니다.

학생 3: 거 봐요. 백인 학생이 훨씬 많이 당하잖아요.

기자: 아시아계 학생에게 폭행당했다는 백인 학생은 단 2명이었습니다. 그 외 백인 학생 간 폭행은 쌍방 폭행이 대부분이

고요.

학생 3: 편파적인 언론이 문제예요. 정말 다 짜고 백인 남자 나쁜 놈 만들기에 동참하는 것 같다니까요.

마이클 장은 왜 살해당했을까? 스포츠 특기생으로 들어와서 성적 관리에 소홀했다가 제적 위기에 처했었다는 제이크 제너의 변명을 들어보자.

"같은 학우끼리 숙제도 좀 도와주고 그러면 좋은 거 아닌가요? 저도 스포츠로 이 학교 명예를 높이는데 기여하고 있고요. 그런데 같은 과 중국 쥐새끼들이 지들 과제할 때 내 것도 좀 해 달라니까 거절하잖아요. 그냥 거절도 아니에요. 사람을 막 비참하게 만들어요. 공부도 못 하는 네가 이 학교에 있을 자격이 있냐 뭐 이런 식으로요. 그래서 빡쳐 있는 중에 또 아시안 새끼가 보이길래 홧김에…".

우발적인 범죄였다고 그는 주장하고 있다. 그렇지만 CCTV에 찍힌 장면은 달랐다. 밤 12시쯤 그는 공대 도서관 앞에서 인적이 드물어질 때까지 기다리다가, 시험 전 늦은 밤까지 공부하던 마이클 장이 나오자 덤벼들어 목을 네 번 찔러 살해했다. 키 195센티미터에 몸무게 120킬로그램인 제이크 제너에게 키 172센티미터, 몸무게 57킬로그램인 마이클 장은 상대도 되지 않았다.

학교에서는 제이크 제너 옹호 분위기가 조심스럽게 퍼지고 있다.

대학교 익명 게시판에 올라오는 내용만 봐도 그렇다.

"이렇게 되기까지 학교가 너무 아시아계 학생들만 끼고 돌았죠. 장학금도 퍼주고, 백인 학생들을 범죄자 취급하고. 덩치 좀 크다는 거 하나로 싸웠다 하면 무조건 저희는 가해자가 되죠. 아시아 남자들이 덩치 작은 게 저희 잘못인가요? 덩치 작다고 무조건 피해자, 이건 아니죠."

"그동안 수학 성적 조금 좋은 거 하나 가지고 지네 나라도 아닌 데서 너무 깝쳤어요."

"진짜 피해자는 백인 학생들이라고 봅니다."

"이런 일 하나 있었다고 또 건수 잡았다 의기양양할 아시안 새끼들 꼴 보기 싫어서 학교 못 올 것 같습니다."

30퍼센트에 달하는 아시아계 학생들. 그러나 게시판에는 그들의 목소리가 없었다. 누구라도 글을 쓰면 백인 학생들의 득달같은 반박과 협박이 이어지기 때문이다. 아시아계 학생들의 피해 사례와 통계를 들어가며 익명 게시판에서 토론을 벌였던 비제이 씨가 그랬다. 익명 게시판이라고 했으나 대학교 서버 관리자가 비제이 씨의 신상을 흘렸고, 비제이 씨는 그 다음날 기숙사에서 심한 폭행을 당하고 몇 달을 병원에서 보내다 결국 학교를 떠났다. 대학교에서는 어떤 서버 관리자가 정보를 흘렸는지 확실하지 않다는 이유로 아무런 처벌도 가하지 않았다.

"그래도 (제이크 제너는) 우리 학교 에이스인데, 이 정도 일로 더 이상 미식축구를 못하게 된다니 안타깝습니다."

캠퍼스의 백인 학생들은 죽은 마이클 장보다는 제이크 제너를 잃을 미식축구 팀을 더 걱정했다. 이번 해에 NASA 인턴으로 가게 되어 들떠 있던 마이클 장을 안타까워하는 분위기는 없었다.

"분위기 안 좋은 거 알면 좀 알아서 일찍일찍 다닐 것이지 또 무슨 잘난 척 한다고 도서관에서 그 시간까지 있습니까? 그 정도 눈치가 없으면 당해도 싼 거죠."
"한 사람의 행동 때문에 백인들은 수학 못한다, 폭력적이다 이런 식의 일반화는 하지 않았으면 좋겠습니다."
"이번 일로 아시아계 놈들 겁 좀 먹고 알아서 기었으면 좋겠어요."

한국계 미국인 마이클 장 씨가 살해당한지 사흘 후, M 대학 공대 캠퍼스에서 아시아계 학생들의 추모 행사가 있었다. 마이클 장과 같은 한국계 미국인 대니 리(21)도 여기에 참가했다.

대니가 행사에 참가하겠다는 이야기를 듣고 그의 백인 친구들은 의아함을 표했다. 그도 그럴 것이, 대니 리는 아시아계 친구가 하나도 없었고 마이클 장과 친하지도 않았기 때문이다. 그는 평소에 모자란 영어 실력에도 억지로 들어와 수업 분위기를 흩트리는 한국계 학생들을 대놓고 조롱했으며, 폭행당하는 아시아계 학생들에게는 '분하면 덩치를 키우라'며 같이 조소하곤 했었다.

실제로 대니는 그렇게 믿었다. 인종차별은 존재하지 않고 그저 찌질한 놈들에 대한 차별이 있을 뿐이라고. 영어 못하는 학생들, 그래서 자국 친구들끼리만 삼삼오오 몰려다니면서 조금 덩치 큰 백인 애들 무리가 지나갈 때면 흠칫 겁 먹거나 하는 그런 찐따 무리들은 어느 사회에서나 무시당하기 마련이라고 생각했다. 요즘 인종차별을 죄악시한다고 어디서 주워듣고는 틈만 나면 인종차별이네 어쩌네 빼액거리면 자신들의 편을 들어줄 것 같으니 그딴 루저짓을 한다고 믿었다.

마이클 장이 살해되기 전까지는 그랬다.

같은 기숙사에 살고 있어서 둘은 안면이 있었다. 그리고 약속이나 한 듯이 친하게 지내지 않았다. 대니는 그 어떤 아시아계 친구도 두고 싶지 않았고, 마이클은 공부벌레에 외톨이였다. 그러나 대니도 잘 알고 있었다. 마이클과 자신은 같은 부류였다. 부모님은 한국 이민자 출신이지만 둘 다 미국에서 태어나 자랐고 영어가 유창했다. 오히려 둘 다 한국말이 짧았다. 그리고 그날 대니 역시 도서관에서 공부를 하고 있었다. 자신보다 훨씬 더 성적이 좋은 마이클에게 질투를 느꼈던 대니는 마이클이 주섬주섬 짐을 챙겨 나가고 나서야 겨우 자리에서 일어났다. 그래서 제이크 제너가 마이클을 살해하는 것을 도서관 2층에서 목격했다. 피곤하다고 포기하고 일찍 나왔으면 분명 자신이 당했을 것이다. 미국 시민권, 유창한 영어, 한국말은 하지도 않고 한국 음식 죽어라 피해봐야 다 소용 없었다. 제이크 제너는 그저 아시아계 남자를 죽이고 싶었을 뿐이다. 마이클 장이 덩치가 작아서 당한 것이지 그의 인종 때문이 아니라고들 하지만, 대니는 마이클 이전에 도서관을 나간 크리스를 봤다. 백인 남자인 크리스는 키가 168센티미터로 마이클보다도 작았다. 제이크는 실제로 아시아계 남자를 죽이고 싶었다고 진술했고, 실제로 마이클 장을 죽였다. 이것은 분명히 인종 혐오 범죄다.

대니의 백인 친구들은 이런 대니의 의견을 불편해했다. "네가 그렇게 생각할 줄 몰랐다", "너는 미국인인데 왜 걔네들한테 감정 이입해?", "가해자가 또라이일 뿐이잖아. 아무나 당할 수 있었던 건데 왜 그걸 꼭 인종 문제로 생각해?", "너도 백인 남자들은 다 폭력적이다, 살인자다 뭐 그런 일반화하는 거냐? 쟤네들 편에 서서 우리 나쁜 놈들 만드는 거?"

충격이었다. 살인자 본인이 분명 아시아계 남자를 타깃 삼았다고 떠벌리는데도 다들 제이크가 몰래 복용하던 스테로이드만 탓할 뿐이었다. '로이드 레이지Roid Rage'는 보디빌더들 사이에서 잘 알려져 있는 스테로이드 복용의 부작용으로, 분노 조절에 어려움을 겪는 상태를 말한다. 이상한 약물을 복용하는 바람에 멀쩡하게 잘 나가던 선수가 이런 지경에 빠졌다고 그를 안타까워했다. 캠퍼스 내에 폭력 사건이 많지만 이건 어디까지나 학생들끼리 치고받는 문제지 인종차별은 아니라고 말했다.

대니는 자신이 지금까지 눈감아왔기 때문에 실은 잘 알고 있었다. 자신이 혼자 지나갈 때면 괜히 시비 걸곤 하던 백인 남자 무리들은 그가 백인 친구들과 같이 다닐 때엔 아무런 공격성을 보이지 않았다. 백인 여자친구와 둘만 걸을 때엔 대놓고 여자친구에게 "어이! 그딴 아시안새끼 버리고 나에게 와!" 등의 추파를 던지지만, 백인 여자친구와 걷는 백인 남자에게는 아무도 시비를 걸지 않았다. 그의 기숙사와 클래스에서는 그의 친구 그룹을 잘 알고 있기 때문에 더 이상 시비 거는 일이 없었지만, 밖에서는 여전했다. 대니는 지금까지 그것조차 찐따 아시아계 학생들에게 책임을 돌렸다. 그놈들이 어설픈 영어로 찌질하게 굴고 돌아다니지만 않았더라면 자신이 이런 불편을 겪을 일은 없을 거라 믿었다.

마이클 장이 그의 눈앞에서 살해당하는 것을 볼 때까지는 그랬다.

마이클 장은 영어를 못해서 살해당하지 않았다. 덩치가 작아서 살해당한 것이 아니다. 아시아계 남자를 위협하는 것이 취미인 백인 남자 무리의 문화, 아시아인들에게 밀려난다는 위기감에 비뚤어진 자존심, 어차피 그런 찐따들 몇 대 쥐어박아봐야 별 탈 없다는 과거의 경험이 더해진 것이다. 그런 문화 속에서 결국 제이크 제너는 자존심 건드리는 벌레 한 마리 죽여봐야 별 일 없을 거라는 착각에 빠지게 된 걸지도 모른다.

마이클의 살해 소식을 듣고 다음 날 바로 도착한 창백한 안색의 부부는 마이클의 기숙사 방에서 통곡을 하고 울었다. 아이고 내 새끼 하면서 창자를 끊어내는 울음이 흘러나오는데 대니의 백인 친구들은 시끄럽다며 불평했다. 시체팔이 곧 시작하시겠군, 하며 조소했다. 일반화로 백인 남자들만 뒤집어쓰겠다며 억울해했다.

한국말을 전혀 하지 못한다고 말하고 다녔지만 대니는 사실 충분히 알아들을 수 있었다.

내가 어떻게 키웠는데. 아침마다 우리 귀한 자식 밥 굶을까 몸 상할까 도시락 싸고, 너무 아까워서 매도 못 들었는데. 네가 뭔데 우리 아들을 죽여. 내가 우리 아들 낳고 밤마다 자는 거 지켜봤는데, 손톱 깎다 다칠까 조심조심 이빨로 뜯어가며 키웠는데, 어딜 가도 우리 아들 추울 텐데 뭐 사 입힐까, 밥은 먹었나 걱정하고, 저녁마다 앉아서 공부하는 게 신통해서 몇 시간이고 쳐다봤는데. 우리 아들 입히고 먹이고 재우는 낙으로, 크는 거 보는 낙으로 이렇게 살았는데, 네가 뭔데 우리 아들을 죽여. 우리 똑똑한 아들을, 내가 그렇게 곱게 키운 아들을 네가 왜 죽여. 너는 몇 초만에 죽였지. 나는 뱃속에서 태명으로 불렀을 때부터 이십 년을 얘만 쳐다보고 살았는데, 네가 어떻게 우리 아들을 죽여.

대니의 어머니도 똑같이 울었을 것이다. 그가 마이클보다 앞서 나갔더라면, 그의 어머니도 아주 똑같이 지금 그의 방에서 그렇게 우셨을 것이다.

그런데 그의 백인 친구는 시체팔이, 감성팔이가 지겹다는 말이나 내뱉고 있었다. 모든 백인 남자들이 그런 게 아닌데 똑같은 취급을 할까봐 걱정을 하고 있었다. 건수 하나 잡았으니 언제까지 우려먹겠냐고 한탄했다. 그리고 그들의 고민에 맞장구치지 않고 마이클 장의 추모 행사에 가겠다는 대니에게 배신감을 느낀다고 했다. 자신들을 인종차별주의자로 보는 것 같아 불편하다고, 자신들은 제너 같은 사람이 아니며 이번 일은 인종 문제가 아닌 것을 어서 인정하라고 보채기만 했다. 심지어 실제 추모 행사에 쫓아가서는 추모 중인 아시아계 학생들에게 야유를 날렸다.

"늬들만 맞냐? 백인 피해자가 훨씬 많다!"
"너희가 고향으로 돌아가면 이런 문제는 없을걸!"
"이 영어 읽을 수는 있냐?"
"이제 좀 그만 하지? 지겹지도 않냐?"

이것은 실제로 있었던 일이 아니라 가상으로 만들어낸 스토리이다. 당신은 이 이야기가 단순히 스테로이드 부작용 환자의 살인이라고 생각하는가? 아니면 사회에 만연한 인종차별주의의 영향을 받았다고 보는가?

06

평행우주의 혐오 체험 2:
"별에서 온 된장남 김철수"

 젊은 한국여자들은 돈 많은 남자만 원하고, 부자가 아니면 아예 결혼을 기피한다고 주장하는 이들을 위한 가상현실 이야기이다.

한국드라마 〈별에서 온 김철수〉가 미국 역사상 최대 히트를 기록했다. 이 드라마의 주인공 김철수 씨는 한류 스타로서 전무후무한 인기를 누리다가 미국의 신경정신과 의사와 결혼을 했다. 그 이후로 김철수 씨와 비슷한 스타일-키 170 전후에 마르고 팔다리가 길고 외꺼풀 눈에 짱구머리, 입술은 얇고 턱이 날렵한 외모-의 남자들은 어딜 가나 폭동에 가까운 구애에 시달려야 했다. 그중 많은 사람들은 미국에서 잘 나가는 여자와 결혼을 해서 행복한 결혼 생활을 꾸렸다. 나예뻐 사이트에서 '행복 in 천조국' 블로그를 운영하는 이씨가 좋은 예다.

이씨는 카이스트에서 석사를 마치고 직장인으로 일하던 중 강남 길거리에서 에이미 씨를 만났다. 미국의 대기업 AE의 외동딸이며 후계자인 에이미 씨는 첫 눈에 이씨에게 반해 적극적인 구애에 돌입했다. 에이미 씨의 말을 들어보자.

"트로이(이씨의 영어 이름)를 보는 순간 감전된 것 같았어요. 와, 나도 정말 별에서 온 김철수를 가질 수 있겠구나 그런 희망이 생기더라고요. 그래서 물불 안 가리고 덤볐죠. 저 말고도 다른 미국여자들이 정말 많이 쫓아다녔거든요. 제가 뺏길까 두려워서 제 친구들한테도 소개를 안 시켜줬어요 하하하."

안타깝지만 미국에 외국 배우자로 입국하면 비자 제한으로 인해서 5년 동안 직업을 가질 수 없다. 5년 후에도 시민권을 신청하는 데에 몇 년이 걸릴 수 있기 때문에 운이 나쁘면 최고 10년 정도 일을 전혀 못 하기도 한다. 그러나 이씨는 부인의 전폭적인 지지로 그 기간 동안 미국에서 박사학위를 끝냈다. 에이미 씨의 말을 들어보자.

"다들 저보고 남편 외조했다고 칭찬하지만 사실 뭐 이런 남자 구한 게 얼마나 행운인데 그 정도는 제가 해야죠. 물론 처음에는 트로이의 예쁜 외모에 반했다는 건 인정해요. 하지만 7년 살면서 저는 외모 말고도 다른 점에 정말 많이 감동하고 놀랐어요. 그냥 제 돈으로 편하게 살기만 해도 되는데, 얼마나 열심히 공부하는지 저도 옆에서 많이 배웠어요. 트로이는 참 대단한 남자예요. 존중합니다."

이제 시민권을 딴 이씨는 다음 달에 취업을 계획 중이다. 하지만 아버지를 많이 따르는 세 아이들을 어떻게 할지는 확실하지가 않다. 지금 블로그에 올라오는 내용도 거의가 부인 에이미 씨를 위해 차린 정성들인 요리, 아이들과 보내는 교육적인 놀이시간, 그리고 직접 꾸민 깔끔한 인테리어인데 과연 풀타임으로 일을 하면서 그게 가능할까? 다시 에이미 씨에게 물었다.

"하하하. 네, 저녁을 다른 사람이 해준다면 좀 섭섭할 것 같긴 하고, 아이들도 아빠가 집에 없으면 좀 힘들어하겠죠. 그렇지만 제 남편도 꿈이 있는 사람인데 집에만 있으랄 수는 없잖아요. 지금까지야 뭐 비자 때문에 어쩔 수 없었다지만. 우선 파트타임 정도는 알아보라고 했어요. 부인으로서 그 정도는 지원해주는 게 당연하다고 봐요."

물론 트로이 씨의 경우는 아주 잘 풀린 케이스이다. '나만의 김철수'로 신격화되었다가 졸지에 추락한 이들도 많다. 특히 최근 들어 미국에서는 '한국 된장남'에 대한 반발이 점점 거세지고 있다. 크리스틴 씨의 얘기를 들어보자.

"아니, 솔직히 우리는 미국 시민권 나오는 티켓이잖아요. 어차피 장가오면 일도 못하니까 내가 먹여 살려야 되고. 자기가 잃는 게 뭐 있어요? 그냥 집에서 소소하게 집안일 해주고 애들 좀 봐주고 하는 거죠. 제 가족이랑 같이 살아도 영어 배우는 거고 새로운 나라 문화 배우는 건데 뭐 그게 힘들다고 그렇게 따지냐고요. 저 트럭 운전해서 꽤 잘 벌거든요. 3만 불 벌어요. 한 가족 먹여살릴 만큼은 해요. 그런데 맞선 사이트에서 한국남자들한테 메시지 보내면 무시해요. 다들 TV 드라마로만 미국을 봐서 그런가 머리에 똥이 차 있어요. 뉴욕 같은 대도시에서만 살려고 하고 저는 미국 남부 사는데 그건 또 싫다는 거예요. 정말 이기적인 것 같아요. 제가 돈을 벌라고 했어요? 미국까지 데려와 주겠다, 시민권 내주겠다, 먹여 살려 주겠다. 그런데도 진짜 드럽게 튕겨요. 의사, 변호사, 기업가 이런 사람만 찾고요. 부모 환경도 보고, 처가랑 같이 사는 건 또 엄청 싫다고 하고요."

별에서 온 한국남 '김철수'를 원하는 미국 여성은 여전히 넘쳐난다. 지금 현재 '김철수 파인더' 사이트에 등록된 여성만 백만 명이 넘는다. 그에 비해 등록된 한국남자는 그 반이 채 되지 않는다. 경쟁은 엄청나다. 그러나 그렇다고 해서 모든 한국남자가 인기를 누리는 것은 아니다. 케이트 씨의 이야기를 들어보자.

"뭐, 까놓고 말하자면 김철수를 찾는 거잖아요. 김철수 같지 않다면 큰 의미가 없죠 하하하. 얼마 전에 그래 뭐 꼭 김철수랑 똑같은 남자를 찾을 수 있겠나 싶어, 좀 아니더라도 한국남자면 얌전한 거는 비슷하겠다 싶어서 메시지 넣었는데 답 안 하더라고요. 진짜 빡치던데요. 아니 지깟 게 뭔데, 김철수랑 1도 안 닮았으면서 나를까? 뭐 그런 식으로 화가 나죠, 네. 제가 그 정도 외모라도 내가 예뻐해 줄 수 있을 것 같아서 아주 친절하게 메시지도 보내고 선물도 보냈는데, 요즘 한국남자들 너무 속물적이라는 게 맞는 말 같아요. 뉴욕이나 엘에이 사는 의사 아니면 답도 안 한다면서요? 저도 사실 엘에이 가서 살 수는 있는데, 거기엔 미국으로 장가온 한국남자 많다고 하더라고요. 돈 많은 부인도 많은데 괜히 어울려서 순박한 남자가 물들면 안 될 거 같아서 엘에이 얘기 안 했는데요, 그래도 한국남자 구하려면 그렇게 말해야 되나 보네요. 나 엘에이 살 수 있고 거긴 한인 타운도 가까이 있다고. 뭐 좀 씁쓸하죠. 정말 사랑하면 그냥 제가 여기까지 데리고 와서 먹여살리는 것만으로, 그렇게 가정 꾸려서 사는 걸로 충분할 거 같은데 말이에요. 남자들이 더 영악하다더니… 아니 그리고, 주위 보면 비자 때문에 취업 못 하니 어쩌니 해도 잘 버는 애들은 어떻게 해서든지 벌어요. 뭐 좀 불법이긴 하지만 한인 가게에서 캐셔 해도 되고, 애들 과외 해줘도 되고요. 아, 간호사 자격증 있거나 의사 면허 있으면 비자 제한도 없어요. 그저 미국여자 등쳐먹고 살겠다는 그 멘탈이 문제죠. 빈대 주제에 고르기는 또 얼마나…"

좋은 부인을 만나서 장가간다고 해서 꼭 잘 되는 건 아니다. 메이시 씨의 말을 들어보자.

"그딴 식으로, 그러니까 속물적으로, 여자 고르다가 장가 와봤자 피 보는 한국남자들 많아요. 사람을 봐야지 사람을. 나 아는 애도 걔네들이 그렇게 좋아하는 뉴욕 의사인데 완전 빼박 김철수랑 결혼했거든요. 그런데 한 5년 지나고 남편 턱선 무너지니까 곧바로 이혼하더라고요. 시민권도 나오기 전에 이혼해서 그냥 본국송환 됐죠. 쌤통이죠. 이제 한국 다시 들어갔고 나이도 서른 넘었으니 어떤 미국여자가 좋아하겠어요. 그것도 벌써 한 번 갔다 왔고, 뉴욕 의사랑 결혼해서 살았으니 완전 된장남인 거 인증했잖아요. 그렇게 대단하진 않아도 저처럼 진국이고 근면성실하고 남편 귀한 줄 알고 잘 아껴주는 여자 선택했으면 참하게 집에서 기다렸다가 시민권 나오고 애들 학교 가기 시작하면서 소일거리 좀 시작하고 그러면, 집안 경제에도 도움 되고 우울증 같은 것도 없고 좀 좋아요?"

미국 경찰 산드라 씨는 요즘 한국남자를 상대로 한 가정 폭력도 많이 늘고 있다고 한다.

"뭐, 문화 차이도 있고, 문제긴 한데… 친구 가족 다 포기하고 여자 하나 믿고 먼 이국땅까지 왔는데 취업은 쉽지 않고 같은 처지의 남자들끼리 모이기도 쉽지 않거든요. 아무래도 수입이 없으니까 같이 모여서 차 한잔 하려고 해도 돈 드는데 부인 외벌이면 눈치 엄청 보이죠. 그래도 좀 그런 건 있어요. 힘든 일 끝내고 집에 들어온 부인한테 자기 외롭다는 말을 꼭 해야 직성이 풀리나 보더라고요. 아니 막말로, 꼴랑 집안일이랑 애 보는 일이 밖에서 돈 버는 것만큼 힘든 건 아니잖아요. 그래도 한 가족 먹여 살리겠다고 여자가 밖에서 하루 종일 일하고 집에 왔는데 지가 외롭네 힘드네 째잘째잘 너 믿고 여기까지 왔는데 니가 어찌 이럴 수 있니, 니네 부모님 모시면서 사는 거 힘드네 한국 가고 싶네 하면⋯ 뭐 그야말로 성질 돋우는 거죠. 손이 확 올라가는데⋯ 아 뭐 그렇다고 폭력이 옳다 이런 건 아니고요."

실제로 작년만 해도 변호사 부인에게 살해당해 냉장고에서 발견된 '알라바마 냉장고남' 사건이 있었고 치과 의사 부인에게 독살당해 암매장 당한 '캔자스 청산가리남' 사건도 있었다. 냉장고남은 신혼에 바람을 피우다가 부인에게 들켜 우발적인 폭력을 당했고, 청산가리남은 한국의 부모님을 방문하겠다는 문제로 싸우다가 김철수를 잃느니 같이 죽어버리겠다는 부인의 지독한 사랑에 희생양이 되었다.

그럼에도 불구하고 왜 한국남자들은 계속 미국으로 장가를 오는 것일까? 이혼 전문 변호사 젤다 씨에게 물었다.

"한국에서 남자가 어느 정도 나이를 먹어도 미국으로 오지 못하면, 그렇게 찾는 여자가 많은 데도 선택당하지 못했으면 좀 루저가 아닌가⋯ 취급받는 문화가 있다고 하더군요. 서른이 넘으면 제아무리 김철수 외모라고 해도 선택받기 힘드니까 좋다는 사람 있으면 기회 될 때 빨리 이민 오고 싶어하죠. 한국에는 남자 나이 크리스마스라는 말도 있다던데. 25살까지는 잘 팔리는데 그 이후로는 점점 안 팔리기 시작해서 29살, 30살 넘어가면 유통기한 끝난다고요. 한국에서 일하는 것보다야 뭐 미국이 낫겠지요? 일을 못 한다는 단점이 있지만 꼭 일하려는 남자도 그리 많진 않고요. 공짜로 먹고 살 수 있으면 그러는 게 인지상정이죠. 한국여자들보다는 그래도 훨씬 나은 포지션인 것 같아요. 이렇게 원하는 미국여자들이 많고, 또 그렇게 신분 상승하는 남자도 많잖아요. 얼굴 반반한 거 하나로 생계 책임져주고 미국 시민권도 나오고 뭐. 밑지는 장사는 아니죠."

이 글에서는 일부러 '미국여자' 입장만 썼다. 한국에서의 언론 기사가 대부분 저런 식이기 때문이다. 언론이 '주제 파악 못하고 눈 높은 한국여자들에게 거절당하고 장가 못 가서 슬픈 남자들'의 대변인 역할을 해준다. 무려 살인을 해도 '무시당해 서러웠던' 남자의 시각으로 글을 쓴다. 죽은 피해 여성의 옷차림과 평소 행실에 대한 평가질은 덤이다.

제도적으로 결혼이나 출산 후에는 일을 하기 힘든데, 그 때문에 파트너에게 얹혀 살아야 하는 것은 결코 닐리리야 좋은 팔자가 아니다. 그 문제로 파트너에게 갑질까지 당한다면 더욱 더 그렇다. 그렇게 얹혀 살면서 '고마워하고 살아라!' 소리 듣는 것보다는 작은 돈이라도 그냥 내 돈 내가 벌어서 사는 편을 누구나 선호한다. 당신이라면 김철수 닮았다는 이유로 미국으로 장가가서 한 달 천 불로 '집에서 놀면서' 살림과 육아를 하고 싶을까, 아니면 그냥 한국에서 내 하고 싶은 거 살고 싶을까?

서른 이후로 고용이 불안정하고, 다시 취업한다는 보장도 없고, 그런 식으로 평생을 살아야 한다고 할 때, 내 평생을 좌우할 남자가 어떤 경제력이 있는지를 고려해야 하는 건 정말 어쩔 수 없이 너무나도 당연한 일이다. 인간 역사 내내 여성의 고용이 이런 식이었기 때문에 아마도 본능적으로 남자의 경제력을 좀 더 중시하게 되었으리라 본다. 실제로 여성의 소득이 높고 고용이 안정된 나라에서는 여자가 더 많이 버는 집도 많다.

내가 무엇을 하든지, 어떤 사람이든지 상관없이 그저 외모로만 평가당하는 것은 누구나에게 불쾌한 일이다. 내가 설령 그들이 원하는 외모를 가졌다 하더라도 그렇다. 카이스트를 나왔든 어떤 능력이 있든 뒷전이고 그저 김철수 같은 턱선과 엉덩이를 가졌는지가 제일 중요한 게 기분 나쁘듯 말이다.

인간은 누구든지 주체적으로 삶을 영위하고 싶어한다. 아무리 인기가 많다고 해도 내 삶을 내가 통제할 수 없다면 그것은 권력이 아니다. 구애하는 사람 입장에서는 상대방이 절대권력을 가진 것처럼 느낄 수 있겠으나 실상은 그렇지 않다.

'여자'라고 하면 젊고 예쁜 여자나 성관계를 맺고 싶은 여자만을 떠올리는 남자분들 많은데, 세상 인구 반이 여자다. 40대 아줌마도 여자고, 50대 아줌마도 여자다. 여성을 그냥 당신과 같은 '사람'으로 생각해 보기를 권하는 바이다. 여자가 30대를 넘기고 결혼과 출산을 거쳐 다시 사회에 나오면 월 수입 200만 원 넘는 직업을 갖는 것은 어려운 일이다. 그게 바로 경력 단절이다. 돈 잘 버는 남편을 만났다 하더라도 남편이 실직할 확률, 아플 확률, 성격 차이로 이혼할 확률, 그 외 바람을 피우거나 도박을 하거나 돈 문제를 일으키거나 가정폭력을 일삼아서 결혼이 파탄 날 확률을 생각해 봐라. 당신 같으면 경제력 안 볼 자신이 있는가?

젊은 여자가 남자의 경제력을 고려하는 것 자체를 폭력이라고 말하는 남성분들이 많다. 그들에게 실제 물리적 폭력은 누가 행하고 있는지 묻고 싶다. 젊은 여자들이 의사만 타깃으로 해서 너 나랑 결혼 안 하면 죽인다고 총 들고 협박하는가? 결혼할 때 집 안 사오면 죽여버린다고 염산을 붓는가? 상견례에서 칼을 휘두르는가? 결혼할 때 여자가 집을 요구하더라도 당신의 경제력이 안 된다면 못하겠다고 거절하면 된다. 남자들이 예쁘다고 인정해주는 소수의 여자 이외의 다른 여자들도 매일같이 거절당하고 산다. 여자들은, 이 이야기로 치자면 나는 김철수 안 할 거고 미국 안 갈 거니까 나 귀찮게 하지 말라고 하는 셈이다. 그런데 사회는 어떻게 그렇게 이기적이냐, 속물이다, 바라는 게 많다 손가락질을 해댄다.

아무리 설명을 해도 이런 글에 달리는 대부분 남자들의 댓글은 초점을 빗나가리라 예상했고, 실제로 페이스북에서 이 글에 달린 답은 다음 예상 댓글과 대부분 일치했다.

  − 왜 남자보고 집 해오라고 하냐고. 그게 백배로 폭력적임.

  − 그래도 한국여자들이 외국 여자들에 비해서 이기적입니다. 더
    치페이 좀 합시다.

  − 역차별을 얘기합시다. 남자들이 얼마나 차별을 당하고 여자들
    은 얼마나 누리고 사는지.

  − 군대 군대 군대 군대 군대.

  − 무슨 말인지 모르겠네 ㅋㅋ.

  − 주작 쩌네.

  − 한국 상황이랑 전혀 상관없는 얘기 하네.

  − 띄어쓰기 좀 제대로 하죠.

  − 외국 사는 사람은 그냥 외국 얘기만 하세요.

  − 아 그래서 나보고 어쩌라고?

  − 어쨌든 한국여자들 김치녀 ㅋㅋ.

  − 길어서 안 읽었어요.

  − 그런데 진짜 미국에서 한국남자 인기 많나요?

07

회사의 여혐에 대처하는
여자들의 방식

🍃 한국 회사들이 남자를 선호하는 이유가 여자들이 충성심이 없고 불성실하며 칼퇴나 하기 때문이라는 얘기를 듣고 웃음이 픽 나왔다. 이럴 때 '그런 여자들도 있지만 나는 아니다'라는 식으로 답하는 분들이 종종 있는데 포인트가 틀렸다.

당신이 힘들게 들어간 회사를 외고–서울대 출신들이 꽉 잡고 있다고 치자. 진급하는 사람들 전부가 그 라인이다. 당신 학교 동문들이 진급하는 꼴을 본 적이 없다. 진급해도 대리급이 한계다. 서울대가 아니라고 연봉도 낮게 책정된다. 해고가 필요한 순간이 오면 非서울대부터 자른다. 그래도 당신은 알아서 야근하고 몸 상할 정도로 충성할까?

　물론 그럼에도 불구하고 기꺼이 충성하는 소수의 사람들은 있다. 세상에 호구는 많고, 직장 잡기는 힘들고, 누구나 먹고사니즘 때문에 닥치고 출근해야 했던 적은 있을 테니 호구라고 너무 비난하진 않겠다. 그런데 개인의 능력이고 뭐고, 진급은 전혀 가망 없고, 3년 내에 잘릴지언정 어찌됐든 그때까지는 큰 문제 없이 다닐 수 있다면? 그럼 뭐 슬슬 다니면서 월급이나 받아먹지 뭐, 할 사람이 많을 거라 본다. 연봉 오를 가망도 없고 미래도 없는 직장에서 무슨 공을 세워도 절대 몰라주는 상사한테 잘 보여서 뭐하겠는가? 탕비실에서 공짜 커피나 죽어라 타 먹고 틈날 때마다 나가서 담배나 태우지 싶다.

　아, 당신은 그래도 충성하겠다고? 상사에게 조금이나마 인정받고 진급할 희망이라도 있다면 그럴 수도 있겠다. 그런데 그 상사가 당신에게만 커피나 타오게 시키고 술자리에서 성희롱하고, 중요한 프로젝트에서 당신만 쏙 빼버려도 그 밑에서 죽자고 충성할 건가? 과연 그럴 수 있을까?

　해외 대기업에 취업한 당신. 당신 회사에 간부급 한국인이 드물다는 얘기를 종종 듣는다. 인종차별인지 어쩐지는 모르겠지만, 어쨌든 드물다. 가뜩이나 부장급으로 올라가려면 엄청난 업무량을 견뎌야 한다. 백인 남성 직원들도 낮은 확률로 진급하는데, 한국인 직원은 더더욱 올라간 전례가 없다. 당신보다 훨씬 더 스펙 좋고 능력 좋은 한국인 직원도 진급에 번번이 물먹는 것이 보이는데, 당신 같으면 몸 상해가며, 가족 못 봐가며, 당신 영어 못한다고 비웃는 상사를 위해 밤을 새가며, 일부러 당신이 못 알아듣는 농담을 하고 당신을 **빼놓고** 점심 먹으러 가는 동료들을 위해 월화수목금금금 3년이고 5년이고 야근할 마음이 들까?

뭐, 아쉬우면 할 수 있겠다. 취업 비자 때문에 참아야 한다면 그럴 수 있겠다. 순하고 어린 친구들도 싫은 소리 못하고 반항하지 못해서 묵묵히 일한다. '한국 직원들은 저래' 혹은 '여자 직원들은 저래'라는 소리 안 들으려고 몇 배로 더 노력한다. 그런데 서른 넘어가면서 환상이 깨진다. 체력도 떨어진다. 그렇기에 회사에선 어린 직원들을 선호하고 그중에서도 젊고 어린 여자 직원을 선호한다. 막 대해도 문제없을 가능성이 높기 때문이다.

힘든 경쟁을 뚫고 들어온 신입 사원이 업무가 적성에 맞지 않아 그만두면 '신입이 그만뒀다'고 한다.

힘든 경쟁을 뚫고 들어온 신입 사원이 업무가 적성이 맞지 않아 그만두면, 그 신입이 여자라면 '여자들은 이래서 안 돼'라고 한다.

성희롱, 성추행, 성차별을 경험하고 그만 둔다고 해도 '여자들은 이래서 안 돼'라고 한다. 결혼, 출산으로 불이익 당할 거 알고 있어도 충성스러운 호구가 되길 바란다. 그리고 그 요구를 받아들이지 않으면, 평범한 인간의 이기심대로 받은 만큼 일하면, '여자들은 이래서 안 돼'라고 한다.

한국 회사들이 남자를 선호하는 것은 사실이다. 그리고 개인의 노력으로 극복할 수 없는 성차별 체계 속에서 여자들이 자기 자신을 챙기지 않고 충성을 다하기를 요구한다. 이건 문제가 있다. 여성이 아니라 뻔뻔한 고용주에게. 그들에게 문제가 있다.

08

인종차별과 성차별,
그 나물에 그 밥

인종차별이 심하다는 남아공에서 자랐지만 딱히 나를 차별하는 상황은 많이 겪지 않은 편이다. 그러나 외국에, 특히 한국 사람이 별로 없는 곳에 살아본 사람이라면 느끼는 미묘한 어색함은 흔하게 겪었다.

외국 기업에 성공적으로 입사한 한국인들이 얼마 되지 않아 한국으로 돌아가는 케이스를 곧잘 본다. 차별까진 아니라도 그 미묘한 어색함, 그리고 자격지심이 들게끔 하는 소외감을 느끼는 이들이 많다.

예를 들면 이런 상황이다. 당신은 동료 직원이 99.9퍼센트 백인인 외국 기업에 취업했다. 그들은 당신에게 과한 호의를 베풀지도 않지만 그렇다고 대놓고 무시하거나 차별하지도 않는다. 그러나 당신은 마냥 편하지만은 않다.

"한국 사람이 왔으니까 한국 식당에서 점심 먹자!" 이런 말을 처음 들으면 호의적으로 느낄 수 있다. 그러나 백인 남자들이 가득한 미팅 장소에서 보스가 꼭 집어 당신만 쳐다보면서 "한국 식당… 갈까?"라고 물어본다면 그건 순수한 호의나 배려로 느껴지진 않을 것이다. "일본 식당 가는 건 괜찮아?"라면서 나름 배려해주려는 것도 웃지 못할 상황이다. 특히나 어디서 한국과 일본 사이에 감정적 대립이 있다는 걸 듣고는 일부러 그걸 당신에게 공개적으로 묻는 거라면.

농담을 하는데 문화권이 다른 당신만 못 알아듣는 상황이 종종 생긴다. 마치 미식축구에 대한 농담처럼. 처음 한두 번은 "아 넌 잘 모르지" 하면서 설명해주었으나 이젠 딱히 그러지 않는다. 그게 사실 문제되는 것도 아니다. 당신 직장의 남자 동료들은 다 미식축구를 어느 정도 이해하기 때문이다. "넌 그거 모르지?" 하고 묻는 것도 싫지만, 배려가 없는 것도 달갑진 않다. 그러나 결정적으로 영어를 제대로 못 알아듣는 당신 스스로에게 짜증이 난다.

"아 너 한국사람이야? 내 친구도 한국여자랑 결혼했는데. 너는 안 그렇겠지만 한국남자들이 좀 가부장적이고 여자도 곧잘 때린다고 들었어. 전 남편이 그래서 이혼했대"라는 말을 들었다. 이 사람이 악의 없이 하는 말인 건 안다. 말해놓고도 말실수 했다는 표정으로 "아 미안, 너 기분 나쁘라고 한 말은 아니야"라고 한다. 그렇지만 기분 나쁜 건 어쩔 수 없다. 그냥 어설프게 웃고 만다.

좀 거슬리는 동료가 있다. 그렇지만 또 그걸 가지고 문제 삼을 정도로 심하지는 않다. 점심을 다 같이 먹는데 "너도 오냐?"는 식의 눈빛 정도이다. 말을 그렇게 한 건 아니지만 확실히 당신을 별로 좋아하지 않다는 건 알겠다. 당신이 미팅에서 말할 때 영어 발음이 좀 꼬이거나 버벅거리면 살짝 한숨을 쉬기도 한다. 의견을 내도 못 들은 척하고 말을 끊는다. 당신이 보낸 이메일에 틀린 문법이 있으면 굳이 팀 전체에 CC(참조)를 걸면서 문법 틀린 것만 고친다. 처음에는 "어차피 영어 공부 해야 하니까 고맙다."고 했지만 이젠 슬슬 짜증이 난다.

인종차별인가? 다른 아시아계 남자 직원들은 전혀 느끼지 못하는 것 같다. 당신 혼자만 찌질하게 차별당한다는 피해의식에 시달리는 것 같다. 그들은 "중국 식당 갈까?" 하고 물으면 "중국 식당은 언제나 옳지!" 하고 넉살좋게 응수한다. 농담을 못 알아들으면 "야 백인 남자 니네들, 스포츠 좀 덜 보고 수학 공부 좀 했으면 나처럼 수학 잘 하잖아!"라고 맞받아친다. 영어 좀 틀려도 아주 당당하다. 그거 보면 역시 그냥 나 혼자 예민한가 싶다.

누군가가 "우리 회사는 백인 남자들에게 훨씬 유리하다니까."라고 말한 적이 있다. 당신은 속으로 무척이나 동의했다. 그러나 백인 남자들은 무슨 헛소리냐며 반박했다. 자신들은 전혀 그런 경우를 본 적이 없단다. 백인 남자라고 월급을 더 받나, 오히려 영어 잘 한다고 문서 작성일 더 해야 하고 소수 민족이라는 특혜도 못 받는다고 우는 소리를 한다. 예를 들어, 한국 식당이나 중국 식당 어떠냐고 묻는 것, 한국 추석이니까 특별히 휴가 하루 주는 것 등 혜택이 더 많지 않냐고 말이다. 게다가 너희들은 일하다 싫으면 본국으로 돌아갈 수 있는 옵션이 있지만 자기들은 어쨌든 이 나라에서 살아야 되지 않냐고 한다.

'긍정적 편견'도 그리 반갑지만은 않다. "한국 사람은 일을 엄청 열심히 한다면서?", "아시아계들은 수학 잘하던데! 우리 먹은 거 다 해서 얼만지 암산 해봐!" 실제로 당신이 일을 정말 열심히 하는지, 아니면 암산을 잘 하는지와 관계없이, 이런 코멘트가 늘 재밌지만은 않다.

여자로서 남초 직장에서 느낄 수 있는 상황과 비슷하다. "여자가 있으니까 오늘은 여자들 좋아하는 파스타 집 가주자!" 이게 배려인가? 넉살 좋은 여자들은 그렇게 받아들이고 넘어가니까, 그 말에 기분 나쁜 나만 예민한 여자가 되는 건가?

"전에 있던 여직원은 일을 열심히 안 하더라고. 이번에는 열심히 할 거지?" 이게 성차별적 발언인지 확실히는 모르겠다만 별로 달갑진 않다. "너 기분 나쁘라고 한 말은 아니야!"라는 사족도. "여자들 예민한데 내가 괜히 말 잘못했나봐?" 식의 얘기는 안 하느니만 못하다.

대놓고 차별을 하는 건 아닌데, 프로젝트 팀에 여자가 끼면 낯빛이 조금 안 좋아지는 선배. 그냥 내가 싫은 건지 여자라서 싫은 건지 물어볼 수도 없다. 그렇지만 평소에 '여자들이 일하는 방식이 어쩌고저쩌고' 하는 것을 들은 적이 있어 편하지 않다.

남자들은 여자들이 차별받는 것을 전혀 느끼지 못하며, 오히려 여자라서 더 배려받지 않느냐고 한다. 늬들은 남편 잘 만나서 시집가면 그만이지만 우리는 무조건 버텨야 하기 때문에 훨씬 더 심적으로 힘들다고도 한다.

자기 의심과 자격지심이 더 어렵다. 내가 예민한가? 다른 여자들은 괜찮은 것 같기도 한데, 내가 괜히 트집 잡는 건가? 사실 딱히 꼬집을만한 성차별 사건은 별로 없지 않나? 내가 여자라서가 아니라 진짜 실력이 없어서 무시당하는 건가? 어차피 취업은 다 힘들고 남자들도 살아남기 힘든데, 내가 괜히 우는 소리 하는 건가?

"예쁘다" 혹은 "요리 잘 한다"는 칭찬도 좋게만 받아들일 수 없는데, 그걸 내보이면 또 "대접해줘도 지랄한다"거나 "그런 편견 때문에 너도 이득 보고 있잖아?"라는 말이 돌아온다면?

결국은 성차별이나 인종차별이라기보다는 소수로서 주류 사회에 끼어들 때 느끼는 문제에 더 가까운 것 같다. 직장에 인도사람이 몇 명 있으면 비슷한 상황이 생긴다. 그렇지만 어느 정도 숫자를 넘어가면 힌두 축제 디왈리에 회사 일을 하루 쉬는 것도 자연스러운 모습이 되고, 채식 옵션이 가능한 식당을 선택하는 것 역시 당연해진다. 무슬림 직원이 많으면 라마단에는 점심 회식을 피하게 될 것이다. 이게 "소수들을 위한 우리 주류들의 자애로운 배려"가 아니게 되는 순간이, 소수자에 대한 차별이 없어지는 순간이다.

주류 자신이 주류로서 혜택을 받고 있다는 자각을 하기란 쉽지 않다. 좋은 예로 영어로 혜택을 보는 것이 그렇다. 영어가 제1언어인 나는, 영어 농담 좀 못 알아듣고 문서나 이메일을 작성할 때 영어가 좀 부족하다고 해서 크게 손해 볼 거라는 생각을 그간 해본 적이 없었다. 그래서 영어가 주 언어가 아닌 직원이 무척 스트레스를 느끼고 있다는 것을 알고는 놀란 적이 있다. 내가 겪지 않기 때문에 그저 "진짜 중요한 문서면 누구한테 교정 봐달라고 하면 되지"라고, "나도 못 알아듣는 농담이 있는데 못 알아들으면 다시 물어보면 되지 뭐"라고 넘겨버렸던 것이다. 언어 능력이 부족한 사람은 리더가 되기 힘들겠지만, 그렇다고 모든 리더들이 다 영어에 능숙한 것은 아니다. 그러니 "영어를 완벽하게 구사하지 못하면 리더가 될 수 없어"라는 말에 동의하는 사람은 별로 없을 것이다. 영어에 능숙할수록 그 말에 쉽게 동의하지 않는다. 영어를 완벽하게(?) 한다는 말 자체도 우습지만, 그와는 별개로 기술적으로 뛰어나고 팀원들이 신뢰하면 누구나 될 수 있다는 식의 '노오력의 필요성'을 강조할 것이다. 하지만 영어 핸디캡이 있는 사람과 그렇지 않은 사람을 비교할 때, 똑같은 실력이라면 영어에 능한 사람이 동료들과의 관계도 더 원만하겠고 이메일이나 문서 작성 시 교정자가 없어도 되니 더 효율적이며 그 외의 이점도 많다. 불편함을 느끼지 못하는 사람은 그게 이득이라고 생각하지 않지만, 영어가 핸디캡인 사람에게 영어란 확실히 발목 잡는 아이템이다.

당연히 외국에도 은근한 성차별이 있고, 언어 차별이 있고, 비주류 문화 차별이 있다. 그래도 한국 남초 직장에서 일할래, 아니면 영어권 남초 직장에서 일할래 하면 후자를 택할 여자들이 꽤 많을 거라 생각한다. 한국 남초 직장 내에서 노골적인 성차별을 당하느니, 외국 남초 직장에서 약간의 성차별과 언어 핸디캡을 감내하는 편이 낫기 때문이다.

결론 1: 당신이 못 느낀다고 해서 상대방이 느끼는 미묘한 차별을 그의 예민함 때문이라고 치부해선 안 된다.

결론 2: 소수자에 대한 차별은 어디에나 있다.

결론 3: 당신이 주류에 끼지 못하는 그룹에서 소수자가 되어보면 너무 쉽게 차별적 경험을 하게 될 것이다.

09

"제대로 된 페미니즘"을
하라고?

좋게 쳐줘서 '내공 철학'이라고 이름 붙일만한, 한국에서 특히 한국남자들에게서 주로 볼 수 있는 사고방식이 있다. 이 철학의 기본은 이렇다. 뭘 하더라도 거기엔 반드시 초보와 고수가 있으며, 초보는 고수 앞에서 아는 척을 하면 안 되고, 고수는 초보들의 수준을 보며 혀를 쯧쯧 차는 것이다. 예를 들어 와인을 마셔도 그냥 마시는 게 아니라 이 와인은 이렇고 저 와인은 저렇다 품평을 하며 브랜드를 줄줄이 꿰어야 직성이 풀리고, 고수 앞에서 무식하게 싸구려 와인을 마시고는 "이 와인은 맛있네요"하면 당연하게도 무시당하는 식이다.

참 많은 분야에서 그렇다. 음악도 '덕후'가 되어 이 음반은 이렇고 저런 음반은 저렇다는 식으로 지식이 많아야 진정으로 즐긴다 말할 자격이 있다 하고, 그때그때 유행하는 팝 음악을 듣는 나 같은 사람은 유치한 음악 듣는다며, 뭣도 모르면서 음악 좋아한다는 무식한 소리 하지 말라고 한마디 듣는다. 난 그런 식으로 '무식한' 분야가 참 많다. 패션도 잘 모르고, 미술도 모르고, 문학에도 문외한이다. 모든 분야에는 각각의 '족보', '서열화', '고수'가 있다. 나 같은 뉴비(newbie) 기죽게들 참 잘들 그런다.

진정한 고수들은 그냥 즐기면 된다고 말한다. 하지만 초보 입장에선 어떻게 즐겨야 잘 즐기는 건지, 어떻게 효과적으로 지식과 실력을 늘릴 수 있는지 늘 고민하게 된다. 지금 생각해보면 그렇다. 그냥 즐기면 된다는 말은 곧, 괜히 안달 내다가 금세 싫증 내지 말고 한 단계 한 단계 다 의미가 있으니 천천히, 유치하더라도 즐기면서 발전하라는 말이겠구나 싶다. 그렇지만 어떻게 하면 최대한 빨리 고수가 될까를 고민하는 초보가 훨씬 더 많다. 그냥 간단한 거라도 하면서 즐거워하기에는, 한국인들에게 '내공 철학'이 너무 강하게 내재되어 있어서 취미와 관심사가 곧 걱정이 되어버리고 만다. 고작 이 유치한 수준에 즐거워해도 되는 것인가?

7박 8일 유럽여행에 10개국을 돌아보는 패키지를 두고 그게 무슨 제대로 된 여행인가 싶을 수도 있다. 그렇지만 그건 어디까지나 여행 깨나 해본 사람의 이야기다. 한 번도 자기 나라를 떠난 적이 없는 사람에게는 비행기 타는 것만도 큰일이고, 다른 언어를 쓰는 나라에 가본다는 것 자체가 큰 경험이다. 물론 계속 다니다 보면 공항만큼 지겨운 곳이 없고 긴 비행이야말로 고문체험학습일 수 있으나 처음 비행기를 타보는 사람이 들떠 동영상 찍는 걸 보고 혀 찰 필요는 없다고 생각한다. 너는 초보고 나는 고수니까, 너 하는 꼴을 보니까 참 유치하다는 식으로 남의 즐거움을 꼭 밟아야 직성이 풀리나. 먼 나라 나가는 건 돈도 많이 들고 시간 내기도 힘드니 평생 한두 번 할까 말까인 사람도 당연히 있다. 대강 유명한 곳만 들러서 사진만 찍고 간다고 비웃을 필요는 없다. 그러다가 또 여유가 생기면 더 돌아다니고, 그러다가 정말 마음에 드는 곳을 찾으면 그땐 일주일, 한 달 시간 내서 머물 수도 있는 거니까. 모든 분야의 고수가 될 수는 없고, 모든 지역을 다 방문할 수도 없고, 모든 것을 다 '제대로' 할 수는 없으니, 그냥 맛보기로 해보는 것까지 비하하려 드는 것은 이상한 일이다.

한국의 성차별을 얘기하다 보면 한국의 페미니스트들은 '제대로 된 페미니즘'을 모른다는 말을 가끔 듣는다. 그런 말로 젊은 여성들을 윽박지르는 이도 있다. 페미니즘에 대한 글 하나라도 읽고 토론을 해라, 어느 나라의 어떤 전문가가 무슨 말을 했느냐는 식으로 따지고 든다. 앞뒤가 바뀌었다. 페미니즘이라는 학문이 생기고 나서 그 학문을 공부한 학자들이 페미니스트가 된 게 아니라, 성차별을 인지하고 싸우다 보니 차별주의자들의 말과 행동을 분석하고 연구하고 그것을 학문으로 정립하게 된 것이기 때문이다. '제대로 된 페미니즘' 하려고 노력할 필요 없다. 우리가 매일 당하는 차별부터 바로잡으려는 노력을 하는 것만으로도 당신은 훌륭한 페미니스트이다.

10

평행우주의 혐오 체험 3:
여성상위시대

자꾸 "이제는 여성상위시대잖아"라고 주장하는 이들이 나타나기에 써본 가상현실이다. 여성들이 현재 겪는 여성혐오와 성차별을 남자들이 겪는다면, 그리고 진짜 남자들이 '하위'의 입장이라면 이렇게 된다. 그리고 이게 바로 당신들이 그렇게 부르짖는 '여성상위시대'의 모습이다.

김태진은 한숨을 내쉬었다. 이게 도대체 몇 번째 면접인가? 같은 여자 동기들은 다 취업이 되었는데 자신과 남자 동기들 몇 명은 취업이 안 된다. 여자 동기들은 그냥 서류만 내면 되지만, 남자들은 지난 3년간의 호르몬 검사 자료와 경찰 리포트를 내지 않으면 서류 통과가 거의 안 된다. 가족 범죄력도 보고해야 한다. 김태진의 형은 성추행으로 입건된 이력이 있다. 여자 형제가 없다는 것도 김태진에겐 약점이다.

"이해하시죠? 남자분이 들어오면 아무래도 성추행 위험도 있고, 같이 회식하기도 좀 그렇잖아요. 남자분들 술 마시면 실수 많이 하시니까요."

"저 그런 사람 아닙니다."

"네, 뭐 그러시겠죠. 근데 통계 보면 아시겠지만, 성추행 가해자의 90퍼센트는 남자예요. 성폭행 가해자도 95퍼센트가 남자죠. 사내 성희롱도 말할 것 없고요. 강력범죄 가해자도 거의 다 남자인 거 아시죠? 회사 입장에서 남자분을 들이면, 아무래도 기존 사원 분들이 불편한 점도 많아지고요…."

"아 정말!"

수십 수백 번 들어온 말을 또 읊어대는 걸 듣자니 혈압이 확 올라서 실수해버렸다. 직원의 눈이 당장에 싸늘해진다.

"지금 화내신 건가요? 호르몬 조사는 받으셨어요?"

그렇다. 남자들은 감정적이고 위험하다는 편견이 있다. 그래서 목소리만 조금만 높여도 당장 '분노 조절 못해서 감정적이고 위험한 남자'로 찍힌다. 여자가 목소리 높이는 것에는 관대하다. 여자들은 폭력적이지 않기 때문이다. 여자들은 아무리 해봐야 속상해서 혼자 울거나 뒤에서 불평하지만, 남자들은 공격적으로 화를 내고 남을 위협하고 자기주장을 억지로 관철시키려 한다는 편견이 있다. 그래서 '공격적'이라 판단 받은 남자들은 피부 밑에 나노 봇을 심고 다녀야 한다. 목소리 높이는 것, 운동 외에 맥박이 빨라지는 것, 그리고 테스토스테론 수치까지 기록된다. 중고등학교 때 싸움 몇 번 했다가 평생 취업 안 되는 남자들도 수두룩하다.

"화내는 거 아닙니다."

김태진은 진정하고 다시 목소리를 낮췄다. 하지만 상대방 얼굴을 보아하니 이미 이번 면접은 물 건너간 게 뻔했다. 면접관은 성의 없이 예상한 단골 멘트를 읊었다.

"그리고 뭐 딱히 사고 치시지는 않더라도, 남자 성욕이 뭐 어딜 가는 것도 아니고 시한폭탄이니까요."

남자는 성욕을 컨트롤 할 수 없기 때문에 매우 위험하다는 사회적 인식 때문에, 밤 9시 이후에 외출하면 눈총이 뜨겁다. 여자를 2초 이상 쳐다봐서도 안 된다. 인터넷에서 뭘 보든 자유이긴 하지만, 인터넷 방문 기록을 공개하면 취업에 유리하다는 얘기도 있다. 포르노

본다는 걸 들키면 사회적으로 매장이다.

"여자친구는 있으세요? 결혼 하셨어요? 아니 왜 아직도 결혼을
안 했어요?"

면접관은 시간 때우기용 질문을 아까보다도 더 성의 없이 내뱉었
다. 김태진은 한숨을 내쉬고 싶어졌다. 그나마 사귀는 여자가 있으
면 좀 덜 위험한 남자라는 인정을 받을 수 있다. 사귀는 여자가 잘
나가면 잘 나갈수록, 괜찮은 여자가 선택했다는 프리미엄이 붙어서
남자가 사회생활 하기에 더 유리해진다. 그러나 그는 잘 나가는 여
자들에게 잘 보이려 노력할 정도로 비위가 좋지는 않다. 실제로 성
형을 받고 몸을 다듬는데다 화술 과외까지 받아 여자들과 사귀는
능력만 늘리는 남자들도 있다. 여초 사회에서 여자와 대화하는 방법
을 모른다는 건 곧 퇴출을 의미한다.

'남자는 살 빼기도 쉽고 근육도 만들기 쉬운데, 살이 쪘다는 건…
뭐 다른 거 더 볼 필요도 없죠. 그렇게 게으른 남잔 딱 질색이에요.'
'여자와 사귀어본 적이 없다면 뭐, 폭력적이거나, 섹스 잘 못 하거
나, 성격 이상하거나 그렇다는 증거겠죠?'
'지들이 생리를 해, 애를 낳아. 근데도 그까짓 외모 관리 하나 못
하나요?'

이따위 여초 사회에서는 살기 힘들다 한마디 했다간 바로 왕따

당한다. 주위 남자들은 힘들다는 말에 동조하는 척을 하다가 나중에 여자들에게 꼰지른다. '김태진 재… 몰랐는데 좀 위험한 거 같더라. 같은 남자지만, 그런 남자 보면 내가 다 여자들한테 미안해. 저런 애들이 있으니까 남자들이 그런 취급 받을 수밖에 없지' 명예여성 새끼들 때문에 말 한마디 하는 것도 눈치를 봐야 한다.

사귀는 여자가 있었지만 짜증나서 관뒀다. 여친이 딴 남자와 밤늦게까지 어울리는 건 괜찮지만("여자는 더러운 생각 안 해!"), 자신은 다른 여자를 쳐다보기만 해도 "너 범죄자냐?"라는 소리를 들어야 했다. 저녁 9시 이후에는 자신을 곧 죽어도 집에 들여보냈고, 인터넷 기록도 보자고 들었다. 곧바로 취업이 되어 돈을 벌던 여친은, "남자들도 취업 잘만 하는데, 니가 성격이 그렇게 남성스러우니까 안 되는 거야. 호르몬 약이라도 먹어"라고 막말까지 했다. 물론 사회는 여친 편이었다. '당연히' 여자를 쳐다보는 남자는 더러운 상상을 하는 예비 범죄자고, '당연히' 취업 안 되는 남자는 호르몬 약이라도 먹어야 한다. 같은 남자들도 "너처럼 팩트를 무시하는 애들 때문에 같은 남자들이 욕먹는 거야!"라는 말을 서슴지 않는다.

진짜 호르몬 칵테일을 먹어볼까? 그러면 분노가 좀 줄어들까? 취업 준비하는 남자들 꽤 많이 먹는다고 하던데?

다시 한 번 고민했다. 호르몬 칵테일은 테스토스테론을 줄여주고 암내도 줄인다고 한다. 정부에서는 남자들을 위해 공짜로 나눠준다. 수십 년 전에는 '화학적 거세약'이라고도 불렸던 호르몬제의 변형이다. 남자들을 아주 고분고분하고 얌전하게 만들어준다.

아냐. 내가 왜!!

여자들은 남자들에게 남자다운 게 좋다고, 그런 남자가 좋다고 말한다. 하지만 근육질에 마초적인 남자는 딱 영화 속에서만 인기가 있다. 배역은 거의 다 여자들이 가져가고, 나머지 눈요깃거리로 나오는 남자 말이다. 성기가 비인간적으로 크고, 몸은 머리와 수염만 빼고는 깨끗하게 제모한, 근육은 미끈하고 요리를 잘 하고 여자들이 좋아하는 소설 줄거리를 줄줄 외는 그런 영화 속 남자들. 그러나 실생활에서 여자들이 원하는 남자는 말 잘 듣는 남자다. 감히 쳐다보지 않고, 말대꾸 하지 않고, 여자 기 살려주면서도 아무 말 없이 시키는 일이나 잘하는 남자다.

초등학교 남자애들에겐 부산스럽고 지적능력이 여자아이들보다 떨어진다고 차분하게 만드는 약을 먹인다. 중학교 때부터는 변성기가 오면서 집중 감시를 당한다. 혹시 변태적인 성욕은 없는지, 여자아이들에게 폭력적으로 대하진 않는지, 싸움질을 하려 드는지 등등. 조금이라도 폭력적인 성향을 보이면, 목소리를 높이면, 인터넷에서 키보드배틀이라도 하다 걸리면 곧바로 경찰에 넘겨진다. 직장에서도 성질 한 번이라도 부렸다간 바로 퇴사 처리다. '폭력성'을 보인 위험한 남자니까.
드럽고 치사하다. 다음 생엔 여자로 태어나서 내 맘대로 살고 싶다.

남성적이라고 판단되는 특성으로 취업이 힘들고, 실생활에서 차별받고, 사회 전체에서 그 특성이 열등함으로 받아들여지고, 일상생활과 안전에 제한을 받으며, 자신이 비난받을만한 사람이 아님을 먼저 나서서 증명해야 간신히 인정받는 그런 분위기라면 여성상위시대라고 인정한다.

여성전용칸 뭐 그딴 거 말고요.

11

누가 낙태를
비난해?

 낙태법이 바뀌었다고 가정해보자.

여자가 낙태를 원하면 산부인과는 무조건 태아의 아버지를 찾아서 정부에 신고해야 하며, 책임감 없이 여자를 임신시키고 낙태를 원하는 남자는 DNA 매치만 되면 변명이고 정식 재판이고 없이 무조건 징역 5년 혹은 5천만 원의 벌금에 처한다.

여자는 '임신공격' 당하고 낙태를 한 것만으로도 정신과 몸에 무리가 갔으니 처벌에서 면제. 의사는 그저 환자를 위하여 의료시술을 했을 뿐이므로 무죄. 성관계는 남자가 더 원했을 거라고 가정하고, 생명의 존엄성과 여성 신체에 어떤 영향이 가는지 무시하고 피임 없이 무책임한 관계를 가진 남자만 무조건 징역에 처한다면 낙태법 개정 반대 분위기는 전혀 달랐을 것이다. 아마 여자가 챙기지 않아도 남자들이 나서서 콘돔 챙길 걸.

이 시나리오로 볼 때 우리는 남 일이라고 막말하는 사람이 많다는 것을 알 수 있다. 더하자면, 여자에게 원하지 않는 임신과 원하지 않는 출산, 양육은 징역이나 벌금보다 훨씬 더한 형벌일 수도 있다. 아직 태어나지도 않은 태아를 걱정해주기보다 이미 살아가고 있으며 인생에 엄청난 영향을 받을 사람을 생각해주자.

12

세계의 여혐,
여혐의 세계

한국의 여혐, 심하다. 그래서 해외 선진국에 자주 비교된다. 그렇다면 해외 선진국은 여성들에게 지상 천국인가?

그럴 리가.

해외에 30년 가까이 살면서 주위에서 끊임없이 보고 듣는다. 여자라서 업무미팅에서 의견이 무시당하기 일쑤고(대신 똑같은 의견을 남자 동료가 반복해서 말하면 좋은 아이디어라고 칭찬받는다), 직장 동료나 상사가 같이 자자고 작업 걸다가 거절하면 직장에서 불이익 받고, 어떤 성폭행범은 스탠포드 학생이라고 6개월 선고받고 끝나고, 무려 물건만 사러 가도 남편이 같이 가면 대접이 달라진다. 내가 거절하면 '아니 니가 뭘 몰라서 그러는데…'란 식으로 말하던 세일즈맨도 남편이 거절하면 아 네, 하고 바로 찌그러진다.

여혐의 양상도 문화와 언어를 초월해서 전 세계적으로 비슷비슷하다. 여혐에 대해서 얘기할 때 꼭 나오는 남자들 말도 어찌 그리 똑같은지. 정말 전 세계 여혐 답변 매뉴얼이 있나 궁금할 정도다. "남자들 다 그런 거 아니거든!" #NotAllMen 해시태그 돌던 게 몇 년 전인데 한국에서도 아주 똑같이 "남자를 다 잠재적 범죄자 취급하지 마라!"라고 할 때, 이 남자들 어디서 지령이라도 받았나? 어찌 다 그리 똑같지? 싶더라.

내 인생의 최고의 선택은 컴퓨터 쪽에서 커리어를 잡았다는 것이다. 물론 실리콘 밸리 내에서도 성차별 얘기가 있고 간혹 심한 곳도 있긴 하지만, 경험상 다른 남초 직종에 비해 그럭저럭 청정구역이었다. 선진국도 금융계 내부의 여성혐오는 한국 최고 여혐 레벨에 필적한다. 투자은행이나 펀드회사들의 여혐과 성차별은 정말이지 쇼킹한 레벨이다. 그럼에도 불구하고 그 안의 테크 쪽 부서는 비교가 불가능할 정도로 성차별이 덜하다는 것이 그나마 다행인 일이다

얼마 전에 월스트리트에서 일하던 사람이 그 바닥의 여혐을 〈뉴욕타임스〉에 폭로하여 화제가 된 적이 있다. 그 글에 달린 댓글이 상당히 인상적이었다.

"Sexism is a MEN's problem, not a women's. Men invented it, men profit from it, men perpetuate it, and only men can end it. Sexism is toxic not just to women but to the men who practice it, the men who tolerate it, and the culture as a whole. It doesn't matter if you personally find it repugnant if you tolerate it. It is endemic, systemic, deliberate, and deadly. Destroys our culture and any possible trust between men and women."

"섹시즘(성차별주의)은 여자들이 당면한 과제가 아니라 남자들의 문제다. 남자들이 만들었고, 남자들이 그로 인해 이득을 보고, 남자들이 지속시키는 이 사상은 남자들만이 없앨 수 있다. 여혐은 여자에게만 피해가 가는 독이 아니라 그 사상을 가지고 살아가는 남자에게도, 그것에 저항하지 않고 순응하는 남자에게도, 그리고 사회문화 전체에도 독이다. 당신이 개인적으로 여성혐오에 반대한다고 해도 저항하지 않는다면 의미가 없다. 이것은 고질적이고, 고의적이고, 온 시스템에 녹아들어 치명적이다. 우리 사회의 문화와 남녀 간의 신뢰를 박살낸다."

해외 선진국이라는 곳에서도 여기저기 터져 나오는 여성혐오의 예, 그리고 이번에 당선된 트럼프 사례로도 알 수 있듯이 여혐은 어디에나 있다. 한국이 헬조선이라서 여혐이 심한 게 아니라 나름 선진국이라는 곳도 별 수 없다. 가난이 창궐해서, 취업이 힘들어서, 결혼하기가 힘들어서 갑자기 여혐이 생긴 게 아니다. 돈과 권력이 넘치는 곳에 모인, 교육 잘 받고 아쉬운 것 하나 없는 월스트리트의 남자들도 극악의 여혐을 하고, 글래머러스하고 능력 있는 여자들이 충분히 넘쳐나는 광고업계에서도 여혐은 믿을 수 없을 만큼 흔하다. 살기 힘든 데서는 또 그 나름 버전의 여혐이 있다. '살기 힘듦'을 여혐의 변명으로 삼지만 실제로는 먹고 살기 좋아진다고 성차별이 없어지는 것은 아니며, 여자들이 교육을 잘 받는다고 여혐이 사라지는 것도 아니다. 여혐이 있는 이유는, '그래도 되기' 때문이다. 그로써 누군가가 이득을 보기 때문이다. 무슨 이유를 갖다 대든 약자에게 성질 내도 괜찮고, 그래도 주위에서 뭐라고 하지 않으니 안 할 이유가 없기 때문이다

성차별을 문제 삼으면 "해일이 몰려오는데 조개나 줍고 있다"는 사람들이 많다. 여성 문제는 언제나 뒷전으로 밀려났다. 여자들이 세계 인구의 절반을 차지하고 어딜 가나 있는데도 말이다. 오히려 가깝기 때문에 차별은 더 제도화 되고 본능적으로 받아들여졌다. 환경 문제? 심각하다. 가난? 큰 문제다. 청년 실업? 대책을 세워야 한다. 하지만 성차별 해소 역시 뒷전으로 밀려서는 안 된다. 여성들은 노예들이 해방되고 흑인 남자들이 투표권을 얻은 한참 후에나 투표권을 획득했다. 인류 역사상 성추행, 성희롱이 범죄로 인정된 지 몇십 년도 채 되지 않았다. 그만큼 여권 문제는 늘 뒷전이었다. 부부 강간이 인정된 것도 우리 세대에 들어서다. 그전까지 부인은 남편의 소유물이나 다름없었으므로 강간 자체가 성립이 되지 않

앗다. 세계 수많은 나라의 여성들은 아직도 그런 체제에 갇혀서 살고 있다.

가만히 있는다고 누가 챙겨주지 않는다. 우리가 나서서 목소리를 높여야 한다. 그래서 나도 기회 될 때마다 성차별에 반대한다고 한마디라도 거든다. 목소리 하나라도 더하면 조금이라도 도움이 될까 싶어서.

인식하는 것과 모른 척하는 것 사이의 대단한 차이

해외의 페미니즘이 진실한 페미니즘이고 한국의 페미니즘은 틀렸다 어떻다 하는 사람들을 보면 그냥 웃고 만다. 속으로는 이렇게 묻는다.

'외국 안 나가봤죠? 영어 못 하죠? 외국 페미니스트 못 만나봤죠? 아, 다 해봤고 영어도 하지만 관심이 없는 건가? 아무것도 모르면서 어쨌든 한 마디 아는 척 하는 건가?'

한국사회가 여자에게 얼마나 싹싹하기를 요구하는지 이들은 모른다. 한국여자들이 얼마나 사근사근 좋게 말하는지도 깨닫지 못한다. 한국사회에서 남자들이 얼마나 편하게 말하고 사는데 그걸 전혀 모르고 산다. 그러면서도 외국여자들이 한국여자보다 얼마나 나은지를 말한다. 외국 직장이 한국보다 낫다며, 해외 취업을 하고 싶어 한다.

그렇게들 좋아하는 해외 취업. 그래. 이왕이면 좋은 회사에 가서 한국에서 말하고 다니던 수위의 반의 반만이라도 말해보라고 얘기하고 싶다. 모가지 날아가는 데 얼마나 걸리나 한 번 보고 싶다. 여자들은 일도 제대로 안 하고 취집만 원한다는 식의 발언을 한 번 외국인들 앞에서 입 밖에 내보기를. 이왕이면 인터뷰할 때 한국여자들이 '어떤 여자들'인지도 한마디 하고, 그 말에 어떤 일이 벌어지는지 실험해보기를 권한다. 외국인들이 한국여자들의 그 엄청난 김치스러움을 모른다고 한탄하던데, 그들을 교육시켜야 하지 않겠소. 한국에 꽃뱀이 얼마나 넘쳐나는지, 성매매 여성이 얼마나 많은지도 꼭 더불어 얘기해보길.

해외 페미니즘이 제대로 된 페미니즘이라고? 그럼 해외 페미니즘 글이라도 좀 읽어보길 권한다. 한국여자들이 얼마나 친절하고 사근사근하게 말하고 있는 건지, 얼마나 비폭력적이며 얼마나 참고 사는지 깨닫고 아주 감사하게 될 거라고 확신한다.

그리고 정말 좋은 의도로 조언하고 싶다. 해외에 취업할 생각 있으면 제발 좀 말 조심하길. 나라 망신 때문이 아니라, 정말 곧바로 인사과 끌려가고 소문 퍼져서 다시는 취업 안 될까 걱정해서 하는 얘기다.

선진국의 그럴 듯한 대기업 직장을 노리고 있다면 주위 사람에 게 절대, 네버, 한국식의 여혐 발언은 하지 않기를 권한다. 친구한테 도 안 되고 페북이나 트위터에도 안 되고 지인에게도 안 된다. 하여 튼 한국에서 여자를 대상으로 하던 말이라곤 단 1퍼센트도 "don't do it!" 100퍼센트 익명이 보장된다고 해도 "don't do it!" 같은 남자 들이 동조해줄 거라고도 생각하지 말아야 한다. 평소 친구한테 여 자들은 돈만 밝힌다, 혹은 여자랑 같이 일하기 뭣 같다는 둥 어쩌고 하는 소리를 하면, 곧 직장에서 무슨 이유로든 좌천/왕따/해고될 가 능성이 확 높아지고, 재취업 주선이 들어올 가능성도 제로에 수렴하 며, 사회 모임에서 따돌림 당할 가능성이 100퍼센트에 한없이 가까 워진다. 한국에서 일베하는 사람이 받는 취급보다 최소 열 배는 심 할 거다.

회사 입장에서 보면, 여자가 어쩌고 저쩌고 하는 사람은 사내 소 송감 1위다. 걸어 다니는 폭탄이다. 여직원에게 '네가 여자니까 어 쩌고' 하는 여성비하 언행을 했다면 그야말로 난감한 상황이다. 한 국에서 흔히들 하는 소리인 "그렇게 먹어서 어디 시집 가겠어?"라는 말, 이건 웬만한 외국 대기업에서는 일간지 1면급 망신감이다. 혹시 나 SNS에서 그런 식으로 한 말이 캡쳐되어 "이 회사 사람이 이랬다" 는 식으로 보도라도 나가면 수습이 불가능할 정도로 기업 이미지가 추락한다. 전에 영국 대학의 노벨상 수상 교수가 언론에서 어떻게 비난받았는지 보셨으리라 믿는다. 무려 노벨상을 타도 말 한마디에 직업을 잃고 전 세계의 비난을 받는다. 그런데 완벽하지 않은, 그러잖아도 오해를 살 수도 있는 영어를 구사하는 외국인으로서의 여성 비하 발언? 그냥 인생 퇴갤이다. 다음 기사를 참고하시라.

10일 영국 일간 더타임스는 유니버시티칼리지런던(UCL)의 성명을 인용, "팀 헌트(72) 생명과학과 명예교수가 사임했다"고 보도했다. 2001년 노벨 생리의학상 수상자 헌트 교수는 전날 서울 강남구 코엑스에서 열린 '2015 세계과학기자대회'에 참석해 "여성이 실험실에 있으면 세 가지가 일어난다"며 "먼저 내가 그들과 사랑에 빠지고, 그들이 나와 사랑에 빠지고, 그들에 대해 비판하면 운다"고 말해 논란을 일으켰다. 가디언 등 영국 언론은 "이날 헌트 교수는 자신이 남성 우월주의자라고 밝히며 동성 과학자들만 있는 실험실을 선호하고 여성들에게 방해받기를 원치 않는다고 말했다"고 전했다.

헌트 교수의 발언은 행사에 참석한 런던시립대 과학저널리즘 담당 강사 코니 세인트루이스가 트위터에 해당 내용을 올리며 전파됐다. 영국 왕립협회는 협회 회원인 헌트 교수의 발언이 문제가 되자 "우리의 시각을 반영한 게 아니다"고 해명했고, 데이비드 콜크헌 UCL 약리학과 교수는 "여성 혐오적이고 끔찍한 발언"이라고 평가하며 헌트 교수를 비난했다.

여성 과학자들은 헌트 교수의 발언에 일제히 비판을 쏟아냈다. 여성 신경과학자인 우타 프리스는 트위터에 "DNA 구조를 발견해 노벨상을 받고 나서 흑인이 지적으로 열등하다고 한 제임스 왓슨의 발언과 같은 발언"이라며 "그의 남성우월주의적 발언이 매우 속상하다"고 올렸다. 세인트루이스는 "우리가 아직 빅토리아 시대에 사는 줄 아는가"라며 "그가 영국인이라는 사실이 너무 끔찍했다"고 말했다.

헌트 교수는 논란이 확대되자 "이번 일에 대해 여성 과학자들에게 진심으로 사과한다"면서도 "하지만 솔직한 내 심정을 이야기한 것"이라고 밝혔다. 헌트 교수는 '세포 주기'라는 개념을 처음 만들고 이를 토대로 암 발생 원인을 규명한 공로로 2001년 노벨 생리의학상을 받았다. 그의 아내 메리 콜린스는 런던대 면역학과 교수이자 여성 과학자다.

〈2015.06.11일자 문화일보 기사〉

자기가 해외에 살지만 자기 주변 사람들은 한국과 비슷한 정도로 여혐한다는 이들도 있다. 이럴 가능성이 없는 건 아닌데

1) 고등학교나 대학교에서의 남초 모임에서 아직 그러고 노는 것일 수 있고

2) 교양 수준이 정말 낮은 무리이거나

3) 여성 인권이 굉장히 낮은 국가(동구권, 인도계, 중동 등) 출신의 사람들이 자기들끼리만 어울리는 경우일 수 있다.

1)의 경우를 보면, 특히 백인 남자 위주의 모임은 벌써 박살나고 있는 상황이다. 일례로 스냅챗 대표 에번 스피겔은 대학시절 보냈던 심각한 여성혐오 이메일이 공개되어 전 세계적 개망신을 당하고 "죄송하다. 내가 나쁜놈이었다"라고 공개 사과를 했다. 2)+3)의 경우라면… 같이 어울리는 무리를 좀 업그레이드 하셔야겠다. "여자들 어디 나갈 때마다 준비하는데 너무 오래 걸려!"란 식의 농담도 외국사람이 하는 걸 들은 적 있으니 괜찮을 것 같다고? 좌중 분위기 맞춰서 능수능란하게 농담할 수 있는 현지 남자가 하면 그럭저럭 넘어갈 수도 있으나, 그렇다 하더라도 직장에서 그런 소릴 하다간 여혐 딱지 붙고 그냥 커리어 끝이다. 어디 가서 그럭저럭 제대로 된 직장 다니면서 커리어 쌓을 생각이라면 제발 좀 참자.

내 제한된 경험만으로도 구글, 페이스북, 마이크로소프트 등 웬만큼 큰 (남초) 회사들이 "여혐 회사"라는 딱지가 붙지 않기 위해서 엄청나게 조심, 조심 또 조심하는 것을 보았다. 한국의 일상적 여혐 레벨은 세계 보편적 기준으로 보면 상당히 높은 축이고, 그대로 말하고 다닌다면 사람 취급 못 받는다.

14

최고 여혐러,
세계대통령이 되다

미국 대선에서 트럼프가 당선되었다. 이것이 성차별 문제가 아니라는 이들에게 묻는다. 과연 다음과 같은 시나리오라도 그가 당선된 것이 정상적이라고 생각하는가?

이번 선거에서 남성혐오와 지역감정 논란으로 대표 이슈메이커가 된 금수저 최성실 씨가 대통령에 당선되었습니다. 최씨와 대결한 이정철 후보는 최고대를 수석 졸업하고 정부 내 여러 주요 요직을 30년 동안 거쳐왔지만 부인의 바람으로 큰 망신을 당한 전적이 있습니다. 최성실 씨는 20대에 부모님이 물려주신, 본인 말로는 '얼마 되지 않는' 몇십억 자산으로 성공하였으나 남편 넷과 그 외에도 셀 수 없는 호스트바 출신의 남자친구, 본인이 운영하는 매니지먼트 회사 소속 남자 연예인들과의 스폰 루머 등으로 더 유명했습니다. 그러나 여자 유권자들은 오히려 여자답고 좋다며, 역시 돈이 있으니 남자연예인들도 저렇게 모인다면서 좋아했죠. 널리 퍼져 있는 남혐 정서가 이렇게 무섭습니다. 이에 비해 이정철 씨는 몇 번의 외도 소문이 있었던 부인과 30년 결혼생활을 쭉 해오고 있으며 그 사이에는 딸이 하나 있습니다.

사실 선거 전까지는 선을 넘은 성추문으로 최성실 씨가 당선되지 않을 거라는 여론이 컸습니다. ABC방송과 인터뷰 도중 김정식 앵커가 날카로운 질문을 자꾸 던지자 "당신 고추 작죠? 조루죠? 콤플렉스가 있나 왜 이렇게 쪼잔하게 들러붙어? 전라도야?"라는 발언을 공중파에서 했던 적도 있고요. "남자에게는 큰일을 맡기면 안 된다. 성적 욕구 때문에 늘 큰 사고치고, 조금만 욕구가 쌓여도 예민해져서 중요한 결정 내릴 때 영향이 간다."는 정도의 말을 아무렇지 않게 공중파 인터뷰에서 했던 사람입니다. 성희롱으로도 유명합니다. 키 작은 남자 리포터에게 "거기도 작냐."는 발언, 머리숱이 없는 국회의원에게 "대머리는 정력이 좋다던데 성격은 왜 그래요.", 답하기 어려운 질문을 던진 남학생에게 "못생긴 게 섹스도 못할 거 같네." 등등의 폭언을 퍼부었죠. 그래도 지지도는 떨어지지 않았습니다.

아시다시피 선거 며칠 전에 사과 안 하기로 유명한 최성실 후보가 공개 사과를 할 정도의 테이프가 공개됐습니다. "남자는 말야, 처음 만났을 때부터 기 죽이려면 그냥 (성기를) 확 쥐어 잡으면 돼. 내가 지 사이즈가 얼만지 안다고 딱 보여주는 거지. 뭐 어차피 남자들 그런 거 좋아해. 여자가 거길 만져주는데 왜 안 좋아해. 권력 있으면 맘대로 해도 돼." 이 테이프가 공개되고 난 후 최후보는 "그냥 여자들끼리 있을 때 농담으로 하는 말"이었다고 변명했지만 여자 유권자들도 "아, 이건 좀 아니다"라는 의견을 내놓기 시작했습니다. 때맞춰 최성실 씨 아래에서 일하면서 계속 성추행을 당했던 남자 직원 수십 명이 최성실 씨의 일상적인 성추행, 성희롱을 줄줄이 폭로했습니다. 그러나 최성실 씨의 지지자들은 "남자들이야 원래 다 그런 거 좋아하잖아! 지도 즐겼으면서 이제 와서 딴소리 한다."는 반응입니다.

지역감정 조장 발언 전적도 성추문만큼이나 화려합니다. 경상도 출신인 최성실 씨는 자신의 회사에 임원진 중에 전라도 사람은 안 쓰기로 유명했습니다. 이번 선거 공약에도 "못 믿을 사람들은 고용하지 말자."라는, 거의 내놓고 전라도 사람들을 배제하는 발언을 했습니다. "호남 쪽의 범죄율이 훨씬 높으며, 이건 그 사람들의 인간성을 증명한다."는, 전혀 사실이 아닌 발언도 잦았습니다. 이에 대한 반발이 거세지자 전라도 비빔밥을 먹는 사진을 인스타그램에 올리면서 "저는 전라도 비빔밥을 좋아해요~." 코멘트를 남기기도 했습니다.

오리지널 금수저에 지역차별 발언, 성추문으로 얼룩진 최성실 씨. 지난 20년간 세금은 한 푼도 납부하지 않았습니다. 이번 선거 운동에서는 이정철 후보에게 "조루가 분명하다. 얼마나 잠자리를 못 했으면 부인이 바람을 폈겠냐. 자기 부인 한 명도 만족시키지 못하 는 저런 전라도 남자에게 나라를 맡기고 싶냐."는 식의 캠페인을 벌 였지요. 그렇지만 여자뿐만이 아니라 남자들의 엄청난 지지로 당선 이 되었습니다. 시민들은 앞으로의 행보에 우려를 표하고 있습니다.

'딜브레이커Deal-breaker'라는 단어가 있다. 아무리 그래도 이건 진 짜 아니다, 라며 포기하게 하는 무언가를 가리킨다. 한국 정치를 잘 모르는 나에게 박근혜의 딜브레이커는 독재자의 딸이라는 것이었지 만, 다른 사람들에게는 넘어갈 일이었으니 당선이 되었을 것이다(심 지어 그 덕을 보기도 했다). 만약 어떤 정치인이 '개발자들에게 가장 중요 한 건 헝그리 정신입니다'라는 소리를 했다면 나에겐 바로 그것이 딜 브레이커가 되겠다.

사람과의 관계에서도 딜브레이커가 있다. 날 호구로 보고 이용해 도 되지만 내 외모를 가지고 놀리면 안 돼. 혹은 가끔 술 마시고 날 때리는 건 괜찮지만 바람 피우는 건 받아들일 수 없어 뭐 그런.

대선 후보에게도 당연히 딜브레이커는 있고, 그건 사람마다 다르 다. 이회창의 경우는 '군대'였다. 아들이 군대에 가지 않았다는 것이 한국 유권자들에게는 딜브레이커였다. 그래서 생각지도 않은 후보가 당선이 되었다. 박근혜 대통령의 경우는 최순실이 딜브레이커였다. 아무리 자유한국당(구. 새누리당)을 지지하고 싶어도 대통령이 저렇다면 지지할 수 없다는 말이 나오게 하는 기준선이다. 누군가 자유한국당 대선 후보로 나온다고 하자. 그렇지만 그 사람이 공중파에서 김일성 만세를 외쳤다면? 친일 발언한 테이프가 공개되었다면? 지지자들의 기준선은 과연 어디일까? 아마도 종북/친일/군대 관련이지 싶은데.

어쨌든, 앞서 비유의 요지는 그 기준선이 남자와 여자에게 매우 다르게 적용된다는 것이다. 이번 선거에서 힐러리가 여자라서 졌다는 말이 아니다. 트럼프가 남자였기 때문에 그 딜브레이커 수준이 엄청나게 상향 조정되었다는 말이다. 힐러리가 단 한 번이라도 공중파에서 상대방 남자의 성기 사이즈를 가지고 모독을 했다면 민주당 후보가 될 수 있었을까? 글쎄, 절대 아니었겠지. 미국 유권자들은 아주 잘 알고 있다. 트럼프는 괴물이 아니다. 그들 주위에서 흔히 볼 수 있는 (괜찮은!) 남자이고, 그저 여혐러일 뿐이다. 만약 트럼프가 소아성애 포르노를 즐긴다면 곧바로 성토당하고 괴물 취급을 당했겠지만, 보통 여성들을 성희롱, 성상품화하는 정도는 트럼프를 지지하는 수많은 미국인들의 '정상 범주'에 들었다는 거다. 한국으로 치자면 김구라나 장동민 정도. 물론 발언 수위가 높고 싫어하는 사람도 많지만 그보다 더 많은 사람들이 '그 정도면 정상 범위이고, 똑똑하고 잘난 남자라면 충분히 커버될 수 있는 단점이지'라고 생각한 거다. 그러니까, 딜브레이커가 아니었던 셈이다.

많은 여자들에게 남자친구의 폭력은 딜브레이커다. 한 번이라도 폭력을 행사한다면 그걸로 끝이라고 말한다. 그러나 폭력 가정에서 자란 여자들 중에는 '술을 마셔서 홧김에 실수한 거야'라고 생각하며, 남자라면 그럴 수도 있다고 믿는 이들이 있다. 이들에게 남자가 술 마시고 여자를 때리는 행위는 '좋지는 않지만 어쨌든 정상 범위'인 일에 속한다. 그러므로 경찰을 부르지 않는다. 만약 남자가 자기 눈앞에서 묻지마 살인을 잔인하게 범했다면 그 어떤 고민 없이 바로 경찰을 불렀을 테지만 자신의 머리를 주먹으로 때리고 배를 발로 찬 것은 자기 자신이 해결할 수 있는 '정상적인' 문제라고 판단하는 것이다.

트럼프 당선의 의미가 그렇다. 수많은 백인 남자들과 여자들은 그의 발언이 옳다고는 생각하지 않더라도, '정상 범주'에 들어간다고 믿었으니 그를 찍었을 거다. 미친놈으로 봤다면 핵폭탄을 다룰 수 있는 자리에 보내지 않았겠지. 트럼프 당선에 절망하는 여자들에게는 그의 행동과 발언이 딜브레이커이다. 그리고 그런 사람이 정상 범주로 간주되는 사회라면, 그런 사람을 리더로 뽑는 사회라면, 진짜 정신 똑똑히 차리고 확 뒤집어엎어야 한다는 것을 깨달았다.

여혐러들에게 한 가지만 예고한다. 여성들의 딜브레이커 기준은 점점 바뀌고 있고 그를 따라잡지 못하면 당신들은 낙오한다. 쥐꼬리 월급 받아오는 남편의 주사와 폭력, 외도, 무관심을 참고 시어머니를 모시며 아이들을 돌봐야 했던 세월은 지나가고, 이제는 여혐 발언 하나로도 딜브레이커가 된다. "결혼하면 우리 어머니한테 잘해야 해"라는 남자의 한 마디에 헤어짐을 결심하는 여자들도 있고, 결혼 전에 추석이니 자기 부모님 뵈러 가자는 남친 때문에 이건 아니다 싶어 헤어지는 여자들도 많다. 이제까지는 괜찮았던, 눈감아줄 범주에 들었던 여혐 발언과 행동들이 점점 딜브레이커로 작동하기 시작한다. 문학계, 예술계 내에서 횡행하던 성추행들이 발각되어 비난당하고, 이제는 더 이상 어린 여성 작가에게 추근대는 일이 묵인되지 않을 것이다. 아무리 능력 있고 유명한 이의 성추행이라도 딜브레이커가 되는 것이다.

"니들이 너무 예민한 거야. 오버야. 우리가 정상이야." 하면서 트럼프를 당선시키고 장동민을 싸고도는 동안 세상은 변한다. 나름대로 여혐 청정구역에서 살던 미국 중산층들에게 이번 선거는 찬물 한 바께스나 다름없었다. 아직도 이런 행동이 받아들여진다는 것, 그것을 용인하겠다는 수많은 남자와 여자들, 내 주위가 깨끗하다고 그냥 넘어갈 게 아니었다. 더 싸워야 한다. 더 바뀌어야 한다.

그 어느 선거에서도 이 정도로 여성들이 연대하는 모습을 본 적이 없다. 앞으로 더하면 더했지 덜해지진 않을 거다. 여혐러들이 이를 똑똑히 보기를 바란다.

15

역차별과
그 망할 놈의 생수통

 무려 에어컨도 성차별한다. 나만 그런가 했는데, 여자분들 혹시 직장에서 에어컨 너무 빵빵 틀어서 추웠던 적 없으신지? 에어컨의 '적정 온도'라는 것이, 1960년대에의 쓰리피스 수트 입은 40대 남자를 기준으로 '21도가 제일 쾌적하다!'고 내린 결론이란다.

"할 게 없어서 그딴 거 가지고 시비냐?"고 하는 사람도 있겠으나. 작게는 에어컨 온도부터 우리 사회에 이리저리 늘어져 있는 '남자 위주의 기준'은 분명 존재한다.

생수통은 역차별이 아니라 사실 여자에 대한 차별의 증거다. 생각해보자. 어딜 가나 일 하는 사람이 100퍼센트 여자고 생수통 사는 사람, 쓰는 사람 다 여자라고 해도 생수통을 그 정도 무게로 만들었을까? 아니지. 딱 성인 여자가 들 만한 무게로 만들었겠지. 여자들이 입는 옷을 남성복 패턴으로 디자인 하지 않는 것처럼. 그럼 생수통은? 생수통 회사가 생수통을 디자인 하던 시절엔 사무실의 여성 소비자를 고려할 필요가 없었으니 남자들이나 쉽게 들 만한 무게로 만들어버린 것이다. 관광지에서도 한국 관광객들이 많이 오면 한국어 책자를 기꺼이 만들어주지만 그렇지 않으면 귀찮으니까 그냥 영어 버전만 비치하는 것처럼. 오른손잡이가 대부분이니까 물건은 보통 오른손잡이용으로만 나오고, 장애인이 소수니까 대중교통의 장애인 배려가 없는 것처럼. 성인 남자가 일하는 사무실에서 쓰이는 생수통이라고만 생각하고 딱 그 정도 사이즈로 만든 게 표준이 된 거다.

적극적인 성차별은 아니지만, 워낙 사회에서의 성역할이 정해져 있다 보니 삶의 사소한 것들까지 고정된 성역할을 기본으로 깔고 설계되어 있다. 그러나 빠르게 변화하는 성역할에도 불구하고 그 기준은 아직도 그대로다. 한국의 남자 화장실에 아이 기저귀 가는 곳이 거의 없는 것도 마찬가지다. 남자가 아이 데리고 외출해서 기저귀 가는 곳이 없어 우왕좌왕하는데 '해외에서는 남자도 그런 거 잘 가는데 한국남자들 진짜 대책 없는 듯'이라고 하면 곤란하다. 남자 화장실에도 아기 기저귀를 갈 수 있는 공간을 보편적으로 마련해 놓은 나라와 그렇지 않은 나라는, 아이를 데리고 다녀본 남자로서의 경험 자체가 다르기 때문이다. 기저귀 갈기 싫어서 안 가는 것도 아니고 아예 갈기 힘들게 되어 있는 상황을 가지고 '남자의 태도 문제'라 한다면 이건 틀린 접근이다.

남자 직원들은 괜찮다는데 나만 에어컨 바람이 추워서 맨날 자켓 들고 다니는 것. 별 거 아닌 것 같지만 사실은 전제 자체가 여성의 사회활동을 배제한 데서 비롯한 일이다. 직장 내 대부분의 것들은 분명 남자 위주로 설계되어 있다. 치사하게 생수통부터가 그렇다. 그런데 이걸 가지고 "생수통도 안 가는 여자, 생수통 갈며 역차별 당하는 남자"라 하는 우리 나라. 참 좋은 나라다.

16

별 게 다
여혐이네

영어에서 앞뒤 설명 없이 "the pill"이라고 하면 경구피임약을 가리킨다. 무수히 많은 경구복용약 중에 어쩌다 보니 여성용 피임약이 대표격이 되었다. "I'm on the pill"이라고 하면 무조건 피임약을 먹고 있다는 뜻이지 혈압약을 먹고 있다는 말이 아니다. 혈압약이라면 "I'm on blood pressure meds"라고 하는 게 더 흔할 듯하다. 이게 여혐이라는 건 아닌데, 글쎄. 알약=피임약, 이라는 공식 역시 묘한 성차별의 냄새를 풍긴다.

똑같이 관용적으로 사용되는 단어를 보자. Shopping. 물건을 구입하는 행동인데, 이건 영어권에서나 한국에서나 '여자들의 옷, 장신구 구매활동'을 주로 가리킨다. 그래서 야채, 생필품 사는 건 '쇼핑'이 아니라 '장보기'라고 하고, 영어로는 보통 'grocery shopping'이라 표현한다. 솔직히 장보는 일이 더 흔할까 옷 쇼핑 나들이가 더 흔할까? 영어권에서도 당연히 빵 사고 우유 사고 계란 사는 것이 신발 쇼핑보다 훨씬 흔할 텐데도 불구하고 쇼핑, 하면 떠오르는 이미지는 여자가 '생활 필수품이 아닌' 물건을 사러 가는 모습이다. 장 보러 가는 것과 옷이나 신발 사러 가는 걸 제외하면 주로 "I'm going to the shops / I'm going out to get ✳✳✳"라고 한다. Shopping이라는 단어는 잘 쓰지 않는다. 꼭 이 단어를 다른 상황, 다른 맥락에서 사용할 때는 보통 목표를 집어 말한다. "They are on a shopping spree for value stocks"처럼. 주식 쇼핑한다는 뜻 되겠다.

남자가 쇼핑하는 것엔 표현을 달리한다. 피규어나 전자제품을 많이 사는 남자들을 쇼퍼홀릭이라고 부르는 걸 본 적 있는지? 그보단 '덕질한다'와 같이 소비의 의미가 빠진 단어를 쓴다. 내 남편은 돈을 많이 쓰는 건 아닌데 뭘 하나 사려면 몇 개월, 몇 년을 온라인에서 비교하고 후기 보는 데에다 쓴다. 난 이것도 쇼핑이라고 본다. 온라인으로만 그러는 게 아니라 주말에도 무슨 핑계를 대서라도 꼭 하드웨어 가게로 향한다. 그리고 진열대 앞에 서서 천하통일을 고민하는 유비 못지않게 심각하게 끙끙거린다. 이걸 여자가 화장품 가게에서 하면 된장녀, 김치녀 소리를 듣는다. 여성의 소비 활동은 동서고금을 막론하고 욕을 먹는다는 얘기다.

영어 단어 얘기하는 김에 단어 하나 더. "Patronizing"이라는 말에 대해 얘기해보자. 이건 '좋게 말해주는 것 같지만 결국은 무시하는 정서'다. 간단한 예로 "안 예뻐도 괜찮아! 뚱뚱한 애들이 성격은 더 좋잖아!" 등이 있다. 이럴 때 버럭하면 화내는 사람만 나쁜 사람 되는, 아주 빡치는 말투. 이 정서가 쇼핑 얘기 할 때에도 종종 등장한다. '가계 지출의 대부분은 여자가 관리하니까 남자가 물건을 살 때에는 여자에게 잘 보여야 된다'라는 식의 발화가 그렇다. 여자가 그렇게 돈을 관리하니까 남자들이 설 자리는 없다, 혹은 남자가 엄청 열심히 벌어온 돈을 여자가 다 쓴다는 뉘앙스를 풍기는 건 덤이다. 그런데 가계 지출을 생각해보자. 전업주부든 워킹맘이든 식료품 구입에 가장 많은 돈을 지출한다. 그리고 살림에 필요한 필수품, 자녀들 옷과 남편 옷, 신발 등이 그 뒤를 잇는다. 정말 돈이 남아나서 맨날 자기 옷을 쇼핑 할 수 있는 경우를 제외하면 거의가 가계에 직접적으로 관련한 지출일 수밖에 없다. 살림과 육아, 남편 뒷바라지에 포함되는 소비 활동이다. 즉, 돈을 남자가 주로 관리해도 똑같이 이루어질 소비 활동이라는 얘기다. 여자가 돈을 펑펑 쓰는 게 아니라, 남자 대신에 여자가 가계 지출에 관한 일처리를 하는 것이라고 말해야 옳다.

때맞춰 자녀들 옷과 신발을 사는 것은 누가 하는가? 그게 벼슬이고, 좋아서, 즐거워서 하는 일인가? 마케팅하는 이들은 속 편한 여자들이 돈 가지고 나와서 쇼핑하는 걸로 생각하나 본데, 그냥 살림의 일부일 뿐이다. 남편 속옷, 양말, 셔츠, 바지 사는 것, 그게 그렇게 즐겁고 재미있어 보이나? 때맞춰 샴푸, 린스, 비누, 로션, 타월, 세제, 하다못해 면봉 하나, 휴지라도 사는 거, 그게 그렇게 호화로운 쇼핑인가? 일주일에도 몇 번 보는 장은 또 어떻고. 가기 전에 집에 뭐가 있나 확인하고 살 것 리스트 만들고 장 보러 가서 물건 비교하고 값 따지고 고르고 계산하고 들고 와서 정리해두고 재료 다 듬고 밥 해 먹을 것 정하는 일이 그렇게 즐거워 보이면 네가 다 하든가. 학습지 고르고 과외 선생님 찾고 학원 보내면서 돈 쓰는 것도 꼬우면, 네가 다 하든가요.

어딜 가나 여자가 돈을 쓰면 욕먹는다. 내가 번 내 돈 내가 쓰고 싶은 데에 써도 욕먹고, 귀찮아도 해야 하는 장보기를 해도 팔자 좋은 '쇼핑'으로 본다.

나도 한때는 그렇게 말하고 다녔다. "난 여자지만 쇼핑은 별로 안 좋아해요." 내게 옷이나 신발, 가방, 장신구 사는 활동은 스트레스이기 때문에 거짓말은 아니다. 그러나 이 말에서 "다른 여자들은 그렇게 (돈 낭비 같은) 쇼핑을 좋아하지만 나는 그렇지 않아."라는 뉘앙스가 훌훌 풍긴다는 게 문제다. 편하게 말도 할 수 없게 하는 이놈의 여혐 문화가 나도 참 피곤하다. 아니거든요? 옷, 장신구 쇼핑만 안 좋아한다 뿐이지 나도 다른 데엔 돈 펑펑 쓰는 거 좋아하거든요?

"여자가 쇼핑하는 동안 지쳐서 기다리는 남자들"이란 사진 모음을 자주 본다. 참 지랄도 가지가지다. 누구든 자기가 관심 없는 거 쇼핑하는 데 따라가면 재미없긴 마찬가지다. 남자가 시계를 쇼핑하러 가든 골프용품점엘 가든 여자가 따라다니는 입장이 되면 똑같이 지겨울 거다. 여자들도 너무 재미없어서 하늘이 무너질 것 같은 표정으로 사진 천 장도 찍혀줄 수 있다. 여자만 돈 쓰는 거 좋아하는 것처럼, 그래서 돈 안 쓰는 남자가 사치하는 여자를 관대하게 봐주는 것처럼 구라 치지 마라 제발.

이런 작은 것 가지고도 여혐이라고 하냐, 웃긴다는 사람들 있는데, 그렇다. 이런 작은 데에까지 여혐이 깔려 있는 게 현실이다.

17

성범죄의 피해자가 된다는 건
어떤 느낌인가

 한 유럽 국가에 놀러 간 당신. 꽤 유명한 관광지에 도착해 멋진 석양을 보며 혼밥 하고 있는데 껄렁거리는 애들 몇이 다가오더니 시비를 건다. 주위를 둘러봤지만 아무도 없었고, 그들은 당신 머리를 한 대 치고 카메라와 가방을 빼앗아 도망가버렸다. 하필이면 여권에 노트북까지 들어 있는 소중한 가방을! 당신은 근처 경찰서로 간다.

"그런 데를 왜 혼자 다니고 그래요?"
"딱 당할 만했네."
"요즘 동양인 관광객이 참 문제야. 그렇게 보이는 데다가 카메라 가방 들고 다니면 젊고 가난한 애들이 어떻게 참겠냐고요."

"덩치나 좀 크면 덤비지 않을 텐데 운동을 안 해서 힘이 없으니까 더 타깃이 되죠."

이런 소릴 듣는 것도 빡치는데, 진술 받던 경찰관이 위아래로 훑어보면서 묻는다.

"진짜 강도당한 거 맞아요? 별로 당한 사람 같지 않은데."

뭐라고?

"아니, 보험금 타려고 일부러 도둑 맞았다고 하는 관광객도 많아요. 꼭 당신이 그렇다는 말이 아니라." 말하는 꼬라지를 보아하니 경찰은 오히려 당신을 의심한다.

"얼마 들어있었다고요?" 물어보면서 위아래로 훑어본다. 네가 잃어봐야 뭘 잃었겠냐는 느낌이다. 여권이랑 노트북도 잃어버렸다고 하니,

"거 참, 주의 좀 하고 다니시지. 왜 여권을 들고 다녀요? 노트북은 그냥 호텔에 두지 왜 갖고 나왔어요? 뭐 이건 털어달라고 사정하는 것도 아니고 쯧쯧. 당신 같은 사람들 때문에 선량한 사람들이 강도가 되고, 우리 경찰들도 피곤해지고 그러는 겁니다."

그냥 확 다 불질러버릴까 하는 충동이 든다. 하지만 진짜 열 받는 일은 그 다음.

지역 신문에 뉴스가 났다. "아시안 관광객 또 날치기 당해"라고 떴는데 거기에 붙은 일러스트를 보니까 덩치 작은 아시아 사람이 엄청나게 큰 카메라와 그 외 소지품이 줄줄 흘러나오는 가방을 들고 있는 모습이다. 그야말로 당해도 싸다는 느낌이다. 그 옆에 까만 복면 쓰고 음흉한 미소를 짓고 있는 도둑도 보이긴 하지만 메인 포커스는 '부를 과시하는 호구 아시안 관광객'이다.

하늘의 도움으로 그 강도들을 잡았다. 경찰서에서 대면했다. 강도들 부모가 왔다. 선처 해달란다. 싫다고 거부했더니 적반하장 욕설이 시작된다. "네가 그렇게 과시하고 다니니까 우리 착한 애가 잠시 눈이 돌아서 가져간 거잖아! 네가 그러고 안 돌아다녔으면 우리 애가 그럴 리가 없는데! 그래, 우리 가난하다. 가난해서 훔쳤다. 그게 죄냐? 그게 죄냐고?! 네가 우리 동네 와서 그렇게 과시하고 다니지 않았으면 이럴 일 없잖아! 그 상황에서 강도짓 안 할 사람이 어딨어? 너 우리 가난하다고 무시하냐?"

처음에는 허위 신고 같다고 의심을 받다가, 이제는 졸지에 가난한 사람들 멸시하는 부르주아가 되었다. 창창한 남의 집 애 미래 망쳐놓을 인간 취급을 받는다. 아니 여권 재발급 신청하고 은행 카드 다시 받느라 엄청 번거로웠던 사람은 나거든요?? 내 노트북은 다시 찾지도 못했거든요?? 나보고 보험금 사기꾼이라고 하고, 순진한 동네 애들 범죄자 만드니까 좋냐고 하는데 어이가 없네. 내가 이 멀리까지 보험금 타려고 날아왔겠니. 이 경찰들이랑 얘기하고 조사받는 게 즐겁겠니, 나가서 맛집 도는 게 즐겁겠니. 이게 왜, 어떻게 내 잘 못이냐고. 그리고 신문 기사는 왜 하나같이 그 따위야! '카메라 부심 부리던 관광객 계속 털려'라고? 그냥 똑딱이였거든?! 아니 근데 내가 왜 내 카메라 기종을 당신들한테 설명하고 있는 거냐고??

18

남자들이
강간 피해자라면

여성의 강간 피해에 대해 얘기할 때마다 꼭 "남자 피해자도 많거든요!"하는 분들이 계시니 그럼 남성이 강간을 당했다고 해보자.

직장 새내기인 남자 직원이 같은 팀 선배에게 강간을 당했다. 평소에 잘 챙겨주는 선배고 조언도 해주는 선배라서 둘만 술 마시러 가자고 했을 때 별다른 생각이 없었다. 술을 너무 마셔 필름이 끊겼고, 아침에 일어나보니 모텔이었다.

이 남자가 강간을 당한 것이 조심하지 않고 선배를 따라갔기 때문인가? 그 시간에 술 마시러 간 것이 잘못인가? 혹시 그날 이 피해

남성이 무슨 옷을 입고 있었는지 궁금한가? 만약 운동을 하고 몸이 좋아서 조금 들러붙는 셔츠를 즐겨 입는 남자였다면, 그 남자는 당해도 싼가? 모텔까지 따라간 것이 잘못인가? 남자는 원래 성욕이 세니까 술이 많이 들어가면 어쩔 수 없이 일어나는 일인가?

이런 논리는 대다수의 여성 피해자가 듣는 이야기다.

선배에게 강간당한 남자는 경찰에 곧바로 가야 하지만 망설인다. 나중에 다른 이들은 그에게 물을 것이다. 왜 경찰서에 바로 안 갔어? 화간 아니야? 아니 당했으면, 그리고 네가 숨길 게 없으면 안 갈 이유가 없잖아?

남성 피해자는 상상한다. 강간당했다는 말이 퍼지면 사람들이 나를 뭘로 볼까. 더 이상 남자로 보이지 않는 게 아닐까. 내가 좋아하는 여자는, 내가 강간당했다는 말을 들으면 어떻게 반응할까. 선배와의 관계는 확실히 틀어질 거고, 선배를 되게 아끼는 사장님이 나보고 나가라고 하지 선배를 자르진 않겠지. 선배가 아니라고 하면 어쩌지. 증거를 남기려면 지금 당장 가야겠지.

여성 피해자도 비슷한 고민을 한다. 단지 그녀는 지금까지 들어왔던 '피해자 두들겨 패기' 서사에 훨씬 더 익숙하다. 처음 들어올 때부터 끼가 보였다느니, 평소 행실이 어쩌고, 담배 피우는 게 어쩌고, 문신이 어쩌고, 피어싱이 어쩌고, 그게 아니면 립스틱 색깔이라도 꼬투리 잡아서 '걔 좀 그런 애 같지 않냐'고 치부될 것을 안다.

남성 피해자는 병원에 간다. 대부분의 강간 피해자가 여성이기 때문에 남자로서 훨씬 더 민망하고 말하기 힘들 수 있다. 여자 간호사에게 강간당했다고 말하는 것은 아주 힘들고, 남자에게 말하는 것도 절대 쉽지 않다. 아니 그냥 말하고 싶지 않다. 시간을 그 전날로 돌리고 싶다. 왜 그 선배를 따라 나갔는지 자기 자신을 쥐어패고 싶다. 검진을 받고 경찰 진술을 하는데 질문 하나하나가 칼날처럼 마음에 박힌다. 어디에서 술 드셨어요? 뭐 드셨어요? 왜 뻗을 때까지 마셨어요? 모텔 간 건 기억나죠? 이전에도 비슷한 일이 있었나요?

여성 피해자를 배려한 여성긴급전화 1366, 성폭력피해상담소 등이 생기고 훈련받은 경찰관이 배치된 건 아주 최근의 일이다. 그전까지는 성범죄 관련 감수성이 제로인 경찰관에게 취조 받고 왜 행실 제대로 못해서 날 귀찮게 하느냐는 식의 태도를 접하는 일이 비일비재했다. 여전히 그런 곳들이 더 많다고 알고 있다.

남성 피해자는 직장에서 아주 불편해진다. 위로해주는 사람들도 있지만 피해 사실을 믿어주지 않는 이들, 새로 이상한 애가 들어와서 회사 전체 분위기를 이상하게 만든다며 노골적으로 비난하는 사람도 있다. 자신은 피해자일 뿐인데 이젠 노이로제에 걸릴 참이다. 만나는 사람마다 눈을 마주치기가 힘들다. 자신을 볼 때마다 '강간

당한 남자'의 이미지를 떠올리는 것이 보여서다.

여성 피해자도 마찬가지다. 다른 점이라면 심지어 그 '강간 장면'을 떠올리면서 야릇하게 즐기는 듯한 이들이 생겨나는 것. '어차피 버린 몸'이라는 이상한 인식으로 성희롱 강도가 더 높아지는 경우도 있다는 것. 같은 여성들조차 '쟤 그럴 줄 알았어', '지가 좀 흘리고 다녔겠지'라는 식의 판단을 한다는 것.

남자도 성폭력 당한다고, 여자 꽃뱀이 너무 많다고 하니까 묻는다. 당신은 합의금 그 몇백 받으려고 온 주위 사람들에게 자신이 강간 피해자라 떠들고 다니고 싶나? 아니잖소. 그런데 왜 여자는 그럴 거라 생각하지? 강간당했다고 하면 시집가기 쉬워서? 다른 여자들이 좋아해줘서? 주위 사람들이 잘해줘서? 진급이 쉬워서? 사회가 소위 '몸 버린 여자'를 어떻게 취급하는지는 당신들이 더 잘 알 거다. 인간 쓰레기급 껄떡이들이 이혼여성이나 나이 많은 비혼여성에게, 그리고 자기네들이 보기에 '약자'인 여성에게 훨씬 더 들이대는 걸 알면서, 강간 피해자라고 소문나는 것이 인생에 도움은커녕 큰 피해가 된다는 걸 당신들은 이미 잘 안다. 그럼에도 불구하고 여자가 정말 합의금 몇 푼 받기 위해, 혹은 남자에게 품은 앙심 때문에 경찰 앞에 앉아서 어떻게 강간당했는지 설명하는 거라고 생각하나?

여성 상대의 성범죄 얘기가 나올 때마다 남성 성폭력 피해자도 많으니 잠재적인 가해자 취급하지 말라, 일반화 하지 말라는 등의 지적이 나오는데, 그렇다면 제발 남성 피해자 입장에서 생각해보길 바란다. 지금의 강간문화, 피해자에게 책임 전가하는 사회 분위기가 과연 정상인가? 강간사건 기사의 댓글마다 '꽃뱀' 얘기가 무조건 튀어나오는 것이 정상인가? 강간을 당하고도 가해자의 창창한 미래를 고려해서, 피해 당시 자신의 옷차림을 고려해서 그냥 그럴 수도 있다고 넘어가겠는가?

19

'좋은 차별' 생생 체험!

외국인으로 가득한 팀에 취직했는데 한국사람은 당신 하나다. 그들은 당신이 한국사람이라니까 상당히 호의를 보인다. 보스도 당신을 막 챙겨주려고 한다. 점심시간이 오자 보스가 말한다. "한국사람이 왔으니까 우리 치맥 먹으러 가자!" 당신은 사실 기름진 음식을 좋아하지 않는다. 술도 즐기지 않는다. 하지만 분위기 맞춰주는 의미에서 거절하지 않는다. 보스는 당신을 옆에 앉히고 한국사람이 와서 얼마나 좋은지, 자기가 치맥을 얼마나 좋아하는지 얘기한다. 뭐 좋은 관심이 나쁜 관심보다는 나으니까 감사하고 넘어갔다.

다음 날 점심시간. 보스가 말한다. "오! 넌 오늘도 치맥 하고 싶겠지만 우리는 한국사람이 아니라서 이틀 연속은 무리야!" 뭔 소린 가 싶지만 이번에도 그냥 웃으면서 넘어간다. 동료들이 와서 묻는 다. "우리 파스타 먹으러 갈 건데 괜찮아? 한국사람들은 밥 먹으니 까 파스타 별로 안 좋아하지 않아?" 당신이 가장 잘 먹는 음식이 파 스타다. 괜찮다고 했는데도 몇 번이나 확인하고 묻는다. "한국인 맞 아? 오올~" 박수를 치며 좋아한다. 슬슬 짜증이 난다.

쉬는 시간에 동료가 와서 말을 건다. "나도 전에 한국 친구 있었 는데!"라며 자기 옛날 친구 얘기를 줄줄 늘어놓는다. 아니 걔랑 나 랑 무슨 상관이냐고. 걔는 강남에 살았단다. 당신은 부산 출신이다. 당신에게 '강남 스타일'을 좋아하냐고 묻는다. 아니라고 했더니 엄청 놀란다. 자기는 '풀-고우-기'도 좋아한다고 한다. *어쩌라고*

이게 매일같이 계속되니 점점 짜증이 쌓인다. 당신이 뭔가를 하 면 "오 한국사람은 다 이래?"라고 꼭 묻는 사람이 있다. 미팅에서 말 이 적은 날엔 "한국사람들은 조용하다더니 역시", 마침 당신이 맡은 프로젝트라서 좀 말이 길어졌더니 "우리 코리안이 오늘은 말이 되게 많네?".

그러던 어느 날 점심 먹다가 보스가 눈을 찡긋 하며 묻는다. "너 일본사람들 미워하지?" "네?" "우리 지금 인터뷰 하는 사람이 일본 인인데, 넌 걔가 입사 못했으면 좋겠지?" "아니, 전혀 아닌데요." "에 이, 내가 다 알아. 한국에서 반일 감정 엄청 심하다면서?" "그런 면도 있지만….” “역시!”

그렇지. 한국인에게 반일 감정이 있긴 하지. 하지만 새로 들어올 사람이 일본인인 거랑 나랑 상관없다는데 아니 왜 네가 나한테 한국의 반일감정에 대해서 설교하고 있음? 그런 거 아니라고 했더니 괜찮다고, 내가 한국에 대해서 좀 잘 안다고, 나한테는 편하게 말해도 된다고, 한국에서 반일 감정 엄청 심하고 식민지 시대가 어땠는지 알고 어쩌고 저쩌고 아주 난리가 났다. 어디서 주워들었는지 청산유수가 따로 없다. 근데요 한국사람은 저고요, 반일 감정을 알아도 내가 더 잘 알겠지 유튜브에서 배운 네가 더 낫겠니?

자. 다들 한국사람이라고 분명 반겨주고 배려해주고 관심도 가져주고 맞춰주려고 하는데 짜증이 솟구치죠. 나는 그냥 나고요, 내가 한국사람이라는 게 분명 중요한 부분이긴 하지만 그게 내 모든 것도 아니거니와 나는 한국을 대표하는 사람도 아니거든요. 내가 뭘 한다고 해서 한국사람이 다 그렇다는 것도 아니고, 당신이 피상적으로 아는 한국사람의 특징이 나에게 없다고 해서 내가 한국인이라는 아이덴티티를 거부하는 것도 아니라고요. 그리고 제발 나한테 김치 어떻게 만드는지 설명하지 마! 네 한국 친구 얘기 하지 마! 다른 애들보다 한국애라고 엄청 더 챙겨주는데 감사하라는 둥 역차별이라는 둥 하지 마!

마찬가지로 남초 그룹에서 “오 여자가 왔다 너무 좋다!”, “여자 있으니까 분위기 완전히 달라지네!", "아 그런데 어떤 음식 좋아하세요? 남자들 좋아하는 음식은 좀 별로죠?" 이런 식으로 물어보는 거, 나름 배려라고 하는 소리 같지만 당연히 불편하다. 왜냐면 여기서 포인트는 배려가 아니라 "너를 이렇게 생각하고 배려해주는 내가 어썸 판타스틱 하지 않니? 그것 좀 알아줘 인정해줘"이기 때문이다. 그리고 그들이 갖고 있는 여성에 대한 얄팍한 이해를 내가 부정한다고 해서 여자 아닌 척 하려는 것도 아니다. 한국사람이라고 김치 다 좋아하는 거 아니고 다 싸이 좋아하는 거 아니듯이. 이걸 불편해한다고 프로불편러란다. 우린 한국사람 좋아하는데 왜 그러냐고 들면 그때부터 환장 시작이다.

여자들은 왜 공대 안 가냐, 왜 남초직장 피하냐고 하는 사람들도 이걸 좀 생각해 보길. 당신 같으면 방금 말한 직장 같은 곳에 가고 싶겠어요? 한국인이 극소수이고 내가 하는 행동 하나하나가 한국사람을 대표하는 것이 되고 내가 하는 말 한 마디 한 마디가 안줏거리가 되고, 늘 자기들이 획득한 한국에 대한 손톱만한 정보로 나를 오히려 가르치려 들고, 그러면서도 나에게 잘해주고 있다는 것을 늘 인정받고 싶어하는 사람들이 드글드글하는 곳으로 가겠어요? 아님 한국계가 이미 많아 내가 치맥을 싫어하든 말든 아무도 상관 안 하는 곳으로 가겠어요? 그나마 저 예시에는 성희롱, 성추행, 엉뚱한 남자 인간과 무조건 엮으려고 들기, 외모 오지랖, 결혼, 임신, 출산으로 인한 차별은 넣지도 않았다는 걸 알아두시길 바란다.

아. 그리고 그놈의 맨스플레인. "여자들 생리는 참았다 싸면 되는 거잖아?" "니가 잘 모르는 거 같은데, 내가 아는 여자가 그랬어…"라면서 여성에 관한 이슈마저도 나에게 설명해주려는, 상대가 여자이니까 당연히 지보다 잘 모를 거라 생각하고 "오빠가 가르쳐 줄게" 하는 상황. 생리 수십 년 해온 내가 더 잘 알겠니 생리대가 얼만지도 모르는 네가 더 잘 알겠니.

20

여자가 군대 가면
성차별도 사라질 거라고?

 평행우주 어딘가, 남녀 모두 군복무 하는 대한민국 서울시.

직장에서:

팀장: 어우, 이번에 새로 들어온 새 여직원 볼륨이 장난 아니던
   데? 앞뒤로 완전 빵빵이야!

부하: (개정색) 팀장님. 그 분 군필자이십니다.

팀장: 앗, 내가 말실수 했군. 참 열정이 넘치고 일 잘하게 생겼다
   는 말이었어.

회식 자리에서:

상사: (술 취한 척 하면서 은근슬쩍 부하 여직원 엉덩이를 만짐)

직원: 과장님, 저 군필인데요.

상사: 앗, 미안하네. 혹시 군필 아닌 다른 여직원 아나?

공익광고에서:

"군필하신 여성 여러분, 꼭 군필 배지 착용을 생활화합시다. 습만튀, 엉만튀 범죄자들은 군필 배지 없는 여성분만 타깃으로 합니다. 꼭 상기하시기 바랍니다."

공평한 시어머니:

"이번에는 김장 50포기만 할 거다. 군필인 큰 며느리랑 둘째 며느리는 그냥 쉬고, 면제인 사위가 월차 내고 와라."

"시아버지가 쓰러지셨는데 다 군필이니까 그래도 제일 쉬운 데 갔다 온 큰애가 돌봐라. 딸 둘은 해병대 갔다 왔다."

직장에서 :

상사: 임신이라고? 아무래도 일 계속 하기 힘들겠네?

직원: 저 군필이거든요.

상사: 깜빡했군. 아이 잘 낳고 와. 인사과엔 내가 잘 말해 놓을게.

소라넷에서:

회원1: 와 이 몰카 정말 화끈!!

회원2: 그런데 여기 이 여자분 군필이라는.

회원1: 헉! 당장 소라넷에 연락해서 지우라고 하세요. 군필이신 분 존중해드려야지 이게 뭡니까! 2년 열심히 국가를 위해 봉사하고 오신 분을 이런 식으로 취급하면 되겠습니까?

진짜? 진짜 이럴 거라고? 여자가 군대만 갔다 오면 모든 성차별이 없어질 거라고? 에라이 콱 그냥!

안일한 친근감은
차별을 불러온다

'여자=섹스할 수 있는 상대'라는 사고방식을 완전히 제거해보면 성차별이 노골적으로 드러난다.

남자에게 "여자랑 같이 일하는 거 싫어요?"라고 물어보면, 최소한 영어권의 남자들은 "여자들이 많으면 좋지요!"라고 답한다. 실제로 이걸 믿는 남자도 많다. 하지만 남자들은 이 대답을 하며 어떤 여자를 떠올리는 걸까? '젊은 이십 대 초반의 예쁜 여자'를 떠올리고 있다는 데 난 돈을 걸겠다.

사실 이렇게 말하면 불공평하게 보일 수도 있다. 누구든지 일할 때 마음 맞고 손발 맞는 사람들과 일하고 싶어하니까. 이성보다는 동성이 편하고, 나와 비슷한 나이 또래가 훨씬 편하다. 젊은 여성들에게 육십 대 남자들이 대부분인 직장, 나이 또래 및 배경이 비슷한 여자들이 대부분인 직장 중에 하나를 선택하라고 하면 아마도 후자에 표가 몰릴 것이다. 누구든지 자기와 비슷한 사람들, 공통주제가 있고 비슷한 경험을 한 사람들과 어울리고 싶어한다.

그럼 뭐가 문제인데?

인간의 기본적인 성향이 사회 지배구조와 결합되면 문제가 된다. 이십 대 후반에서 삼십 대 초반의 남자 직장인들은 오륙십 대 남자 동료를 꺼릴 것이다. 젊고 예쁜 이십 대 여자라면 몰라도, 사오십 대 여성들을 동료로 원하지 않는다. 삼십 대 중반의, 자기만큼 경험이 많은 경쟁자 여자보다는 자기가 '가르치고 보살피면서' 자기를 우러러봐줄, 경험 없는 젊은 여자를 선호할 것이다. 그 외에는, 자신과 비슷한 이삼십 대 남자를 선호할 테다. 반대로 여자들도 비슷한 양상을 보일 것이다. 하지만 문제는 주요 자리를 삼십 대~오십 대 남자들이 주로 차지하고 있다는 데에 있다. 이 남자들이 자신들과 비슷한 남자들을 선호하고, 어리고 예쁜 여자를 제외한 나머지 여자 그룹을 기피한다면 그때부터 이건 개인적인 선호 문제가 아니라 사회적인 문제가 된다.

인종차별도 마찬가지이다. 몇 번이나 리서치로 검증된 사실이지만, 똑같은 이력서를 영미, 유럽권 이름으로 보내면 비 영미, 비 유럽권 이름으로 보내는 것보다 훨씬 더 성공률이 높다(사실 나 역시 결혼하고 나서 성을 바꾸는 바람에 완전 독일식 이름이 되었는데, 이력서 보낼 때 아무래도 더 도움이 되지 않았나 하는 의심이 있다). 이건 친근감에 기인한 현상이기도 하다. 한국사람으로서 '서강대, 성균관대'란 이름을 보면 딱 알아보고 친근감이 가지만, '자이푸르 대학'이라고 하면 그게 어딘지, 좋은 대학인지 아닌지 알 수 없지 않은가. '김대한'이라는 이름을 보면 '혹시 이 친구 동생은 민국이 아냐?'란 생각이 들면서 조금 더 친근감이 갈 수 있으나 '아짓 싱' 이런 이름은 그저 '인도사람'으로 구분될 뿐이다. 물론 아프리카 출신 흑인들도 아프리카계 이름을 보면 더 친근감을 느낄 거라 생각한다. 그러나 주요 보직은 여전히 백인들이 차지하고 있기에 문제가 된다.

요즘에 'white privilege'에 관한 글을 자주 본다. 백인들은 전혀 느끼지 못할지 몰라도 그들이 백인이기에 평생 누려온 특권을 말한다. 길을 걸을 때 사람들이 자신을 피하지 않고, 거리에서 사람들에게 도와달라고 할 때 좀 더 호의적인 반응을 얻고(한국에서만 그런 게 아니다!), 영화나 텔레비전 프로그램을 볼 때에 자신들과 비슷하게 생긴 사람들이 많이 나오고, 사회지도층 인사 중에 자신과 같은 인종, 배경의 사람들이 대부분인 데에서 나오는 특권이다.

남성의 특권도 이와 마찬가지다. 남자들 역시 자기들에겐 절대 특권 따위 없다고 우길지 몰라도. 한국의 정치인들을 봐도 대부분이 남자고 삼성, 현대 등의 대기업 사장들이 거의 모두가 남자라는 것,

유명 피디들은 다 남자고, 차를 고치러 카센터에 갔을 때 아무것도 모른다 하더라도 여자들보다는 바가지 쓸 가능성이 낮다는 것 등. 남성의 특권에는 별의 별 게 다 포함된다.

성차별, 인종차별 등이 딱히 어떤 한 집단의 배타적이고 공격적인 결정이라고는 생각하지 않는다. 그렇지만 이에 따른 사회적인 문제를 해결하고자 한다면, 주류 사회 구성원들이 자신의 특권이 무엇인가를 인지하고, 자신은 조금 불편하더라도 소외된 그룹을 위해 어느 정도 양보를 해야 할 필요가 있다.

22

그들이 사는 모습;
아프리카 흑인 여성들

내가 자란 곳인 남아공은 인종차별로 유명한 곳이다. '아파르트
헤이트apartheid'는 약 16퍼센트의 백인이 84퍼센트의 비백인非白人을
정치적·경제적·사회적으로 차별해온 악명 높은 인종분리정책이다.

거주지역, 교육, 결혼 등 모든 사회 활동에 있어 인종이 큰 영향
을 끼치다보니 누가 어떤 인종으로 구분되는가는 엄청나게 중요한
문제가 되었다. 여기서 말하는 인종에는 흑인과 백인 외에도 컬러드
coloured라는 분류가 있다. 17세기 네덜란드 이주민 남성과 현지 흑인
여성 사이에 태어난 이들을 뜻한다. 흑인 대신 컬러드로 분류되면
인생이 달라진다. 피부색이 더 밝아 컬러드 대신 백인으로 구분이 되

는 경우에는 그 정도가 더하다. 그래서 생긴 것이 '연필 테스트'이다. 머리카락에 연필을 끼우고 폴짝폴짝 뛰어서 안 떨어지면 흑인, 떨어지면 컬러드나 백인.

이런 나라에 살다보니 나 같은 사람은 어중간한 케이스라 문제가 되었다. 공공기관 서류에는 보통 인종 표시하는 부분이 있는데 백인, 컬러드, 흑인, 인도인이 보통이다. 나는 뭔가요, 흑흑.

19세기 말에 금광과 다이아몬드 광산에 엄청난 열풍이 불면서 광부들을 세계 여러 지역에서 '수입'했는데, 그때 말레이시아 사람들과 중국 사람들이 꽤 많이 이주해왔다고 한다. 이들은 컬러드로 분류되었다. 그런데 1960년대 일본과 통상 조약을 맺으려니 '너희는 우리보다 못한 인종'이라고 노골적으로 표시할 순 없었기에 'honorary white', 즉 '명예 백인'이라는 카테고리를 만들었다고 한다. 믿기 힘들지만 진짜로 이 단어를 썼다! 비슷한 예로 대만사람들 역시 예전부터 있어온 중국인들과는 다르다는 이유로 어설프게 백인 취급을 받았다고 한다.

남아공의 비극은 너무나도 극명한 빈부 차이에서 비롯된다. 백인지역은 예전부터 캐나다 느낌이 났다고 하고, 가치관도 대충 영어 문화권의 가치관과 비슷하다. 그래서 사실 미국, 캐나다, 영국, 호주 사회와의 문화차이가 큰 편은 아니다. 나 역시 영국으로 이민 온 뒤로도 크게 문화차이를 느끼지 못했다.

그렇다면 흑인 여성들의 삶과 환경은 어떻고? (눈물 좀 닦고 시작한다.)

남아공 흑인 여성의 생활에 대해서는 특히 아파르트헤이트를 떼놓고 말하기가 힘들다만, 우선 아파르트헤이트 이전으로 돌아가보자. 케냐와 탄자니아 지역 부족들이 대거 남하했는데 지금의 짐바브웨를 지나 남아공까지 내려왔다(그래서 반투족의 부족어가 스와힐리어와 비슷하다고 한다). 전쟁이 잦아서 그런지 남아공의 흑인 문화에서 남자는 용감함과 힘을 요하는 일, 그러니까 사자 때려잡고 전쟁 나가서 싸우는 일을 하고 여자는 나머지 모든 일을 다 한다. 소 키우고 밭 갈고 애 보고 밥 해 먹이고 뭐 그 외… 하여튼 싹 다 한다. 안 그래도 이런 문화에다 아파르트헤이트로 인종별 거주지역을 확 갈라놓으니 다음과 같은 일이 벌어졌다. 광산 쪽에 흑인 남자 노동력이 집약되었고, 이들은 고향에서 멀리 떨어져 남자들만 모인 기숙사에서 아주 낮은 봉급을 받으며 일했다. 고향에 돌아가기도 힘들고 광산 인근에 거주하는 여자도 별로 없다 보니 극소수의 성노동자가 흑인 남성 노동자들을 상대하는 경우가 빈번했고, 그래서 성병이 창궐했다. 남자들은 일 년에 몇 번 자기 고향으로 돌아가 부인에게 성병을 옮겼다고 한다.

흑인 여성들은 백인 지역에서 메이드로 일을 했다. 저녁에는 백인 지역에서 흑인이 혼자 다닐 수가 없었기 때문에 웬만한 집에는 흑인 메이드가 살 수 있는 숙소가 있었다. 그러나 메이드가 가족과 함께 살 수 있는 분위기는 아니었다. 그러므로 아빠는 광산에 가서 일하고, 엄마는 백인 지역에서 메이드로 일하고, 아이들은 흑인 지역에서 할머니가 봐주고, 엄마와 아빠가(주로 엄마가!) 조금씩 보내는 돈으로 온 가족이 먹고 사는 것이 가장 흔한 모습이었다.

안타깝게도 이런 환경일수록 여성의 재산 취급과 여성혐오는 더욱 '낭낭하게' 나타난다. 심지어 여성들 사이에서도 그렇다. 참 인상 깊었던 남아공의 KFC 광고는 이런 내용이었다. 중년의 여인이 화려한 집에 친구들과 쑥덕거리며 들어선다. "와 아들 돈 잘 버네?" "며느리가 우리 아들 엄청 고생시켜! 돈은 지가 다 쓴다고!" 그때 며느리가 환한 웃음으로 이들을 맞으며 KFC 치킨을 내온다. 그러자 갑자기 시어머니 그룹에서 칭찬이 넘쳐난다. "아유 며느리 참하네!" "돈 아낄 줄 알아!" 글쎄, 어디서 많이 본 광경이다. 이걸 보고 알았다. 여성에 대한 착취가 만연한 곳은 인종, 언어, 문화를 초월하고 여혐도 비슷하구나. 여성들끼리의 여혐마저도.

또 비슷한 부분으로는 '로볼라lobola(결혼지참금)'가 있다. 오래 전의 로볼라는 딸을 이렇게 예쁘게 키워주셨으니 감사한다는 의미로 소 한 마리를 장인에게 사드린다는 개념이었다는데 점차적으로 '여자를 살 수 있는 대가'로 인식되었다. 이러면 여자들이 발끈할 만도한데, 여혐에 절은 사회에서는 오히려 이게 여성들의 자존심 싸움이 된다. "내 남친은 소 두 마리를 샀다! 없는 살림이지만 날 너무 사랑해서" "오 그래? 난 소 다섯 마리" "누구 네는 소 열 마리 받았대" "누구 네는 그냥 콩 몇 자루로 퉁치려고 했다던데. 걔가 워낙 안 예쁘잖아" "야 누구는 뭐 안 줘도 되니까 제발 데려가만 달라더라. 노처녀잖아!" 어디서 많이 들어본 소리다. 여자가 재산 취급당하는 곳에서 나오는 얘기들이 다 비슷하다.

학부 때 UNDP(유엔개발계획)의 농업 지원사업 실패에 대해 들은 적이 있다. 여기에서도 공기처럼 산재한 여혐을 엿볼 수 있었다. 아프리카 농부들을 지원하려고 돈과 자원을 들여 투자했는데 이들은 '아프리카의 흑인 남성이 가족을 먹여 살리려고, 혹은 돈을 벌려고 농업에 종사한다'고 생각했던 것이다. 이들의 타깃은 사실 여성이었어야 했다. 사하라 남부 아프리카에서는 지역에 따라 여성이 최고 70퍼센트의 농산물을 생산하기 때문이다. 보통은 그저 먹고 살기 위한 농사이고 상업적인 농장은 아니지만, 어찌 되었든 불러서 교육시키고 도와야 했던 것은 남자가 아니라, 시골 지역에서 자기 가족 먹여 살리느라 농사짓는 여자들이었어야 했다.

'아프리카의 여권이 한국보다 낫다'는 말은 일면 맞기도 하고 틀리기도 하다. 남아공의 화이트칼라 노동 환경의 여권은 영어권의 평균에 비교할 만하다. 그러나 남아공의 흑인 빈곤층 여성들 여권은 뭐라 말하기도 어려운 수준이기 때문이다.

23

과학사에서도
여성은 배제된다

 1900년대 초반, 아인슈타인이 극찬한 과학자 A가 있었다. 이 사람은 유태계였고, 숫기가 없었다. 오스트리아의 한 대학에 도착한 A는 동료 B를 만나게 된다. 외모로는 B가 훨씬 빼어났다. 게다가 활달하고 붙임성까지 좋은 B는 내성적인 A와도 급속도로 친해졌다. A가 천재과였다면 B는 열심이과였다. 친구가 별로 없던 A는 하루의 거의 대부분을 같이 보낸, 아름답고 밝은 B를 짝사랑했던 것 같다. B 역시 A와 아주 잘 지내는 듯했지만 4년 후 B는 더 잘난 사람을 만나 홀랑 결혼해버린다. A는 죽을 때까지 다른 사람을 사귀지 않았다.

원소 주기표의 마지막 빈 칸을 채우는 성공에 B가 참여하지 않았지만 A는 기꺼이 그를 공저자로 넣어주었다. 논문을 낼 때엔 B의 이름이 먼저 올라가도록 조처하기까지 했다. 다들 A가 호구짓을 한다고 생각했을 거다. 아직 짝사랑이 남아 있어 그런다고 쑥덕거렸을 수도 있다. A는 괘념치 않았다. 나중에 히틀러가 권력을 얻고 유태인 핍박이 본격적으로 시작되면서 30년 지기 B가 자신을 아주 처참하게 배신했어도, 그래서 스웨덴으로 도망가야 했어도, A는 인연의 끈을 놓지 않았다. 같이 하던 연구를 B가 혼자 맡아 어려움이 생기자 A는 스웨덴에서 첨삭지도에 가까운 피드백을 수없이 날려주었다. B는 천재과는 아니었어도 엄청나게 꼼꼼한 화학자였기에 둘은 학문적으로 궁합이 잘 맞았다. 이해할 수 없는 실험 결과로 고민하던 B가 또 편지를 보냈고, A는 천재적인 통찰력으로 한 이론을 내놓았다. A가 옳았다. 그렇게 핵분열의 비밀이 밝혀졌다.

일부러 성별을 밝히지 않았다. 이 상황에서는 보통 아주 여러 가지의 시나리오가 떠오른다. '공대 아름이'를 떠올린 분도 있을 것이다. 천재 과학자 A 옆에 붙어서 어장관리 하며 단물 다 빼먹고는 더 잘난 남자와 결혼하고, 그것도 모자라 A를 배신한 후에도 징징 짜며 커리어 때문에 매달리는 여자. 페미니즘에 관한 책이니까 A가 여자일지도 모른다고 생각했을지도 모르겠다! 어찌됐든 이야기를 계속하자면, 핵분열 관련 공로로 B는 노벨과학상을 받았다. A의 이름은 거론되지도 않았다. A가 연구실의 리더였다고 공공연히 말했던, B와 같이 연구한 과학자 스트라스만도 언급되지 않았다. 노벨상 받은 여성 과학자라곤 퀴리 부인(마리 퀴리) 말고는 생각나는 사람이 없는데 B는 대체 누구란 말인가? 이것이 바로 선입견의 힘이다. '공대의 숫기 없는 천재와 활달하고 외모가 뛰어나 천재의 호감을 사 공을 가로채는 주변인'이라는 세팅이라면, 미모를 무기로 뭐든지 얻는 여자라는 흔한 스테레오타입이 곧바로 떠오른다. 남자를 이용해먹기만 하고 결혼은 더 잘난 사람과 해버리는.

A는 여성 과학자 리제 마이트너이며 B는 남성 과학자 오토 한이다. 아인슈타인이 '우리의 마담 퀴리'라고 했던 사람, 리제 마이트너. 청소부를 제외한 여자는 연구소 출입도 허락되지 않던 대학의 지하 목공실에 실험실을 차렸다. 이 허접한 곳에서 연구 성과가 팡팡 터지자 대학교는 그제야 여성화장실도 만들어주고 마이트너의 연구소 출입도 허가했다. 유태인이라는 이유로, 여성이라는 이유로 엄청나게 차별을 받던 마이트너는 결정적으로 오토 한에게까지 배신을 당하고(그는 이미 연하의 미술전공 대학생과 결혼한 상태였다) 대학교에서 쫓겨나 스웨덴으로 도망을 가야 했다. 야속하게도 연구는 계속되었고, 그 결과로 오토 한은 노벨상을 탔다. 시간이 지나며 오토 한은 핵분열 연구 시절 리제 마이트너의 역할을 점점 축소했고, 나중에는 그를 모르는 척까지 했단다.

오토 한의 이름을 딴 105번째 원소 하늄Hahnium은 이름이 더브늄

Dubnium으로 바뀌었고, 109번 원소는 마이트너의 이름을 따서 마이트너륨meitnerium이 되었다. 원소 이름 중에 유일하게 실존했던 여성의 이름이다(퀴륨Curium은 퀴리 부부의 이름을 땄음). 역사에서 여성의 이름은 늘 지워지지만, 최소한 마이트너는 늦게나마 인정받았다. 노벨상 위원회의 최대 실수라고 일컬어지는데 아직 위원회는 이에 대해 입장을 표명한 적은 없다고 한다.[2]

이 케이스에서도 특별한 환경이 필요했다. 리제 마이트너는 아버지가 부유한 변호사였고, 딸의 재능을 알아보았고, 공부하겠다는 딸을 지원해주었고, 마침 그 시대가 여성의 사회활동이 조금씩 허락되는 시기라서 그 정도의 성공을 거둘 수 있었다. 여성의 출입 자체가 금지된 학교, 여자 화장실도 없는 곳에서 버티면서 말이다. 그 후로 100년이 넘게 지났다. 아직도 전 세계에는 가난을 핑계로 딸을 학교에 보내지 않는 곳이 많다. 딸도 아들과 동등하게 공부시키는 건 한국도 90년대 이후에야 보편화된 일이며 선진국에서조차 남녀공학에 다니는 여자아이들은 지금도 '여자답지 않은' 과목은 피한다. 여학교에서는 그런 경향이 훨씬 덜하다. 내가 대학 다닐 때도 공대 물리 강의실은 수백 명의 남자에 여자는 10명 남짓이었다. 다시 말해 여성에게 교육의 기회가 주어진 것도 최근 일이고, 그나마 돈 없는 집은 아직도 여전히 아들에게 올인 하며, 수학이나 과학은 여

---

2 『E=mc²』 데이비드 보더니스, 김희봉 역, 웅진지식하우스, 2014

자답지 않은 과목이라 여겨지고, 이공계에서 취업이 쉽다는 것은 남자들에게나 해당하는 얘기란 말이다.

이제는 고등학교에서도 여학생들의 수학, 과학 점수가 더 높다고 한다. 그렇게 찍어 눌러도 그렇다. 화이팅이다.

PART THREE

결혼과 육아에 관하여

여성혐오에 반대한다고 해도

저항하지 않는다면

의미가 없다.

24

결혼은 남녀에게
다른 잣대

🍃 만약 한국의 아이 아빠가

- 칼퇴근 가능한 곳으로 직장을 선택해서 저녁 7시 전에 보통 집
  에 들어오며

- 친구들 따로 만나거나 회식 가는 일 없고

- 아이 아프면 곧바로 연차 내서 병원 데리고 가고 밤에 애 달래
  재우고

- 빨래는 도맡아서 하며

- 부인 옷 다림질까지 다 해주고

- 일주일에 3~4번은 요리해서 애들 챙겨 먹이고

– 애들 옷과 신발도 분기마다 챙겨 사서 입히고

– 주말이면 주방 욕실 락스 뿌려가면서 청소도 하고

– 주말에 애들 하루 종일 보고

– 게다가 장모님 여행 일정까지 챙겨서 비행기 티켓 끊어 보낸다

이러면 일등 신랑감! 정말 그런 남자 없다고 칭송이 자자할 터이다. 한국이든 영국이든 간에.

그런데, 왜 똑같이 일하고 돈 벌면서도 아이 엄마에게는 저게 기본 의무사항이 되는가? 내 남편이 남자치곤 정말 집안일 많이 하는 편이긴 한데, 그래도 보면 빨래는 내가 다 도맡아서 하고 있다. 물론 남편도 요리 많이 하고, 뒷마무리까지 잔소리 안 해도 하지만 애가 아프면 보통 내가 재택근무한다. 어린이집 전달 사항도 내가 챙기고, 뭐 이래저래 따지면 집안일을 무지 많이 하고 있는데도 단지 여자라는 것 때문에, 엄마라서, 나는 칭찬을 받을 수도 생색을 낼 수도 없다! 어릴 땐 심하게 게을러서 엄마에게서 욕을 바가지로 먹던 내가, 이렇게도 많은 일을 하는데, 그렇게 더럽게 살던 내가 심지어 화장실에 무릎 꿇고 앉아서 변기를 닦는데도 내 주위에는 기립박수를 쳐주는 사람이 없다! 나도 칭송받고 싶다! 생색내고 싶다!

나도 일주일에 최소한 2~3일은 집에 퇴근하자마자 "아아 돈 버느라 피곤해!" 하면서 소파와 합체하고, 보기 좋게 차려진 밥을 먹은 다음 애기 머리나 몇 번 쓰다듬어주고 뻗어 자고 싶다! 밖에 나가서

기죽으면 안 된다고 칼날처럼 다린 옷 입고 나가고 싶다! "이렇게 가정적이고 집에서 많이 도와주는 부인 만나서 남편은 좋겠다, 요즘에 그런 여자 없다, 돈도 벌어오는데 집안일을 그만큼이나 하고 육아도 도와주니 대단하다" 이런 소리 좀 듣고 싶은데 분하다!

이렇게 사는 게 불공평하다.

25

이미 당신은
나쁜 엄마

 '나쁜 엄마 되기'는 무지 쉽다.

아무리 장 보고 밥 하고 차리고 먹이고 치우고 씻기고 재우고 깨우고 차리고 먹이고 입히고 학교 보내고 치우고 빨래하고 장 보고 애 하교하면 학습지 시키고 잔소리 해대고 씻기고 재우기를 수만 번 반복해도 애들 미용실 가야 할 시기를 놓쳐 머리가 조금이라도 길거나 하면 애들 엄마가 그런 것도 신경 안 쓰냐는 소리를 바로 듣는다.

아이가 손톱 안 깎은 지 좀 돼서 때가 꼈으면 곧바로 들리는 지적. "엄마는 뭐하나?"

아이가 일 년 만에 훌쩍 커서 소매가 좀 짧아졌다. 그런데 새 옷

사줄 겨를이 없었다면? "엄마가 신경 안 쓰시나 보네."

반찬 챙기고 교복 챙기고 숙제 챙겼지만 준비물 하나 까먹었다면? "역시 맞벌이 하는 집 애들은 표시가 나."

일주일 내내 집에서 해 먹이다가 애가 하도 졸라서 맥도널드 가면? "요즘 엄마들 애들 건강 하나도 생각 안 하네! 놀면서 집밥 안 차려주고 뭘 먹이는 거야?"

둘째가 아파서 벌써 연차 내고 병원 다니다 보니 큰애 학교에서 부르는 건 참석 못 했다면? "이래서 맞벌이 엄마들은 민폐야. 전업주부 엄마들에게 다 떠넘기고."

애가 학교에서 싸웠다면? 엄마가 전업주부이면 "집에 있으면서도 뭐하냐? 이래서 여자는 애만 끼고 살면서 사회경험이 없으면 안돼!" 엄마가 맞벌이면 "애가 저 모양이면 집에서 애 교육이나 제대로 시킬 것이지 얼마 번다고 나다녀서 애를 저 모양으로 만들어?"

이렇게 '엄마'로서 요구되는 그 수많은 일을 매일같이 해내다가 작은 거 하나만 잘못 해도 '쯧쯧' 혀차는 소리가 들린다. 애들 머리가 좀 길어도 쯧쯧. 애들 옷이 좀 후줄근해도 쯧쯧. 운동화가 더러워도 쯧쯧. 집에서 책 많이 안 읽혀도 쯧쯧.

이걸 다 이루었으니 칭찬받을 거라 꿈꾼 야무진 당신. 다음 퀘스트는 살림이다. 집안이 조금이라도 지저분하면 욕먹고, 찬장이나 냉장고가 깔끔하게 정리 안 되어 있거나 사놓은 음식이 상해서 버리게 되면 도대체 살림을 어떻게 하는 거냐고 욕먹는다. 외식하면 당연히 욕먹고, 하루 종일 참다가 애들한테 5분 폭발하면 "엄마가 그래서 되나? 쯧쯧…." 한다. 집구석에서 일주일 동안 애들이랑 씨름하다가 시터에게 두 시간 맡기고 나와서 커피 한 잔 해도 팔자 좋은 여자라는 소리를 듣는다.

이런 소리 하나도 듣지 않을 정도로 살림까지 완벽하게 하는 당신이라고? 아직 끝나지 않았다. 시댁 챙기는 건 기본, 친정에서도 당연히 딸이 아들보다 좀 더 신경을 쓰는 건 알고 있으리라 믿는다. 그러므로 시댁 제사, 양가 생신, 어버이날 등 온갖 경조사도 챙겨야 한다. 친정 부모님도 딸이 안 챙기면 섭섭해하신다. 누구 한 분이라도 아프시면 간병은 기본이고 그 집 살림까지 당신이 더 해야 할 수도 있다.

무려 이것까지 완벽하게 한다고?
당신은 예쁜가? 날씬한가? 남편을 잘 내조하는가? 요즘 여자들 너무 편하게 살아서, 결혼하면 막 퍼지고 화장도 안 하고 외모 관리도 안 하고, 집안일도 남편들 시켜먹으려고 한다는데, 설마 출근하는 남편한테 음식물쓰레기 버리라고 시키지는 않으리라 믿는다.

오! 이것까지 클리어 한, 그야말로 대단한 현모양처인 당신은 아이를 둘 이상 낳아서, 유기농 식재료로 MSG 안 들어간 집밥 세 끼를 매일같이 해내고, 육아는 완벽하게, 아이들에게 화 한 번 내지 않으며, 아가씨 때처럼 예쁘고 날씬하며, 옷도 만 원짜리 저렴이로 맵시 있게 잘 입고, 남편 잘 섬기고, 시댁에도 잘 하고, 친정에도 살가

운 딸이며, 살림까지 잘 한다.

자, 그러면 진짜 마지막 퀘스트가 남았다. 이 모든 것을 200만 원 이하로 해결하면서 그 돈을 쪼개어 남편 용돈, 시댁 용돈까지 몰래 더 챙겨줄 수 있는 현명한 센스를 발휘하고, 재테크도 해서 10년 안에 아파트 한 채 마련하고, 애들 학원 보내고 좋은 대학까지 보내고, 그러면서 남편에게 무한한 존경과 감사를 가지고 살면 당신은 개념녀다. *싫다고? 못하겠다고? 그렇지 못하면 김치녀나 맘충이 되는데도?* 요즘 여자들이 그래서 욕을 먹는 거다.

26

나쁜 아빠 되기
참 어렵다

대한민국에서 힘든 게 참 여러 가지 있지만 그중 하나가 '나쁜 아빠 되기'다. 이것이 진정한 역차별이다. 여자가 나쁜 엄마 되기는 순식간인데 남자는 나쁜 아빠가 되려면 너무나도 상당한 노력을 해야 한다.

우선 남자가 직장 다니면서 월급을 조금이라도 받아 온다면 공업용 테플론 트리플 코팅 레벨의 '까임 방지권'과, 정밀 조준 반사 엔진을 획득할 수 있다. 뭘 해도 부인이 욕먹지 당신이 욕먹을 수는 없다. 일주일에 스물한 끼 밥 해 먹이는 거 단 한 번도 고민해본 적 없고, 장 본 적 없고, 식단 짜본 적 없고, 안 차리고, 안 먹이고, 안 치웠다고? 괜찮다. 열심히 일하는 아버지니까 가끔가다 과일 사가지고 들어가고 치킨 사가지고 들어가면 배경으로 애잔한 음악이 깔리면서 전 국민이 당신을 자상한 아버지라 칭해준다. 애들 발 사이즈가 몇인지, 팬티는 몇 개, 양말은 몇 개, 셔츠는 몇 개, 교복은 어디서 사야 하는지, 애들 체육복은 언제 챙겨야 하는지, 겨울옷 언제 샀는지, 새 코트가 필요한지, 손빨래는 어떻게 해야 하는지, 애들은 각자 어떤 색깔을 좋아하는지, 언제 옷장에 여름옷과 겨울옷을 정리하는지, 세탁기는 어떻게 돌리는지, 어떤 옷을 손빨래 해야 하는지, 무슨 세제를 써야 하는지 하나도 모른다고? 다 괜찮다. 1년에 애들 옷한두 벌만 사줘도 동네 사람들이 기립박수를 쳐준다. 술 진탕 취해집에 오는 길에 편의점에서 우연히 눈에 들어온 머리끈 몇 개 사와딸내미 손에 쥐어줘도 딸바보 소리 듣는다.

여자는 매일 저녁 딸내미 머리 감아주고, 딸내미가 좋아하는 샴푸 제때 사두고, 아침마다 딸이 원하는 스타일로 묶어주고, 좋아하는 캐릭터 머리끈 미리 사다 두고, 여기저기 흩어진 머리끈 매일같이 정리하고, 떨어진 머리카락 매일같이 청소해도 딸바보 소리 못 듣는다. 여자가 하는 건 당연한 거니까.

아이가 아토피라서 입에 닿는 음식 하나 피부에 닿는 옷 하나 다조심해야 하고 밤에도 자다 깨서 내내 울지만 아빠로서 아무 것도하지 않았다 해도 상관없다. 직장에서 "우리 아이가 아토피라서…"한 마디만 꺼내보자. 병원 한 번 안 갔고 무슨 연고 무슨 로션 발라야 하는지 뭘 먹으면 안 되는지 아무것도 몰라도 어찌 아빠가 그런 것까지 알고 걱정을 하냐고 칭찬이 물밀 듯 들어온다. 집안일을 하나도 안 돕는다고 해도 나쁜 아빠 타이틀 따는 건 정말이지 힘들다. 가사 도우미는 맞벌이하는 부인이 구하고 일 가르치고 오고 가는 거 확인하고 돈 계산할망정, 남자는 부인이 정리해둔 음식물쓰레기만 군소리 없이 버려주고 남이 집안에 들락거리는 걸 참아주며 감히 부인이 직접 집안일 하지 않는 것을 받아주는 것만으로도 까임 방지권 획득이다. 무려 와이셔츠를 직접 세탁소에 맡기고 찾아온다면 생불 대접을 받을지도 모른다. 물론 식구들 빨래를 다 챙겨서, 세탁기 돌리고, 꺼내고, 일일이 털어, 건조대에 널고, 마르길 기다렸다가, 걷고, 하나하나 개고, 옷장과 서랍에 구분해 챙겨 넣고, 손빨래는 또 따로 조물거리며 하고, 드라이클리닝 필요한 옷은 따로 맡기고, 다 되면 찾아오고, 애들 교복 다리는 건 다 부인이 하지만. 남자는 자기 와이셔츠만 챙기는 것만으로도 곧바로 추앙받는다. 부인이 화장실 청소하는 게 까다로울까봐 참으로 사려깊게도 앉아서 오줌 누는 당신, 기다리면 청와대에서 표창장 날아올지도 모른다.

그렇다면 도대체 뭘 해야 나쁜 아빠가 될 수 있는가? 직장 때문에 애들 등교 한 번 안 시키고, 집안일 하나 안 돕고, 부엌 한 번 발들인 적이 없는데, 그걸로도 안 된다면 무엇을 더 해야 하는가? 주말에 부인이 장 봐온 음식으로 애들 한 번 해 먹이면 곧바로 '자상한 아빠' 딱지가 붙어버려서 또 퀘스트 실패다. 애들이 밤에 울고 보챌 때 한 번을 안 깼고, 학교 숙제 한 번을 안 봐줬고, 준비물 한 번을 안 챙겨줬고, 학교 봉사 한 번을 안 나갔고, 과외 선생님 한 번을 안 구해보고 그 많은 학원 관리, 교육비 지출 관리 단 한 번을 해본 적 없어도, 그래도 안 된다. 정말 안 된다. 몇 년 동안 애들 방치하다가 어느 날 지하철 역 상가에서 아이들 옷을 보고 갑자기 애들 생각나서 눈시울이 붉어졌다면 당신은 또 자상한 아빠가 된다. 이렇게 불공평하다. 애들이 공부 못 해도 부인이 욕먹고, 애들이 버릇없어도 부인이 욕먹는다. 집안에 곰팡이가 피어도 부인이, 애들이 편식을 해도 부인이. 이건 부인이 전업주부이든 워킹맘이든 상관없다. 정밀 조준 반사 엔진은 '그 집 여자'만을 상대로 무조건 쏘아대기 때문이다.

그래서 나쁜 아빠 타이틀에 도전하는 남자들은 시간과 노력을 투자한다. 퇴근해서 피곤하지만 에너지를 모아 애들에게 소리를 지른다. 부인에게 밥투정을 한다. 하지만 말했듯이 '직장 다니는 가장'의 까방권은 너무나도 강력해서, 웬만한 성질과 발광으로는 안 된다. 직장 다니는 게 힘드니까 그럴 수도 있다고 대한민국이 이해해주기 때문이다. 더 힘을 내서 애들을 패기 시작해보지만 사실 성공률이 높지 않다. 아버지가 좀 엄하게 다스려야 한다는 믿음이 있고, 애들이 아빠에게 감히 대든다, 무시한다, 버릇없다 등등 갖다 붙일 핑계도 많기 때문이다. 이 강력한 까방권에서 탈출하려면 딸자식 성추행 정도는 되어야 '나쁜 아빠, 못난 부정父情' 소리를 들을 수 있다. 그나마 '술기운이었다, 실수였다' 뭐 이런 변명으로 빠져나갈 수도 있다. 주식이다, 보증이다 해서 재산도 말아먹고 실직했으므로 드디어 나쁜 아빠가 될 수 있을 것 같다고 믿었다면 착오다. 돈 안 벌고 집에 있으면서 집안일에 손가락 하나 까딱 안하고 수십 년 사는 선배 남자들이 이미 널렸기 때문이다. 직장 잃는 순간 그 초강력 테플론 디펜스를 잃을 수는 있으나, 그래도 여기에 폭력, 주사, 폭언, 외도 그 외 학대가 더해지지 않으면 '나쁜 아빠' 타이틀은 힘들다. 집안일 조금이라도 돕는다면 뭐 말할 것 없이 게임 오버다. 돈 못 벌어온다고 무시당하지만 그래도 자존심 굽히고 집안일 돕는 안쓰러운 가장으로 등극, 쓸쓸한 현악기 4중주가 배경 음악으로 깔린다. 대한민국이 같이 울어준다.

'나쁜 아빠'는 극약 처방으로 본인의 인간성을 깨부수어가며 노력하여야 될 수가 있고
'나쁜 엄마'는 육아와 살림의 그 많은 요구사항 중에 하나만 빼먹어도 곧바로 데뷔할 수 있다.

이게 바로 역차별이다. 남자의 유리 천장. 정말이지 안타깝기 그지없다.
자, 이런 식의 비꼼을 '남성혐오'라고 느끼는가?

많은 여자들은 남자들이 상상하지 못할 만큼의 시간을 결혼에 대해 생각하고 이야기하고 고민하는 데에 보낸다. 사회가 그렇게 길러내기 때문이다. 여자아이는 아주 어린 나이부터 수많은 주변인으로부터 여자로서 어떻게 행동해야 하는지, 어떻게 하면 비난받는지, 어떻게 하면 사랑받는지를 아주 자세하고 섬세하게 코칭받는다. 이런 말을 하면 남자들은 "우리도 남자는 이래야 된다는 말 많이 들

거든!"하고 발끈하는데, 이건 여성이 같은 여성에게 펼치는 오지랖의 깊이와 넓이를 몰라서 하는 말이다. 성적인 평가질과 대상화, 상품화, 성폭력은 남자가 할지 몰라도, 전반적으로 찍어 누르는 셀 수 없이 다양한 평가질과 '너 그렇게 하면 남자한테, 어른들한테 사랑 못 받는다, 시집 못 간다, 남편이 싫어한다' 등의 악담은 같은 여성들의 입에서 더 많이 나온다.

여성분들에게 묻는다. "저 여자는 진짜 나쁜 여자다, 나쁜 엄마다"라는 욕을 최근 당신에게 미주알고주알 이야기한 사람은 남자인가 여자인가? 저 여자는 정말 시집을 잘 갔다, 저 여자의 남편은 이렇다 저렇다, 라는 평가는 어떤가. 저 남자는 좋은 아빠다 자상한 아빠다, 라는 이야기의 화자는 누구였나. 나의 수많은 경험 속에서는 그들 대부분이 여자였다. "어느 집 남편은 집안일을 하나도 돕지 않지만 그래도 따박따박 월급 받아오는 게 어디냐. 어느 집 남자는 주식해서 다 말아먹었다더라. 그래도 자식새끼 끔찍한지 공사판에 나갔다더라. 어느 집 애들은 꼴이 영 꾀죄죄하더라. 그 집 엄마는 직장도 안 나가면서 뭐 하는지 모르겠다. 어느 집 엄마는 저 직장 나간다고 주변 엄마들한테 민폐 끼치더라. 그 집 남편이 참 불쌍하다, 부인이 일한답시고 나다녀서 밥 한 끼도 못 얻어먹더라. 어느 집 엄마는 전업주부인데도 집이 왜 그 꼬라지냐" 이런 말을 하는 사람은 남자가 많은가 여자가 많은가.

이게 왜 그럴까. 여자가 하는 여성혐오는 어디에서 나오는 걸까. 난 이것이 '인정하기보다는 착각하기로 버티는 인간의 본성'에서 비롯된다고 생각한다. 인류 역사상 여자에게 가장 큰 영향을 미치는 사건은 보통 결혼이었다. 어떤 남자를 만나느냐에 따라 여자의 평생이 좌우되는 것이다. 그 외의 가능성과 다양함은 거의 존재하지 않았다. 그런데 모든 여자가 좋은 남자를 만나 행복한 결혼생활을 영위할 수는 없다. 결혼생활이 불행하더라도 대부분의 여자들에게 이혼하고 혼자 잘사는 것, 혹은 더 나은 남자를 만나는 것은 거의 불가능한 일이었다. 그러므로 어차피 내가 어쩔 수 없는 일이면, 최대한 합리화하고 받아들이는 게 최선이다. "그래도 우리 남편은 돈은 벌어와서 가족 먹여 살린다. 우리 남편은 바람은 펴도 첩 자식을 데리고 들어오진 않는다. 우리 남편은 주사가 좀 심하긴 하지만 그래도 애들 끔찍하게 생각한다. 우리 남편은 폭언은 하지만 그래도 밥투정은 덜하다." 그렇게 합리화한다. 그리고 실제로, 성실히 노동해서 돈을 벌어오고 그 돈으로 가족을 꾸준히 먹여 살리는 남편이 있는 여자들은 그럭저럭 운이 좋은 편인 셈이니 이 판에선 딱히 틀린 말도 아니게 되어버린다.

"나쁜 아빠 되기 힘들다"는 말은 그 시절의 흔적이다. 남성 혐오성 글이 아니라, 여성들이 얼마나 오랜 역사 동안 남성에 대한 기대를 낮추고, 최소한의 혜택만으로도 감사하며 살아왔어야 하는지에 대한 짠한 증거다. 때리지만 않아도 어디냐. 애들에게 조금이라도 자상하게 하는 게 어디냐. 나 혼자 저 세상 밖에 나가면 살아남을 수 없는데 그래도 나 거두고 우리 새끼 거두어줄 사람 있는 게 어디냐 뭐 그런. 그것은 또한 주위의 불행한 여자들을 위한 위로이기도 하다. "더 불행하게 얻어맞고 사는 사람 있으니 민서 엄마는 그래도 운이 좋은 거야. 우리 남편은 돈도 안 벌어오면서 바람도 피우는데 준서 아빠는 밥만 하루 세 번 챙겨주고 시어머니만 잘 모시면 뭐라 안 하잖아. 그러니까 그 정도면 행복한 거야. 참고 우리 얼른 저녁 밥 하러 가자."

최근 잇따르는 여성들의 비혼 선언을 '혼자만 부귀영화를 바라는 허영 많은 김치녀들의 이기심' 정도로 생각하는 사람들이 많다. 다시 한 번 말하지만, 많은 여자들은 남자들이 상상하지 못할 만큼의 시간을 결혼에 대해 생각하고 이야기하고 고민하면서 보낸다. 장담하건대 그들은 너무 오랜 시간동안 실패한 결혼을, 결혼 후 고생하는 주변 여자들을, 후회하는 친구들을 보고 듣고 그들과 함께 고민한 다음 결혼하지 않겠다는 결정을 내렸을 것이다. 남친을 사귀면서도 '이 남자가 화나면 나를 때릴까? 나를 두고 바람을 피울 것인지? 이 남자만 믿고 나는 내 경력을 단절시켜도 되는 걸까?' 수없이 고민하고 또 고민하고 조언을 구하고 자기 남친과 비슷한 남자와 결혼한 여자는 어떻게 사는지 선례를 살펴보기도 하는 게 보통이다.

물론 모든 결혼이 불행한 것은 아니다. 나 역시 머리털 나고 가장 잘한 게 지금 남편과의 결혼이라고 생각할 정도이고, 주위에도 행복한 부부들 많다. 그러나 그만큼이나 불행한 부부도 많다. 나야 어린 시절에 아무것도 모르고 결혼했다가 운 좋게 잘 풀린 경우지만, 만약 지금 내가 싱글이라면, 그리고 한국에서 결혼 상대를 찾아야 한다면 비혼 선언이 남 얘기처럼 들리진 않을 것이다. 지금까지도 여성의 인생에 있어 가장 큰 선택 중 하나는 결혼이고, 출산과 육아, 경력단절과 노후까지 놓고 볼 때 그 결혼이라는 선택은 러시안 룰렛에 가깝다. 이미 선택한 이들은 자기 선택을 합리화하며 아직 선택하지 않은 이들에게 기대를 낮추라고 말한다.

나쁜 아빠 되기가 힘들다는 말은 남성에 대한 혐오가 아니다. 결혼과 남자를 최대한 끌어안아야 했던 여성들의 생존 본능의 결과다. 여성들의 가슴 아픈 역사다.

27

한국에서라면
사실 자신 없어

작년 언제인가, 세 돌이 채 안 된 둘째 만두 양이 아팠다. 아침부
터 열이 39도를 넘는데 그럴 때는 어린이집에 보내봐야 다시 집에
돌려보내진다. 열이 펄펄 나는 만두양은 집에 있어야 한다.

하필 나는 2주에 한 번씩 있는 중요한 팀 미팅이 그날 아침에 예
정되어 있었다. 정말 빠지기 힘들다. 이따금 재택근무가 가능한 환
경이긴 하지만 그래도 그날 미팅은 꼭 직접 참석해야만 하는 성격의
것이었다.

아이들 통학을 봐주는 오페어(au-pair, 베이비시터와 비슷하다) 아가

씨가 있지만 그도 아침에 어학원에 가야 했다. 12시 반부터는 봐줄 수 있다고 했는데, 거기다 대고 오늘 학교에 가지 말고 아이만 봐달라고 부탁하는 건 내가 너무 몰아붙이는 셈이다.

남편도 있다. 내 직장보다는 재택근무가 쉽지 않은 회사인데다, 일을 시작한지 얼마 안 되어서 눈치가 좀 보일 만한 상황이었다.

결국은 남편이 1시까지 만두 양을 보고, 오후에는 오페어 아가씨가 봤다. 그런데 이런 게 일 년에 한두 번 일어나는 일인가 하면 그렇지가 않다. 자주 있는 일이다. 게다가 애는 둘. 고열만 아니라 다른 잡다한 일이 있을 때도 많다.

난 나름대로 한국에서 노력하는 여성상이라고 부를 만큼 열심히 살았다. 20대 초반 고졸 월급 50만원인 유부녀에서 출발해서 이렇게나 멀리 왔다. 나 스스로 정말 열심히 사는 편이라고 생각하긴 하는데, 그래도 여기까지 오기 위해서 절대적으로 필요했던 요소를 리스트로 적어보자면 꽤 길다.

– 여유로운 직장생활 덕분에 직장에 다니면서 공부하는 게 가능했다. 직장 다니면서 학사, 석사 다 끝냈다.
– 유부녀라고, 고졸이라고 차별당하지 않는 사회에서 취업과 이직이 가능했다. 그 누구도 내게 단 한 번도 아이 낳을 거냐, 애 보느라 직장 일 제대로 못하면 어떡할 거냐는 식의 말을 한 적이 없다.
– 아이 낳았을 때 유급 출산휴가를 6개월 받았다. 그때 석사 공

부를 몰아서 끝냈다.

- 친정어머니와 시어머니가 번갈아가며 거의 2년 동안 아이를 봐 주셨다.
- 집에서 걸어갈 수 있는 거리에, 좀 비싸지만 좋은 어린이집이 몇 개씩이나 있었다
- 아이들 등하교를 봐줄 수 있는 오페어 아가씨들을 비교적 저 렴한 비용으로 쉽게 구할 수 있었다.
- 남편이 절대적으로 가사를 나눠 한다. 육아, 요리 등등 나 혼 자 독박 쓰는 부분이 거의 없다.
- 빨래 외에 내가 따로 남편 뒷바라지 할 일이 없다.
- 아이가 아프면 재택근무가 가능하고, 회사에서 많이 이해해주 는 편이다.
- 아이가 아프면 남편 역시 재택근무를 어느 정도는 할 수 있다.
- 아이가 아파서 병원에 가면 의료비는 무료다. 게다가 다행히 아이들이 건강하게 태어났다.

이것들 중에 하나라도 빠졌다면 난 솔직히 제대로 해내지 못 했을 거다. 모든 것이 다 사회적 보장과 운 덕분이라고는 하지 않겠다. 말했지만 나 상당히 열심히 살아왔고, 지금도 빡세게 살고 있으니까. 정부에서 돈을 퍼주는 것도 아니다. 우리 부부는 매달 세금을 무지막지하게 토해낸다. 보육비 지원은 하나도 못 받고 두 아이 육아비용만 매달 300~400파운드가 들어간다. *그렇지만,*

9~10시 출근해서 5~6시 퇴근. 야근과 주말 근무 없음. 남편도 마찬가지. 아이들 등하교 책임져주는 사람 따로 있음. 아주 급하면 친정어머니 국제 호출 가능함. 아이들 아프면 봐줄 오페어 아가씨가 있고, 비상 베이비시터 구하기도 그리 어렵지는 않고, 내가 시간 내는 것도 가능하고, 신랑이 시간 낼 수도 있고, 정말 아프면 연차 내도 안 잘릴 자신 있고, 정말 정말 급하면 친정이나 시댁 식구에게 도움을 구하거나 간병인을 붙이는 게 가능하다. 병원비는 무료다. 아이 있다고 직장에서 손해 보는 거 없고, 눈치 안 보고, 진급에 영향이 없으며, 이직 역시 자녀 유무에 상관없이 가능하다. 영국이라고 지상 천국이라는 건 아니다. 나도 내 직종에서, 고소득자이며 복지가 괜찮은 직장이라 분위기가 좋다는 걸 안다. 저소득층으로 갈수록 직장은 힘들어지고 배려와 복지 따윈 사라진다. 그럼에도 불구하고 영국의 평균치는 한국보단 낫다.

정부에서 나오는 육아 보조비도 중요하겠지만, 나에게 '실질적인' 힘이 된 것은 다음과 같은 것들이다. 나에게 부담주지 않고 가사 분담하는 남편, 감정노동이나 시간적 물리적 희생을 요구하지 않는 시댁, 호의적인 직장 분위기, 여성에게도 호의적인 노동법, 믿을 만한 집 근처의 어린이집, 아이 봐줄 사람을 쉽게 구할 수 있는 환경. 이것들이 아이를 키우면서 직장에 다니고 살림을 하는 데 백배 천배 도움이 됐다.

내가 한국에 있었어도 이게 과연 가능한 일일까? 내가 아무리 똑똑하고 노력형 인간이라 해도, 나 혼자 이걸 이룰 수 있었을까? 이런 생활이 과연 개인의 노력으로 커버 가능한 것인가?

내가 남편 아침 밥 차려가면서, 애들을 멀리 있는 어린이집으로 등하교 시키면서, 애들 아프면 곧바로 호출 당하면서, 시댁 행사 챙겨가면서, 직장에서 애 엄마라는 차별을 받아가면서, 남자보다 적은 연봉 받아가면서, 백업 해줄 친정엄마나 쉽게 구할 수 있는 보모 시스템 없이, 지금과 같은 생활을 유지할 수 있었을까? 근성으로 무조건 열심히 하면, 온 우주의 기운을 모아서 바라면 그것까지도 해결되나?

내가 한국에 살았다면 어땠을까?

만약 내가 나의 건강이나 아이 건강 문제로 잠시 직장을 관뒀다면, 전업주부니까 넌 집에서 애나 보라는 분위기일 것이다. 자격증이라도 따서 재취업 하고 싶다면, 프리랜서 일이라도 하고 싶다면 어떨까. 집에 있으면서 애는 안 보고 어디다 애를 맡기려고 하냐는 소리를 들을 거다.

당장 내일이라도 남편 직장 때문에 한국으로 간다면, 난 한국에서 '열혈 직장맘'으로 살 수 있을까?

글쎄, 친정어머니가 완전히 같이 살면서 100퍼센트 보조해준다 하더라도 힘들 것 같다. 당신은 애가 둘 있으면서 억대 연봉을 받고 칼퇴근 하면서 자기 계발 시간도 확보할 수 있고, 그 남편 역시 비슷한 연봉을 받는 워킹맘을 몇 명 아는가? 나는 엄청 많이 안다. 내 주위에 널렸다. 나보다 훨씬 더 잘 나가면서 애들도 나보다 훨씬 더 잘 보는 엄마들도 많다. 이게 우연이라고 생각하는가? 런던 사는 여자들이 한국여자들보다 더 근성이 있어서 그렇다고 생각하는가?

결국, 열혈 직장맘과 전업주부맘은 한끝 차이다. 단 한 순간도 내가 돈을 번다고 해서, 직장에 다닌다고 해서, 직장과 집안일을 어느 정도 겸한다고 해서 내가 전업주부들보다 더 열심히 산다고 생각한 적이 없다. 이 상황을 다 내 노력만으로 얻었다고 자만할 수가 없기 때문이다. 내가 한국에 있었다면, 그 모든 사회적 분위기와 배려가 없었다면 내가 얼마나 노력하는지와 상관없이 이 모든 것이 불가능했을 거라는 걸 알기 때문이다.

정말 출산율이 문제라면, 아이 둔 엄마들의 하루를 정책입안자들이 단 한 번이라도 제대로 눈여겨봤으면 한다. '저출산 문제 해결을 위해 우리는 이런 노력을 했습니다' 하는 공치사용 정책 말고, 정말 애를 낳더라도 그럭저럭 잘 살 수 있겠다는 확신이 들게 해주기를 원한다.

그리고 여자보고 취집한다고, 애나 보고 집에서 논다고 욕하는 남자들. 다시 한 번 생각해보라. 아침에 출근 준비를 하는데 애가 열이 39도다. 당신은 어떻게 하는가? 애가 아프면 어린이집에서는 누구에게 전화를 하는가? 이런 상황을 오롯이 책임져야 했던 가장 최근이 언제였는가?

28

내게 여혐하는
우리 엄마아빠

일주일 간 출장을 다녀왔다. 그 일주일 동안 둘째가 아파서 오페어 아가씨가 며칠을 봐줘야 했고, 큰 애도 방학이라 집에 있었다. 난 토요일 저녁에야 겨우 집에 도착했다. 저녁은 남편이 했고 난 10시도 안 되어서 뻗어버렸다.

엄마가 메시지를 보내왔다:
'집도 엉망이고 정신 사납겠다. 남편도 화가 났겠구나.'

아니 왜 남편이 화를 내?! 안 치우고 있는 남편한테 내가 화를 내면 몰라도!

반대로 생각해보자. 남편이 미국에 일주일 간 출장을 다녀왔다. 돌아오니 애들은 손톱을 안 깎아 새카맣고 집안은 지저분하다. 그러면 부인이 화를 내는가? "야, 임마 왜 출장 같은 걸 가서 집안이 이 꼴이 되게 만들어? 애들은 왜 이래?"라고 하는 경우가 있나?

사실 결혼 초에도 부모님은 나에게 자주 채근했다. "남편 아침밥은 해 주니? 아침 좀 챙겨줘!" 아니 왜 내가 남편 아침밥을 챙기냐고.

나 혼자 외벌이를 해도 될 만큼 벌어도 이런 소리를 듣는다. 나는 그저 남편 아침밥 안 챙겨주는 나쁜 아내에, 애들 버리고 출장 가서 아픈 애도 못 돌보는 나쁜 엄마에, 돌아오면 집이 엉망인데도 죄책감 하나 안 느끼는 인면수심의 여자다.

시애틀에서 일하는 일주일 간 단 한 명도 '애들은 어쩌고 왔냐, 남편은 누가 밥 챙겨주냐'고 묻지 않았고 우리 집 살림 걱정하는 소리 하는 사람도 없었다. 그런데, 잘난 딸 아주 자랑스러워하시는 부모님께선 여전히 걱정이 한가득이다. 출장 간답시고 밖으로 나도는 딸 때문에 사위가 화 낼까봐. 우리 엄마는 우리 집에 와 계실 때도 늘 걱정을 하신다.

가끔 생각한다. 내가 아들이었다면 엄마는 뭐라고 메시지를 보냈을까? '애들은 잘 있다? 며느리가 애들 잘 간수했디? 집은 엉망이니? 걔가 좀 안 치우잖니.' 그러셨을까? 늘 저렇게 애들 잘 보고 밥 챙기는 남편 없다고 늘 사위를 칭찬하시는데, 내가 귀한 아들이래도 애들 잘 보고 밥 챙기는 여자 없다고 며느리 칭찬을 하셨을까?

엄마에게 이 지면을 빌어 말씀드린다. 남편 중년의 성인 남자고 요, 자기 자식 간수 못 할 정도로 엉망인 남자도 아닙니다. 밥도 잘 하고 애들 목욕도 잘 시키고 해요. 못 하는 게 비정상이에요. 그리고 엄마아빠 딸, 뭐든지 남편만큼은 해요.

29

가사노동은 더 벌고
덜 벌고의 문제일까

"돈을 덜 버는 여자가, 더 버는 남자보다 가사노동을 더 하는 것이 당연하지 않은가."라는 질문을 얼마 전에 받았다.

그럼 이렇게 남녀가 바뀐 시나리오를 짜보자. 매달 1천만~2천만 원을 벌어오는 전문의 이예리 씨와 번역가 강준혁 씨 부부.

준혁도 이해한다. 부인 예리는 능력 있고 바쁘다. 준혁은 1년에 한두 권 정도의 번역서를 내고, 예리 연봉의 10분의 1도 못 번다. 그러므로 웬만한 집안일은 다 하는 게 맞다고 생각은 하지만, 그래도 좀 심하다 싶을 때가 있다. 예리의 브라까지 다 손빨래 해줘야 하는데 어쩌다가 잊어버리면 바로 잔소리가 날아온다. "내가 힘들게 돈 벌어오는 동안 너는 맨날 집에 있으면서 그 정도도 못해?"(나도 집에서 일 하거든??) 식성 까다로운 예리의 입맛에 맞춰 저녁 차리는 것도 장난이 아니다. 그렇지만 예리는 일찍 출근해서 아침도 안 먹고 점심 도시락도 안 바라는데, 그까짓 하루 한 끼 밥 차리는 게 그렇게 어렵냐고 한다. 재택근무를 하다 보니 예리의 부모님도 툭하면 자기들이 운영하는 식당으로 준혁을 불러 일을 시킨다. 다행히 하루 종일 캐셔를 보라거나 하는 일은 없지만, 그건 어디까지나 예리와 준혁 부부의 아이 현이를 돌보는 것이 준혁의 몫이기 때문이다. 아이 등교 준비하고 학교 데려다 주고 오후에 데려오기. 언뜻 보면 오전에 시간이 엄청 많을 것 같지만 그렇지 않다. 집 청소해주는 도우미 분이 오시고 오후에 현이 과외 선생님들도 많이 오지만, 도우미 분과 과외 선생님들 관리하고 일 시키고 돈 지불하는 건 다 준혁의 일이다. 아무리 월요일에 도우미 아주머니가 오신다고 해도 예리의 생리대로 가득 찬 휴지통을 주말 내내 둘 순 없으니, 그걸 버리는 건 준혁이 한다. 예리가 어디 학회 출장이라도 가면 여행 가방을 싸줘야 하고, 옷 드라이클리닝을 맡기고 찾아오는 것도 꽤 귀찮은 일이다. 공과금 처리도 은근히 손이 가고 예리 친정 식구들 경조사 챙기는 것도 잦다. 이런 일들 때문에 일에 집중하기가 힘들다고 호소를 하면 예리는 한 마디로 답한다. "그럼 때려 치워. 얼마 번다고 그렇게 징징 짜고 그래?" 그래서 이젠 아무 말도 하지 않는다.

여자가 더 버는 집에서, 당신은 이들 같은 커플을 아는가? 그 반대는 어떤가? 여자가 덜 번다고 해서 육아와 가사를 혼자 떠맡고, 재택근무라면 시댁 도우미 대기조인 케이스. 아주 많다. 학교, 학원에서도 용건이 있으면 무조건 엄마한테 전화하고, 가사 도우미가 있다 해도 구하는 사람도, 관리하는 사람도 보통은 부인이다.

남자가 실직하거나 집에 있는 경우는 어떤가? "안 그래도 남자 자존심 다치는데 뭐라고 하지 마라, 빨래 널고 걷는 정도만 도와줘도 얼마나 훌륭한 남편이냐, 남편 기죽지 않게 밥은 잘 해서 먹여라." 등의 조언이 넘쳐난다. 그런데 맞벌이 하는 부인이 집에 와서 남편 오줌 튀어 냄새 나는 화장실을 청소하고, 애들 숙제 봐주고, 시댁 경조사 선물 챙기고, 장 봐와서 다음 날 해 먹을 음식 재료 다 듬는 건 아주 당연하다. 돈 조금 더 버는 남자는 집에 들어오면서 양말을 아무데나 벗어던지고, 부인이 밥 먹으라고 할 때까지 텔레비전 앞에 뻗어 있고, 주말이면 밀린 잠을 몰아 자느라고 아이를 봐주지도 않는다는 이야기는 너무나 흔하게 듣는 레퍼토리이다. 부인이 찾아주지 않으면 양말이 어디 있는지도 모르고 냉장고에 반찬이 종류별로 있어도 못 챙겨먹는다는 남자도 많다. 그래도 용서받는다. 힘들게 돈 버니까. 여자는 아무리 돈을 잘 벌어도 남편 기죽지 말라고 셔츠 다림질 해주고 아침밥 차려주는 사람만이 칭찬받는다. 단 한 번도 한국에서 잘 나간다는 남성의 인터뷰 중에 부인 옷을 손빨래 해주거나 드라이클리닝 맡겨준다는 자랑, 애들 학교 준비물 다 맡아서 챙겨주고 부엌 청소도 겁나게 잘한다는 류의 자랑, 혹은 그에 관련한 질문은 들은 적이 없다. 그 반대는 무척 많이 봤다. 잘나가는 여자지만 아이들과 남편 건사는 기깔나게 잘 한다는 그런 여자들에 대한 칭찬.

어차피 여자에게 떠넘길 거였으면서, 여자가 돈 덜 벌어서 그러는 것처럼, 곧 '네가 경제적 능력이 없으니 당연히 가사일 같은 건 네가 더 해야지'란 식으로 치사하게 합리화하지 말자.

그럼 누가 집안일을 더 하냐고? 글쎄다. 친구와 둘이 하우스메이트로 산다면 어떻게 나눠서 하겠는가? 기본적으로 상대와 나를 동등한 인간이라고 보고 최소한의 배려만 한다고 해도, 당신이 쓰레기통 죽어도 안 비우고, 친구가 밥 차려줄 때까지 널브러져 있는 일은 없을 거다. 당신은 어질러대고 친구는 혼자 부엌 정리하고 청소하다가 더 이상 못 참겠고 힘들다고 하는데 '그 따위로 유세하려면 일 관두고 풀타임으로 내 뒷바라지 하든가'라고 하지도 않을 거다. 친구의 일도 일이기 때문에. 부인 역시 동등한 인간이라고 생각하고 보면 너무 쉽게 답을 찾을 수 있는 문제 같은데.

30

아이를 낳는다는 것,
아쉬울 게 많아진다는 것

 남에게 기대야 하는 상황을 약점으로 보는 현대 사회에서는 누군가 심하게 안 좋은 행동을 하면 그와 인연을 끊어버리는 것으로 보복과 시정을 대신하기도 한다. 친구가 자꾸 당신을 호구 취급하는가? 인연 끊어. 남친이 바람 폈어? 헤어져. 부모가 진상? 연을 끊어. 그리고 그렇게 하지 못하는 상황을 비참해한다. 친구가 그렇게 진상인데 왜 못 끊어? 걔 말고 친구가 없어? 남친이 바람을 폈는데, 잠수를 탔는데 왜 그렇게 매달려? 네 자신에게 그렇게 자신이 없어? 부모가 널 그런 취급 하는데 왜 매달려? 애정 결핍이야?

이런 질문에 우리는 늘 '아냐! 안 아쉬워! 지가 아쉬우면 아쉬웠지 왜 내가 아쉬워!'라고 받아칠 수 있기를 바란다. 나도 그랬다. 그래서 사실 아이 낳기가 너무 무서웠다.

아이를 낳기 전까지는 그랬다. 남편과 사이가 안 좋아지면 그냥 짐 싸서 나가면 되니까. 누구에게 기댈 필요도 없고, 아쉬울 일도 없고, 그냥 그렇게 쉽게 끝낼 수 있으니까. 남편과 싸운 적도 없고 상당히 행복한 결혼생활이었음에도 불구하고, 어떤 객관적 지표로 봐도 내가 손해일 것 같은 예측 불가능한 미래로 들어간다는 게 미친 듯이 두려웠다. 아이를 낳으면 행복하다고 하지만, 너무 이쁘다고 하지만. 만약 안 이쁘면? 행복하지 않으면? 게다가 애는 끝까지 책임을 져야 하는 존재인데 만일 내가 실직하면? 남편과 헤어지면? 내가 좋은 엄마가 아니면? 아이가 없으면 백배로 단순하고 어느 정도 계산과 예측이 가능한 내 삶이, 아이가 생김으로써 통제력을 상실할까봐 무서웠다.

그런데 낳고 나서의 결론은?

딱 예측대로다! 진짜 내 인생에 대한 통제권을 상실했다! 이젠 직장이 더럽고 치사한 날이 와도 때려치기 전에 다시 한 번 생각해야 한다. 남편이 직장을 그만두고 다른 걸 하겠다고 하면 '그래! 관둬!' 같은 호쾌한 대답은 이제 못 해줄 거다. 사이 안 좋아져도 이혼하기 힘들 거고. 그보다도 매달 들어가는 내 시간, 내 돈, 내 체력, 내 정신 건강.

그럼 난 그만큼 더 행복한가?

모르겠다. 나는 내 몸만큼은 잘 챙기자는 주의여서, 뭐든 내가 힘들어지는 정도로는 절대 안 한다. 아이 낳자는 결정도 이민 오고 나서 상당히 안정된 뒤에 결정한 일이었고, 여러 가지 도움으로 육아를 다른 사람보다는 좀 더 수월하게 하고 있다. 아이들은 정말 예쁘다. "I never knew I could love someone so much(내가 누군가를 이렇게 사랑하게 될 줄은 절대 몰랐어)."라고 어떤 남자가 쓴 글을 봤는데 내가 딱 그렇다. 출산 첫날부터 모성애가 뽕 생긴 건 아니지만, 6년이 지난 지금 난 완전히 '엄마'가 되었다.

뭐가 변했는가?

나 같은 경우엔 훨씬 덜 교만해졌다. 전에는 인생의 상당 부분을 내가 통제할 수 있다고 생각했다. 열심히 노력하면 그만큼 대가를 받는 거고, 어디 가서 아쉬운 소리 안 하려면 내가 잘나가야 한다고 생각했다. 그런데 그럴 수 없는 인생의 시나리오도 정말 많더라. 선천적으로 아픈 아이가 태어나면 '부모가 뭘 잘못했겠지'라고 생각하는 사람들이 있는 게, 운명을 자신들이 어느 정도 통제할 수 있다고 믿고 싶어서 그런다는 걸 안다. '난 내 관리 잘 할 거니까 이상한 (…) 애가 태어나진 않을 거야' 뭐 그런 식의 교만. 하지만 아이를 낳아 키우다 보면 세상에 얼마나 아픈 아이들이 많은지, 얼마나 훌륭한 부모들이 애타면서 그 아이를 돌보는지가 눈에 들어온다. 그

앞에서 절대 "네가 잘못했으니까 애가 아프지."란 입찬 소리는 안 나온다.

사실 어린 애기들만큼 '개진상'에 나를 호구로 아는 '보스'도 없는데… 그걸 아는데도 그들을 계속 사랑해야 한다. 매분 매초 돌봐야 하고, 해줄 수 있는 모든 것을 다 해주어야 한다. 그리고 그렇게 계속 주고, 주고, 또 주다 보면, 내가 어쩔 수 없이 손해 보는 관계임에도 불구하고 이상하게 감사하게 되는 날이 온다. 내가 이토록 퍼붓는 사랑을 이 애가 나중에 기억하지 못할 걸 잘 알지만, 그래도 사랑을 줄 수 있다는 것만으로도 감사하는 날이 오더라는 것이다. 더이상 끊어버릴 수 있는 결정권도 사실상 나에게 없고, 그저 이 관계에 매달려 끌려가는 완벽한 '을'의 입장이 되었는데도 불구하고 아이가 예쁘다(솔직히 이게 딱히 좋은 일인지는 나도 잘 모르겠다…). 그리고 말했듯 내 인생의 모든 것을 통제하겠다는 마음이 얼마나 큰 교만인지 알게 되니 주위 사람들이 눈에 들어오기 시작했다. 둘째를 낳느라 입원했을 때 본, 스무 살에 넷째 아이를 낳던 그 산모. 나이 꽤나 지긋한 남편이 아들 셋을 올망졸망 데리고 들어오는데 행복해 보이는 것이다. 실제로는 어떤지 알 수는 없지만 말이다. 전 같으면 겉만 보고 이래저래 판단했겠으나 이젠 그냥 뭐 다 나름대로 최선을 다해서 사는 거려니, 그렇게 행복을 찾는 거겠지 하게 되더라.

아이 낳기를 권하냐고 묻는다면 내 대답은 '아니오'. 너무 힘들어서, 그리고 너무 변수가 많아서 함부로 조언하기가 힘들다. 아이를 안 낳았으면 난 후회했을까? "늙어서 애 없으면 후회해!" 이 말을 꼭 협박처럼 하던데, 낳고 나서 후회한 사람들도 엄청 많을 걸. 그래도 아이가 예쁘고, 어쩔 수 없으니까 그냥 살게 되는 거다. 사람은 누구나 그렇듯 소중한 것에 자기가 가진 걸 쏟기도 하지만, 반대로 자기가 시간과 정성을 투자한 것을 가치가 있다고 믿게 되기도 하니까. 나 자신을 그렇게나 많이 희생하게 한 아이가 귀중할 수밖에.

세상에 태어난 인간들의 단 하나 공통점이라면, 엄마아빠가 있다는 거다. 종족 번식을 한 인간들이 후손을 남기는 시스템이다 보니, 아이를 낳으면 예뻐하고 충성을 다해 키우도록 뇌 회로를 해킹하는 유전자는 분명히 있지 싶다. 그게 정말 아이를 키우는 데 도움이 된다. 이렇게 말하면 육아에 회의적으로 보일지 몰라도, 실제로 내 새끼를 안으면 눈앞이 하얘지도록 예쁘다. 자는 애들 앞에 두고 막 감동할 때도 많다. 내가 언제 누구를 이렇게 사랑할까 감탄하면서. 하지만 점점 소멸되어가는 내 공간과, 내 여유, 그리고 그와 함께 작아져가는 내 세계가 안타깝기도 하다.

나는 내게 상당히 중요했던 '자유'를 포기했다. 생각했던 것처럼 끔찍하지는 않다. 그러나 남들보고도 똑같이 하라고 권하기는 쉽지 않다.

31

내가 워킹맘이 된
이유

난 남자들이 그렇게 좋아한다는 열혈 워킹맘이다. 첫째 낳고 유급 육아휴직을 받았으나 3주 만에 석사 수업 들으러 매일 3시간 길에 버려가며 대학원 다녔고, 둘째 낳을 무렵엔 양수 터질 때까지 무리해서 일하다가 며칠 입원도 하고(양수 없는 채로 항생제 먹어가면서 말이다. 이게 가능하다는 걸 난 몰랐다! 양수 터진다고 꼭 애 나오는 거 아님), 퇴원해서 집 이사도 하고, 이사 끝나고 한 시간 후에 결국 응급 제왕절개 하고, 그러고 나서 2주 만에 다시 출근했다. 돈도 잘 벌고 일도 잘한다.

정말 솔직히 말하자면 출근하는 게, 공부하러 나가는 게 애 보는 것보다 훨씬 쉬워서 그랬다. 수술하고 입원해 있으니 한 여름 젖몸살에 잠은 안 오고 애는 울고, 미치고 환장하겠더라. 겨우 집에 와도 잠은 제대로 못 자고 아이 보는 건 장난이 아니고 무엇보다도 일상생활이 완전히 통제 불가능 상태가 되는 것이 정말이지 참기 힘들었다. 친정어머니가 몇 달 와주셔서 그나마 편하게 지냈는데, 세상에 제일 편한 건 에어컨 바람 나오는 직장 나가서 내 편한 의자에 앉아 누구의 방해도 없이 업무 보는 거였다. 2시간마다 유축만 하면 되고, 화장실도 내 맘대로, 정말 피곤하면 구석 사무실에서 살짝 눈 붙여도 되고(물론 내 직장이 편의를 많이 봐주는 좋은 곳이라서 그렇기도 하다).

어느 날 아이 학교가 무슨 이유엔가 갑자기 아이들을 하교시킨 적이 있었다. 재택근무 하던 중 집에 온 아이 손을 잡고 가게에 나갔다. 음료수도 하나 뽑아 먹었다. 일하다 나왔으니 머리는 엉망이고 옷은 추리닝 바람. 지나가는 사람이 보면 남편 만나서 팔자 좋게 대낮부터 커피나 빨고 있다고 할 법한 모습, 애 낳고 자기 관리도 못 한다 욕할 그런 모습이더라.

집에서 살림하고 아이 돌보는 것은 정말 힘든 일인데도 노동으로 인정을 못 받는다. 나도 퇴근하면 그냥 멍 때리고 싶은데 집안일이 상당히 많다. 애들이 좀 커서 그나마 쉬워졌지만 그래도 살림거리는 많다. 지금은 아이들 등교를 책임지고 가사일도 조금 도와주는 입주 오페어 분도 있고 해서 나름 '팔자 좋은 여자'인데도 내 그릇이 모자라서 그런가 난 많이 힘들다. 혼자서 집에서 애 둘 보는 여자분들은 도대체 어떻게 하나 싶다. 하지만 사회는 그런 여자분들보다 어쨌든 밖에서 월급 받는 나 같은 여자에게 더 열심히 산다고 추어준다. 내가 점심시간에 밥 먹으러 나가는 건 '당당한 직장 여성의 점심시간'이지만 전업주부의 모습으로 오전에 카페에 있으면 '팔자 늘어진, 남편 등골 빼먹는 여자'라고 하더라.

그리고 그 잣대는, '돈을 얼마나 버냐'이다.

32

살림과 육아에 열정페이를 요구하지 마라

 "애 보는 건 무조건 부모가 해야 하는 일이다."

"애랑 놀아주기 싫어서 어린이집 보내냐?"

"어린이집은 그저 거들 뿐."

이라고 말하는 사람들에게.

(이런 말은 정말 싫어하지만.) 이건 진짜 애 키워봐야 절실히 알게 되는 건데 내 새끼 예쁘고 귀엽긴 하지만 하루 종일 놀아주는 건 너무도 고된 노동이다.

이걸 먼저 인정하는 게 무척 중요하다.

내 새끼지만 하루 종일 건사하는 것이 기쁨만은 아니라는 것.

내 가족이고 내 새끼들 돌보는 일이지만 그래도 일은 일이라는 것.

이걸 인정하지 않으면 열정페이 꼴이 난다. '네가 좋아하는 일인데, 돈이 그렇게 중요해? 좋아하는 일이라면서, 밤샘 몇 번 했다고 벌써 포기야? 네가 좋아하는 일 할 수 있도록 기회를 주겠다는데, 칼퇴근이 중요해?' 이런 질문이 날아오게 된다.

열정페이 논리. 이거 살림과 육아를 하는 여자들, 살림과 육아를 하면서 직장에 다니는 여자들, 또한 직장 다니는 남자들에게 엄청 써먹는 수법이다. '네 새끼 먹이는 일인데 그게 그렇게 귀찮고 싫어? 그러려면 애는 왜 낳았냐?' 뭐 이런 질문들이다. 남자들에게는 '사내 새끼가 자기 가족 먹여 살리는 게 당연하지, 그걸 그렇게 생색내야 겠어?'로 발현된다.

애 엄마로서 애 보는 것이 늘 즐겁지 않다는 걸 인정하지 않는 사람들이 있는데, 직장일이 늘 즐겁지만 않다는 데엔 그래도 사회적인 동의가 있다. 물론 자기 업무가 무척 즐거운 사람도 있겠지만, 1년 365일 일이 즐거운 사람은 없다. 멘탈의 힘으로 이겨내는 것도 어느 정도까지는 가능하다. '백수가 아닌 게 어디냐, 월세 생각하고 닥치고 다녀라' 등. 경제적 보상 그리고 복지가 따라줘야 힘든 업무를 이겨낼 수 있다.

그러나 육아와 가사노동에는 금전적 보상이 없다. '네 식구고 네 새끼니까 닥치고 네 할 일 알아서 해라'라는 인식이 있는 한, 육아와 가사노동은 정당한 노동으로 인정받을 수 없다. 물론 이런 프레임 워크에서 용케도 잘 버티는 사람들도 있다. 특히 한국사람들이 참 잘 버틴다. 그리고 이런 사람들은 다른 사람들에게도 쉽게 이 '버티기'를 적용 내지 요구한다. 나 역시 그런 부분이 있다. 직장에서 내 적성에 맞는 일까지 요구하는 건 호강이라 생각했기 때문에 내 적성에 맞는 일을 내놔라 요구한 적 없고, 신입들이 그런 걸 요구하면 "아이고 참 가지가지한다."라며 비웃기도 했다. 회사 입장에선 나 같은 직원이 더 부려먹기 쉽다. 그리고 나 같은 사람들이 대부분이면 회사에, 사회에 변화는 오지 않는다.

직장일? 즐거울 수 있다. 매일 매일이 정말 기쁘고 보람찰 수 있다. 그렇지만 여러 이유 탓에 '거지같은' 직장을 꾹 참고 다니는 사람들도 많다. 그들에게 "네가 사랑하는 일을 하면 되잖아?"라는 질문은 의미가 없다. 마찬가지로 어떤 이들은 내 새끼 돌보는 것이 세상에서 제일 즐겁고 기쁘고 전혀 노동으로 느껴지지 않을 수 있다. 그렇지만 안 그런 사람도 있다. 내가 즐겁다고 해서 다른 사람에게 그게 일이 아닌 건 아니다. 그리고 내가 즐겁다고 해서 그게 꼭 옳은 것도 아니다.

감정은 호르몬과 화학작용으로 생겨난다. 이건 약을 먹지 않는 이상 개인이 어떻게 바꿀 수 없는 문제다. 무언가를 봤을 때 화가 난다면 화가 난 거다. 우리가 할 수 있는 부분은 이 감정을 어떻게 처리하는가이다. 한국적(혹은 열정페이) 방식은, "그렇게 느끼는 네가 잘못 됐다!"고 반응하는 것인데, 그렇다고 해서 사람 뇌 속의 호르몬과 화학작용 시스템이 바뀌냐 하면 그건 아니다. 가끔 긍정적인 사고방식으로 극복하는 경우도 있긴 하지만, 언 발에 오줌 누는 식에 가깝다. 힘들다고 느끼는 것 자체가 잘못 되었으니 느끼지 말라고 하는 건, 실제 병이 있는 사람에게는 절대로 하지 않을 조언이다. '눈이 나쁘다고? 실눈 뜨고 보거나 가까이 가면 보이잖아? 이런 꾀병 같으니라고.' '허리 디스크라고? 정신력으로 이겨내면 되잖아!'라고 하진 않는다. 그러나 이런 말은 쉽게 한다. "일 하는 게 힘들다고? 버텨! 그냥 버텨!"

물론 다른 선택이 없다면 견딜 수밖에 없다는 건 안다. 힘들더라도 극기로 이겨낸다면, 다 좋다만 그걸 남에게 강요하는 건 옳지 않다. 이것이 육아와 가사일을 '노동'으로 인정해야 하는 중요한 이유다.

사람의 호의과 양심에만 기대는 방식은 효율적인 일 처리 방식이 아니다. 길게 보고 계획하고, 정확하게 무슨 일을 해야 하는지 적시하고 일을 적절히 일원에게 분배하고 했는지 안 했는지 체크하는 방식이, 처음에만 일이 많아서 그렇지 몇 배 더 효율적이다. 그게 아니라면 '알아서 세금 내라'라든지 '일 하고 싶은 만큼 일해라'라는 말도 통용되겠지.

구성원의 호의와 양심이 넘쳐나고, 페널티가 직접적이고 크다면 실제로 알아서 한다. IT 회사 중에 휴가를 무제한으로 주는 회사가 많은 것이 좋은 예다.

근데 페널티랄 게 없는 결혼생활 안에서는 얘기가 달라진다. 하는 사람은 계속 하고 안 하는 사람은 계속 안 한다. 안 하는 사람은 자기가 얼마나 해야 하는지도 모른다. 어느 정도 시스템이 정립되어 있다면 그 안에서 서로 호의도 보이고 배려도 해줄 수 있지만, 한쪽이 완전 배 째라 식으로 나와버리면 독박 쓰는 쪽에서는 분할 수밖에 없다.

무조건 남자만 밖에서 돈을 벌어오는 구조라고 해보자. 그리고 이걸 '남자니까 당연히!'라고 받아들인다면 여자 쪽에서는 남자가 어떻게 힘들게 돈을 벌고 있는지, 앞으로 20~30년 동안 어떻게 먹고 살지 고민하는 게 얼마나 큰 스트레스인지 모를 가능성이 높다. 이 때 아무리 배려와 호의를 보여도(살림의 규모를 줄인다든지) 근본적으로 의무를 나누지 않는 이상(맞벌이) 실질적으로 남자의 짐을 덜 수가 없다. 그리고 이걸 '돕는다'고 말하는 것은 짐을 더는 게 아니라 '내가 너에게 호의를 보여주겠다'에 불과하다.

같은 논리로 여자가 육아와 살림을 다 한다고 할 때 남자가 '도와준다'는 것은, 일이 얼마나 많은지는 모르고 뭘 해야 하는지는 모르지만(살림의 기획 자체에 대한 의식이 없음) '난 내가 하고 싶은 방식으로 호의를 보이는 거니까 너는 고마워해라'에 머문다. 그래서 가사일을

'도와준다'는 말은 애초부터 틀려먹었다.

　일을 어떻게 해결해야 하는지를 생각하고 계획하고 실행하는 것을 그 일에 대한 주인의식이 있다고 말한다. 옆의 사람이 하는 거 대충 보고, 일도 제대로 파악 못하면서, 자기 기준의 호의로 "내가 도와줄게, 넌 고마워해." 하면서 생색내는 것은 주인의식이 없는 짓이다. 밖에 나가서 돈을 벌어오든지, 집에서 아이를 보든지, 어떤 일이든 주인의식이 있는 사람이 하나는 있어야 뭐가 되어도 된다. 호의를 보이고 도와주는 게 그러지 않는 것보다 낫긴 하지만, 최고의 도움은 일을 실제적으로 나누는 것이다.

33

환경이
태도를 만든다

 지난 20년 가까이 남아공과 영국에서 수백 수천 명의 남자들과
함께 일해왔지만 나쁜 경험은 정말 드물었다. 팀마다 좋은 동료들이
많고 부딪힐 일이 거의 없어 내가 참 복이 많다고 늘 생각했었다.

　그렇다고 이 사람들이 다 진보적 페미니스트냐 하면 절대로 아
니다. 내 남편조차도 "너 페미니스트야?" 하면 "아하하 그, 글쎄요."
하고 자리를 피할 사람이니까. 오늘 같이 점심 먹은, 정말 기술력 뛰
어나고 똑똑하고 성격 순하고 착한 엔지니어는 "죄지은 놈들을 왜
감옥에 두고 돈을 버리냐, 그냥 죽이는 게 낫지 않냐"고(!) 말하고,
"여자는 집에서 아이를 보는 게 아무래도 나은 거 같다."고 말하는
동료들도 있다. 동유럽이나 러시아 친구들도 많은데, 영미권에서 자

랐다면 본인들이 쉽게 걸렀을 만한 여혐 발언도 자주 한다. 꼭 악의를 가지고 여자를 까려는 게 아니라, 그냥 자기가 자란 환경의 부산물로 튀어나오는 여혐이다. 뭐 푸틴 지지자도 있고 트럼프 지지자도 있고 그 외 정치적으로 상당히 쇼킹한 입장을 보이는 친구들도 있는데 하나같이 착하고 순하고 똑똑하다.

그런데도 직장에서 그들과 왜 싸우지 않느냐고 묻는다면 혹시라도 누가 나에게 성추행을 한다면 다 증인으로 발벗고 나서줄 만한 사람들이기 때문이다. 나는 직장 동료를 잠재적 가해자로 볼 일이 단 한 번도 없었다. 여자라고 무시하는 일도 없고, 나름대로 최대한 배려를 해주고 있다. 물론 머릿속으로는 무슨 생각을 하는지 알 수 없지만, 일하면서 서로 존중하니 싸울 이유가 없다. 가장 커다란 이유는 제대로 정립된 시스템이다. 이미 사내 시스템이 잘 잡혀 있으니 내가 아파서 하루 쉰다 해도 남자 동료들이 나를 욕할 필요가 없고, 출산휴가를 가도 이들이 내 일까지 뒤집어쓰지 않아도 된다. 커피는 셀프 서비스고 사무실 치우는 사람이 따로 있으니 괜히 누군가를 희생양 만들어서 커피 타게 하고 청소시킬 필요가 없다. 유사시 매뉴얼이 확실한 덕에 성추행하는 상사도 없으니 당한 여자 동료를 편들어야 하나 상사 앞에서 입을 닫아야 하나 고민할 필요도 없을 것이다. 당직도 없고 위험한 환경도 아니고 몸이 힘들 일도 없으니 여자만 빼줘야 할 일도 없다.

만약 내가 출산휴가를 가서 이 사람들이 일을 몇 배로 더 해야 하는 시스템이라면 어땠을까. 밤샘 근무를 해야 하는데 여자들만 제외해줬다면 어떨까. 이때도 내 동료들은 과연 그저 신사적인 매너만으로 여자들의 일까지 다 뒤집어쓸 수 있을까. 난 아니라고 본다.

지금 내가 몸담은 시스템과 노동환경에서는, 개인이 자란 환경이 좀 여성혐오적이라 하더라도 그걸 굳이 드러내지 않으며 서로 존중하고 피해 끼치지 않고 일을 하는 게 가능하다. 그래서 진짜 속으로는 무슨 생각을 하는지 알 필요도 없다. 그렇지만 사람을 극한까지 몰아가는 열악하고 경쟁적인 환경이라면 어떨까? 안 그래도 힘든데 내가 더 희생해야 한다고 느끼면 직원들 사이에 쉽게 긴장이 고조되고 여성혐오적 태도가 더 쉽게 튀어나오지 않을까.

극렬하게 여혐을 하는 남자들은 분명히 있다. 들이쉬는 공기도, 밟는 땅도, 먹는 밥도 여혐으로 가득 찬 나라에서 태어난 이들이 여혐에서 완전히 자유롭기는 정말 힘들다. 그리고 당장 듣고 배운 게 "이게 다 김치녀들 때문이다" 식이라면 조금이라도 힘들어질 때 문제를 바라보는 방식이 그렇게 흘러가기도 쉬울 것이다.

동료들의 업무부담만 늘어나는 형식의 출산휴가를 시행하는 시스템이 가장 큰 문제임에도 불구하고, 지금 당장 현실적으로 나에게 업무부담을 더 지운 바로 그 여자 동료를 미워하게 된다. 정부와 권력자는 멀리 있고, '나보다 더 이득 보는 것 같은, 그리고 아무래도 돈이 없어서 나를 거절하는 것 같은' 여자는 바로 옆에 있다. 평생 보고 들은 게 여성비하 욕이고 만만한 게 여자며 그렇게 화 풀어도 주위에서 뭐라 안 하니 지하철에서 젊은 여자에게 소리 빽 지르고 침

뱉고 카톡방에서 돌려가며 씹는다.

한국의 시스템이 멀쩡할 수도 있었던 남자들마저 극렬 여혐러로 물들이는 것 같다고 가끔 생각한다. 꼭 서열화해야 직성이 풀리고, 누군가가 막내 혹은 약자로 싫은 일을 도맡아 해야 하고, 윗사람이 지랄해도 무조건 받아들여야 하고. 그러면서 혹시라도 다른 이가 좀 더 불공평하게 특혜를 받지 않나 눈을 부라리는 곳이 한국 사회다. 집안에서도 어린 여자에게 집안일을 시킴으로써 내 위치를 확인하고, 윗사람에게 당한 분노를 만만한 아랫사람에게 풀고. 여혐을 노골적으로 드러내게 만드는 사회 구조와 분위기, 너무 큰 문제다.

34

선진국의
출산휴가

 "한국이 비교적 괜찮은 출산휴가 제도를 갖췄음에도 그것이 잘 사용되지 못하고 있는 현실적인 이유를 알아보고 있습니다. 구체적으로 어떤 시스템이 출산휴가 제도를 원활하게 작동하게 하는 걸까요?"라는 질문을 받은 적이 있다.

내가 아는 시스템이 영국의 시스템이니, 영국 혹은 유럽 중심으로 얘기하자면 출산휴가 제도는 사실 유럽의 휴가 문화와도 엮여 있다. 모두 보통 휴가를 2주씩, 그보다 더 길게도 내서 훌쩍 떠나고, 그런다고 보스나 회사에서 난리를 치는 법은 없다. 이게 가능한 이유 몇 가지가 있다.

사회 전체가 '누군가가 자리를 오래 비울 수 있다'는 전제를 받아들인다. 그러므로 누가 휴가 중이라서, 혹은 병가라서 빠지면 그냥 자연스레 일정이 늦춰진다. 그게 불가능한 직군(교사, 의료진 등)에서는 백업을 늘 두고 항시 대비하는 운영을 한다. 이건 분산처리 시스템과 비슷한데(직업병입니다, 죄송) '컴퓨터가 고장 나지 않게 평소에 관리를 잘한다'가 아니라, '천 대를 돌리다 보면 하루에도 몇 대가 고장 날 것이 분명하므로 그걸 감안하고 시스템을 디자인한다'에 가깝다. 그래서 출산휴가가 그리 특별하진 않다. 우울증 등으로도 몇 달씩 병가를 내기도 하니까.

그렇게 누군가 빠져 일정 관리가 어려워 나머지 직원들이 더 일해야 하는 경우는 – 최소한 내가 다닌 직장에서는 – 정확한 보상이 따른다. 주말에 일했으면 '추가로 일한 시간×1.5'의 시간이 대신 휴가로 주어진다. 주말 하루 일했다면 1.5일을 휴가로 받는 셈이다. 아니면 수당이 빡세게 나온다. 그러므로 주말에 일을 시키면 고용주가 손해다. 스타트업이나 개발직에서는 수당 없이 자주 밤늦게, 주말에도 일하는 경우가 있긴 한데, 사회적으로 매우 안 좋게 본다. 게임 업계 빼고는 고질적으로 그렇게 일하는 곳은 없다고 보면 된다.

기업의 사회적 이미지가 매우 중요한 이슈다. 임신한 여자를 해고했다는 건, 여직원 성추행 사건만큼이나 회사의 이미지에 금이 가는 일이다. 물론 작은 회사에서는 신경을 덜 쓸지 모르지만 대기업은 정말 신경을 많이 쓴다. 육아휴직 후에 돌아왔는데 좌천이 됐다든지, 아니면 직함이 바뀌었든지 하는 것도 마찬가지다. '구글에서 임신한 여직원을 잘랐다더라' 이런 소리 쉽게 못 보는 이유가 여기에 있다.

또한 동료가 출산이나 병가로 몇 달씩 빠져서 일하기가 힘들어지는 건, 매니저 급이나 사측의 문제지 실무직원들의 문제가 아니다. 직원들도 그렇게 받아들이고 오너들 역시 마찬가지다. 그러니까 동료가 빠졌다고 해서 일이 다 끝날 때까지 밤새서 일하고 하는 일은 아주 드물다. 충원하기 힘든 분야의 경우, 이럴 때 일을 끝내느라고 좀 더 오래 근무하는 건 어디까지나 그 직원이 오너와 매니저의 편의를 봐주는 거지, 당연히 해야 하는 '도리'로는 절대 보지 않는다.

정리하자면

1) 다들 '어쩔 수 없이 받아들여야 하는 비용'으로 생각하니까 신청하는 사람도 편하고 매니저들도 당연하게 인정해준다.

2) 회사에서 그 사람의 빈자리를 동료들에게 채우라고 부담 지우지 않는다. 일을 대신해야 한다면 돈이나 휴가로 반드시 보상한다. 이를 고용인도 당연하게 바라고, 고용주도 각오하고 있다. 그러니까 옆 동료가 출산휴가 간다면 "축하해"라고 하지 "어라? 내가 뒤집어쓰네" 하지 않는다.

3) 출산휴가 제공 등의 의무를 피하는 행동을 사회적으로 아주 치사하게 본다. '회사도 먹고 살아야지 여자들 때문에 못 살겠네'라는 식으로 변명하면 바로 신문에 대서특필 감이다. 특히나 이미지에 예민한 대기업들은 아주 조심한다.

4) 출산휴가를 가지 않는 여자를 영웅시하거나, 회사에서 더 잘

봐주고 그러진 않는다. 내가 출산 2주 만에 복귀했다고 하면 다 충격과 공포라고 반응하지, "와 대단한 워킹맘이다" "여자지만 회사에 충성심 있다"는 식의 반응은 전혀 없다(다만 미국의 분위기는 유럽과 좀 다르다).

결국은 출산휴가와 비용에 대한 사회적 동의, 출산 여성을 차별하는 이들이 받는 사회적 비난, 출산휴가를 당연히 쓸 거라고 생각하는 고용인과 고용주, 이로 인해 주위 사람들이 피해 보지 않도록 스케줄을 조정하거나 금전적, 시간적으로 보상하는 제도, 출산 여성을 민폐녀로 취급하지 않는 사회적 분위기가 모두 갖추어져야 한다. 물론 복지가 괜찮은 직장의 얘기고, 열악한 곳도 많다. 어떻게든 차별하고 돈 아끼려는 꼼수 쓰는 사람들 역시 어디에든 존재한다. 그저 그것을 보는 사회의 시선이 한국과 다르다 보니 대놓고 나쁜 짓을 못할 뿐이다. 사회적 분위기가 얼마나 중요한지 알 수 있는 부분이다.

35

나의
결혼 이야기

 난 스물둘에 프로포즈를 받아 스물셋에 결혼했다. 고등학교 동
창 중 '결혼을 제일 늦게 할 것 같은 사람?' 하면 나였는데 왜 그렇
게 일찍 결혼했냐면, 부모님께 혼날까봐 그랬다. 난 사회 체제를 상
당히 삐딱하게 보던 반항아였으므로 결혼 제도 따위는 우습게 알았
다. 지금의 남편을 만나서 사귀게 되었는데 남편의 방에서 시간을
많이 보내게 되었는데, 좀 비좁다 싶어 그냥 아파트를 하나 얻어서
나가자고 결정하고 옮긴 지 2달 만에 부모님이 새 집을 보러 오겠다
고 하시는 거다. 내가 아무리 그때 개쌍마이웨이 3~4년 차였고 직
장 다니면서 돈도 벌고 있었지만 부산 출신 부모님 성격을 모른 척
할 수는 없었고, 동거 상태인 걸 발각당하면 '최소 삭발'이겠다 싶었

다. 그래서 결혼한다고 선수를 쳤다. 덕분에 동거 문제는 그냥저냥 넘어갔다. 부모님은 결혼을 반대하셨지만 난 그냥 구청 가서 혼인신고 하겠다고 했고, 엄마는 의외로 그렇게 결혼할 거면 결혼식을 하라고 했다(원래 더 큰 일을 벌려 놓으면 작은 일은 혼나지 않는 법이다. 결혼하겠다는데 동거 가지고 혼내겠소?). 난 결혼식 같은 거 관심 없으니 엄마가 꼭 하고 싶으면 하시라고, 난 참견 안 할 테니 마음대로 하시고 난 참석만 하겠다고 통보했다. 그렇다. 난 간이 큰 딸이었다.

그렇게 결혼해서 지금 14년 차인데, 한 번도 안 싸우고 잘 살고 있다. 어느 날엔가 허핑턴포스트에서 결혼과 이혼에 대한 글을 보고 남편에게 물은 적이 있다. "당신에겐 결혼이 뭐야?" 남편은 잠시 내 눈치를 살피더니(…) 대답했다. "Legal arrangement? (법적인 계약?)" 내가 "그치?"라고 대답했더니, 남편은 그제야 안도의 숨을 내쉬면서 "너답지 않은 질문이라 혹시 함정 질문인가 잠깐 긴장했네." 라고 했다.

결혼할 때도 그렇고 애 둘 낳고 사는 지금도 그렇고, 나에게 결혼은 두 사람이 함께 사는 방법의 수많은 버전 중에 하나일 뿐이다. 법적인 계약이기도 하다. 쉽게 떠나지 못하게 묶는 의도도 있을 거고, 헤어질 경우에 어떻게 처리할 것인지 확실히 해두는 의미도 있다. 여기에 사랑이나 헌신 뭐 그런 건 갖다 붙이는 사람들의 선택이지, 결혼 자체에는 그 어떤 의미도 없다. 있다면 우리가 부여하는 의미만큼이겠지. 남편을 사랑하냐고 묻는다면 내 답은 '당연히'. 그게 결혼 때문이냐고 하면 '아니 그건 아니고'. 결혼이라는 제도를 선택한 것이 좋았냐 묻는다면, 나에게는 그렇다고 하겠다. 하지만 아이들이 없었다면 또 다를 것 같기도 하다. 스물셋의 나에게도, 서른여덟의 나에게도, 결혼은 사랑의 증표나 헌신의 약속이라기보다는 나와 잘 맞는 사람과 안정적으로 삶을 계획할 수 있도록 어느 정도의 법적 구속력을 가지는, 함께할 수 있는 방법이었다. 주변 사람들이 안 귀찮게 하고 질문을 던지지 않는 가장 좋은 방법이라고나 할까.

결혼에 의미가 있어서 결혼을 하는 게 아니라, 삶을 같이할 수 있는 사람들끼리 서로를 묶어놓을 수 있는 방법을 강구하다 보니 보편적으로 생긴 제도가 결혼제도다. 같이 있고 싶다는 마음이 먼저고, 제도는 다음이다. 그 제도가 보편화되고 그 제도로 인한 삶의 패턴이 인류에게 익숙해지면서부터는 앞뒤가 바뀌기도 한다. 나를 많이 사랑하면 결혼하고 싶어할 테니, 남자가 결혼을 신청하면 자신에 대한 사랑의 증표로 받아들이는 사람도 있다. 아니죠. 제도만 따른다고 해서 모든 결혼이 사랑인 것은 아니고, 또 사랑해서 결혼했더라도 사랑이 먼저 끝날 수도 있는 건데.

진정한 페미니즘 어쩌고 하는 것도 앞뒤가 잘못되었다고 앞서 말한 바 있다. 개개인이 가부장제도에 저항하면서 싸우고, 그러면서 동지를 찾고, 그러면서 학문적인 연구와 토론도 이루어지고, 그러면서 페미니즘이라는 이름이 주어진 거지 페미니즘이 먼저 생기고 그다음에 여자들이 깨달음을 얻고 싸운 건 아닐 것이다. 개개인의 투쟁과, 그것이 거시화되는 사회적 현상과, 그에 대한 분석 및 학문적인 연구가 동시에 일어날 때도 있고 아닐 때도 있다. 보통은 현상이 먼저 있고, 그에 대한 이름 붙이기가 다음이다. 사랑하는 두 사람이 같이 있고 싶다는 욕구가 먼저 있고, 그것을 제도화하는 것이 그 다음이듯. 이것저것 다 읽고 공부해서 아 이게 잘못됐구나 느껴서 데모하는 사람도 있고, 아 여자로 사는 거 진짜 거지같다 싶어서 투쟁에 나서는 사람도 있고. 이름은 상관없다. 이름표야 어찌 됐든 불공평함을 느끼고 그것을 없애고자 싸우겠다는 의지가 먼저다.

다시 결혼 얘기로 돌아가서. 한 이혼한 여자가 있다. 그 사람은 사랑하는 어떤 남자를 만나서, 그 남자와 같이 있을 수 있는 여러 방법 중에 결혼을 선택했을 것이다. 결혼생활은 좋을 때도 있었겠고 나쁠 때도 있었겠지. 어느 정도 시간이 흐르고, 관계의 성질이 변하자 그 상황에서 선택할 수 있는 여러 가지 방법 중에 이혼을 선택했을 거다. 다른 누군가는 비슷한 상황에서 비록 사랑하는 관계는 아니지만 그래도 법적 구속력은 지속하는 방법으로 결혼을 유지했을 수도 있겠다. 어떤 옵션을 택하든지 그건 그 사람의 선택이다. 사랑하는 방법도 수백 가지이고, 끝내는 방법도 수백 가지이다. 이건 상대가 누구냐에 따라서, 혹은 상황이 어떠냐에 따라서도 달라질 수 있다. 그리고 어떤 상황이든 그 중심에는 사람이 있다. 제도가 아닌 사람. 또 다른 인연을 만날 수도 있을 거다. 그리고 그 사람과 사랑에 빠지면 그와 함께할 수 있는 삶의 방법 여러 가지 중 하나를 택하겠지. *어찌 됐든 none of your business.*

사람이, 그 사람이 느끼는 감정이, 그 사람이 겪는 상황이 먼저고 라벨 붙이기는 그 다음이다. 그리고 그가 먼저 얘기하지 않는 이상 그 사람을, 그 사람의 감정을, 그 사람의 사정과 환경을 모르면서 라벨부터 들고 패는 짓은 하지 말자. 왜 결혼 안 하냐, 왜 이혼했냐, 다시 결혼 할 거냐 등등. 진정한 결혼은 이런 거고, 의미는 저런 거고, 이런 고나리질도 노노. 어련히 알아서 하겠소.

36

우리 퇴보하지는
말자

미셸 오바마가 "나는 매일 아침 노예들이 지은 백악관에서 잠을 깬다."고 하자 미국 극우파는 "노예들만이 지은 거 아니고 다른 노동자들도 있었거든?! 그리고 그때 그 노예들 돈도 받았거든?!"이라고 답했다. 할 말 없다. 그래. 돈도 주고 밥도 주고 했을 텐데 뭐 그런 거 가지고. 그래서 포인트가 뭔데?

미셸의 포인트는 이러하다. 흑인 노예가 지은 백악관에 이젠 흑인 대통령이 살고 있고, 힐러리 클린턴 덕에 내 두 딸은 여자도 대통령이 될 수 있다는 것을 알고 있다. 미국은 다시 위대해질 필요가 없다. 이 정도로 엄청나게 변화하면서 이전보다 더 위대하고 좋은 나라가 되었기 때문에.

반면 트럼프의 모토는 'Make America Great Again'이었다. 예전에는 대단했는데 이제는 안 대단하니까 다시 예전처럼 대단하게 만들겠다는 것.

여성 외국인노동자로서 나도 미셸 오바마와 마음을 같이할 수밖에 없다. 40~50년 전의 영국이나 미국이었다면 나는 취업은 언감생심이고 온갖 차별에 시달렸을 거다. 어떤 사람들에게는 그때의 영국과 미국이 그리운지 모르겠으나 적어도 나에게는, 그리고 나와 비슷한 입장의 수많은 사람들에겐 지난 몇십 년의 정치, 사회적인 변화가 말할 수 없는 혜택을 주었고 감히 꿈꾸지 못했을 삶을 살게 해주었다. 지금의 사회는 그때와 비교할 수 없이 '대단하다'. 커밍아웃한 동성애자 국회의원이 많고 무슬림 유색인종이 무려 런던 시장인 시대이다. 미국 대통령이 흑인이었고 독일과 영국의 총리가 여자다.

내가 어릴 때 우리 친할머니가 엄마에게, 딸애에게 치즈와 고기 우유 이런 거 자꾸 먹인다고 '기집애한테 왜 그런 걸 먹이냐' 하셨다고 했다. 난 그걸 단순히 성차별적 발언으로 알아들었으나, 나중에 알고 보니까 어차피 딸 키워서 시집보내면 그곳에서 눈칫밥 먹으며 그런 좋은 음식 다시 못 먹을 텐데 괜히 어릴 때 그렇게 잘 먹이면 시집간 후 상실감 때문에 더 서럽게 살 수 있다는, 나름대로 마음 쓰셔서 하신 말씀이었다.

하지만 세상이 좋아져서 난 '기집애'인데도, 시집가서 애까지 낳았는데도 마음대로 치즈와 고기, 우유를 먹고 있고, 할머니가 걱정하셨던 상실감은 전혀 느끼지 않고 산다. 그러나 그러지 못하는 사람들도 있는 거 안다. 현대의 아프가니스탄 여자들은 1960년의 여자들보다 훨씬 더 못한 삶을 살고 있다. 그래서 트럼프를 반대한다. 당신에게는 이전이 더 좋았을지 모르지만 소수자들에게는, 이민자들에게는, 여자들에게는 전혀 그렇지 않았다고. 그때로 돌아갈 생각은 추호도 없다고.

37

페미가 된
방관충

 나 사실 방관충이었다. 아니, 지금도 좀 그렇다. 나까지 꼭 나설 필요 없다는 게 내 삶의 모토였고, 어디 가서도 내가 앞장서서 뭘 하거나, 내가 책임지고 뭘 맡겠다, 이런 말 잘 안 한다. 리더십은 약에 쓰려고 해도 없다. 그래서 늘 역사책에 나오는 혁명가들이 신기했다. 저들은 무슨 그런 강한 신념이 있기에 저렇게 에너지를 쓰면서 열을 올릴 수 있는지 궁금했다. 난 평생 그런 거 못 찾을 줄 알았다.

첫째 판다 군을 데리고 한국에 갔을 때 얘기다. 긴 비행 끝에 겨우 공항버스를 탔다. 판다 군은 나를 닮아서 차멀미가 심하다. 내리기 약 5분 전에 판다 군은 폭풍 구토를 했고, 다행히 (…) 토하기 시작할 때 내가 내 쪽으로 잡아끈 바람에 거의 내 옷에만 토했다. 그리고 2분 후 나는 2월의 칼바람이 부는 서울 강남 길바닥에 캐리어를 끌고 판다 군과 서 있었다. 판다 군의 토사물이 아직 상의에서 줄줄 떨어지는 채로.

그때 든 생각. '와. 나 지금 진짜 완전 독박이구나. 나 말고 해결해줄 수 있는 사람은 아무도 없구나.'

첫 아이를 낳고 병원 침대에 누워서 기저귀를 만지작거릴 때였다. 애기가 찡찡거렸다. 난 그 때까지 기저귀를 갈아본 적이 없었다. 육아 책은 잔뜩 읽었지만 뭐 닥치면 하겠지 싶어서 목욕은 어떻게 시키는지, 기저귀는 어떻게 가는지 그런 현실적인 건 오히려 알아보지를 않았다. 시간은 있었다. 설마 성인이, 스마트폰도 있고 인터넷 연결도 있는데, 기저귀 하나 못 갈까 생각했고 실제로 쉽게 갈 수 있었다. 하지만 처음으로 '그 느낌'에 짓눌렸다. '이걸 할 사람이 나 밖에 없어. 내가 책임져야 돼.'

그때는 이미 10년 가까이 직장 생활도 해오던 때였고, 내 앞가림다 하던 때였다. 그렇지만 그건 어디까지나 내 몸 하나일 때의 얘기다. 내가 방금 낳은 작은 생명체는 내가 절대적인 책임을 져야 했다. 그리 대단한 일은 아니다. 전 세계에서 오늘도 여자들은 아이를 낳고, 자기 아이를 돌본다. 나도 그 흔하디흔한 엄마 중 하나일 뿐이다. 하지만 어쨌든 이 아이에 관해서만큼은 내가 책임을 져야 한다. "아기 엄마시죠?"라고 간호사가 물었다. 난 그 질문이 그때도, 그리고 지금도 두렵다. 네, 엄마 맞아요. 그 단어가 내포하는 무거운 책임감을 내가 다 감당할 수 있을지 모르겠지만 네, 어쨌든 제가 엄마 맞아요.

그리고 3년 후 난 강남 삼성동의 대로변에서 가만히 숨을 고르고 있었다. 내가 엄마다. 내가 안 하면 누가 해. 우선 물휴지로 애를 닦았다. 그리고 가까운 편의점을 찾아 물휴지를 더 샀다. 냄새 나서 죄송하다고 사람들에게 양해를 구했다. 캐리어에서 아이의 새 옷을 꺼내 갈아입혔다. 아이가 놀라 있었지만 내 옷도 엉망이라 안아주기가 힘들었다. 내 청바지도 대강 닦았다. 지나가는 사람들이 악취에 수군거렸다. 죄송합니다만 연발했다.

3년이 더 지난 지금, 난 아직도 잘 나서지 않는다. 내 집은 그리 깔끔하지 않고, 난 훌륭한 엄마와는 거리가 멀다. 하지만 방관충이었던 이전의 나에서 아쉬운 소리도 할 줄 아는 내가 되었다. 내가 '개 진상 맘충'인 상황에서도 얼굴에 철판 깔고 일 처리하는 깜냥은 좀 생겼다. 그냥 '아 몰라몰라' 하고 이불 뒤집어쓰면 편하긴 한데, 그래 가지곤 아무것도 해결되지 않는다는 걸 안다.

내가 뭔가 조금 한다고 크게 변하지 않는 것도 안다. 뭐 사실 전 세계 몇 십억 인구 중에 한 명인 내가 뭘 애써서 한다 해도 그리 특별할 수는 없다. 그래도 내가 할 수 있는, 해야 하는, 내가 책임져야 하는 일은 있다. 이게 꼭 아이를 낳아야 생기는 변화는 아니다. 말했다시피 난 성격상 심할 정도로 충돌을 피하고 뒤로 숨는 사람이다. 단지 그게 조금 변했을 뿐이다.

내가 하는 말, 내가 쓰는 글이 대단한 게 아니라는 건 나도 너무 잘 안다. 그저 한국에 학연, 지연, 직장 선후배 등 연고가 전혀 없으니 눈치 볼 사람들이 없어서 좀 더 편하게 말할 수 있을 뿐이다. 그리 특별한 일은 아니지만, 필요한 일이고, 누군가에겐 유용한 일이다. 엄청 큰 변화는 생기지 않더라도 내가 할 일은 한다는 만족이 있다. 용기가 없어서 안 하는 게 아니라 귀찮아서 안 했을 나인데, 아이들 낳고 아주 조금은 더 철판이 생겼다.

그래서 욕먹을 거 각오하고 책 준비했습니다. 아이들 토사물 처리반으로 단련된 비위로, 제가 이 사회의 물휴지 한 장이 되어 조금이라도 세상의 토사물 처리에 도움이 되도록… 으으. 죄송 죄송.

육아 팁: 세 돌이 되면서 구토는 확 줄어듭니다. 이유식 전에 우유 토하는 건 그리 역하지 않습니다. 그냥 토하는 거 말고 엔진 달고 날아가는 식으로 토하는 걸 projectile vomiting, 분출성 구토라고 합니다. 혹시 지나가다 애가 토해서 어쩔 줄 모르는 애 엄마가 있으면 도와줍시다. 딱히 도움이 되지 않더라도 주위 사람 눈총 쉐어만 해줘도 감사합니다. 3살 전 아이를 데리고 나갈 때는 산소 다음으로 중요한 게 물휴지입니다.

PART FOUR

여혐을 해부하다

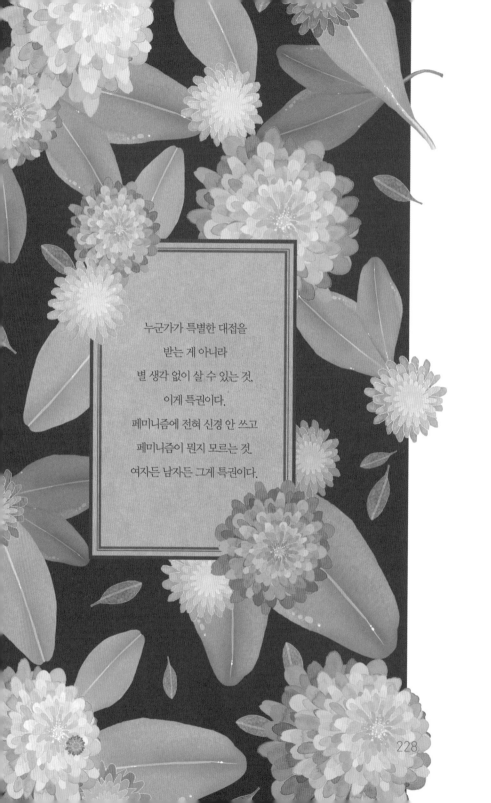

누군가가 특별한 대접을
받는 게 아니라
별 생각 없이 살 수 있는 것,
이게 특권이다.
페미니즘에 전혀 신경 안 쓰고
페미니즘이 뭔지 모르는 것.
여자든 남자든 그게 특권이다.

228

38

남자들은
너무 감정적이야

보통 여자가 더 감정적이라고들 하는데 난 늘 이 말을 이해 못했다. 어디가? 어떻게? 내가 그리 감정적이지 않은 이유도 있긴 한데, 내가 보기에 남자는 늘 여자보다 감정적이었다. 왜 사람들이 그렇게 생각하냐고 묻는다면, 남성적인 감정은 사회 전반에서 '정상'으로 받아들여지기 때문이라고 답하겠다.

남자가 이성적이고 덜 감정적이라고 생각하는 분이 있다면 @ByeFelipe라는 인스타그램 계정에 들어가보기를 추천한다. 작업 걸다가 여자가 거절하면 믿을 수 없는 태세 전환으로 쌍욕을 퍼붓는다(외국남자가 신사적이라는 환상을 몇 초 만에 깰 수 있다). 여자가 거절을 안 하고 그저 대답만 안 해도 씹는다고 쌍욕이다. 난 아직까지 그 폭력성에 발끝 정도로도 근접하는 여성 사이트를 본 적이 없다. 남자가 하는 욕의 10분의 1, 100분의 1이 아니라 그냥 외모 비하만 해도 어떻게 되는지는… 우리 모두 180센티미터 이하 루저 발언을 떠올리며 묵념하자. 남자가 저 계정처럼 찌질하게 폭발하는 것도 우리 사회에선 '정상'으로 받아들여진다. 이에 비해 여자가 '감정적'인 것은 어떤가? 다른 사람을 위협하나? 강간하겠다고 설치나? 죽여버리겠다고 나서나?

어디에선가 한국에서 20대까지는 여자가 더 우대받는 사회라 남자들은 여자가 차별당하는 것을 잘 못 볼 수 있다고 하던데, 말이 안 나온다. 강남역 살인사건 났을 때 추모하러 나온 여자들이 다 사회에서 차별받은 20대 중후반 이상의 직장인 여성뿐이었나? 경력 단절로 손해 입은 애엄마들뿐이었나? 20대 중반까지 자라면서 주위의 여자들이 겪는 성추행, 성차별, 집안에서의 딸 차별 등을 정말 하나도 못 봐와서 이해 못 하고 공감 못 하겠다고?

@ByeFelipe 등을 보면서 내린 개인적인 결론은 그렇다. 페미니즘에 반대하며 열을 올리는 남자들은 자신이 여성에게 거절당했을 때의 모멸감 때문에 사회에서 여성이 더 대접 받는다는 착각을 하고 있다.

해외에서 유행하는 데이트 앱 '틴더(Tindr)'의 경우를 보자. 남자들은 틴더에서 여자 만나기가 얼마나 어려운지를 호소한다. 처음 로그인하면 수많은 여성의 프로필이 보여서 자신이 '고른다'는 착각에 빠질 수 있으나, 그 여자도 자신을 선택해야 메시지가 가능한 시스템에서 남자들이 아주 빨리 배우는 사실은 남자가 여자에게 선택받을 가능성이 아주 낮다는 점이다. 그래서 많은 남자들은 얼마 지나지 않아 여자 얼굴도 보지 않고 무조건 오른쪽으로 사진을 밀기 시작한다(사진을 오른쪽으로 밀면 선택, 왼쪽은 비선택). 여자는 보통 20명에 1명, 심하면 50명에 1명 정도 선택을 하고, 그렇게 선택할 경우 반 이상의 남자에게 맞 선택을 받는다. 그러나 남자는 이 여자가 딱히 좋아서 선택한 것이 아니라 그냥 무작위로 선택한 것일 가능성이 상당히 높다. 그러므로 여자가 10명의 남자와 매치되었으면 그중 절반 정도는 이 여자의 사진도 보지 않고 선택한 것일 수 있고, 아니면 원했던 수준의 외모가 아닌 여자라 성의 없는 메시지 "hi" 정도만 보낼 수 있다. 여자 입장에서는 남자가 자기의 프로필이 마음에 들어 선택했을 거라 생각했다가 그게 아님에 실망하게 되고, 남자는 그렇게 기준을 낮춰서 (아무나) 선택했는데도 자신을 선택하는 여자가 정말 없다는 것에, 혹은 자신을 선택해준 여자들이 기대했던 외모 수준보다 못하다는 것에 절망할 수 있다. 틴더는 프로필 과시가 쉽지 않고 보통은 사진 하나로 게임 오버라서 더 그렇단다. 이전에는 '여자들은 돈을 밝히니까 돈이 없다는 이유로 날 거절한다'고 합리화할 수 있었는데, 그게 아니라 그냥 사진 한 장만 보고도 거절한다는 거다.

어린 학생들이 수학 시험을 잘 못 보면 여학생들은 보통 내가 수학을 잘 못하나봐, 하며 시무룩해하고 남학생들은 시험이 거지같다!
는 식으로 남 탓을 한다는 말을 자주 접하는데 (일반화 하자면) 짝짓
기에도 그렇다고 한다. 여자는 내가 안 예뻐서 그런가봐, 하는 식으
로 자기 비하나 자기 의심을 하고, 남자는 "그 년이 나쁜 년"이라는
식으로 상대의 잘못으로 돌릴 가능성이 높다는 것. 물론, 남자가 여
자만큼 자기 비하&자기 의심 사이클에 빠진다면 그만큼 자신감을
잃을 테고, 대시도 안 할 테고, 인류 종족번식은 훨씬 덜 성공적이었
을 수 있겠다.

어쨌든 많은 경우에 거절당하거나 실패하면 남자는 분노한다.
이것을 여자 탓으로 돌려야 남자는 다시 쉽게 다른 여자에게 도전할
수 있다. 내가 못나서, 라고 하면 그냥 주저앉아버리게 되므로 그 거
절은 내가 못나서가 아니라 그 여자가 김치녀라서 하는 거절이어야
한다. 그 여자도 돈 잘 버는 남자에게는 금방 덤빌 것이다. 그렇다
면 여자가 잘생긴 남자 좋아하는 건 괜찮은가 하면 그것도 아니다.
그렇다면 '그 여자가 거절한 나=못생긴 남자'가 되기 때문이다. 그러
니까 어떤 식으로든 여자가 남자를 평가하는 데에 알레르기 반응을
보인다. 그녀들의 평가 기준은 곧 내가 왜 선택당하지 못했는가에
대한 잔인한 설명이 된다.

그리고 그렇게 많은 남자가 다 들이대는데 쉽게 거절할 수 있는
권력을 가진 여자를 미워한다. 남자가 여자의 환심을 사기 위해 어
디까지 갈지는 남자인 자기 자신이 더 잘 알기 때문에, 그런 이득만

남자들에게서 쏙쏙 뽑아 먹고 사는 여자는 삶을 쉽게 살 것이라고 추측한다. 그리고 자신이 원하지 않는, 외모가 예쁘지 않은 여자에게는 지금까지 자신이 받았다고 생각하는 '수모'를 아낌없이 푼다. 이들에게 못생긴 여자는, 자신이 다가갈 수 없는 예쁜 여자, 날 거절한 예쁜 여자도 아니면서 같은 여자라고 같은 대접을 원하는 같잖은 '오크 돼지들'일 뿐이다. 자신이 받았다고 느끼는 멸시를 몇 배로 갖다 부어도 되는 존재들이다.

자신이 짝짓기 권력을 휘두르는 여자들에게 분노하기 때문에, 그래서 김치녀다 된장녀다 걸레다 욕을 하기 때문에, 남자에게 선택받지 못하는 못생긴 여자들도 비슷하게 남자에게 분노할 거라고 생각한다. 그래서 페미니스트라 하면 "너 못생겼지!" 하고 공격하고, 예쁜 여자가 페미니스트라면 이해를 못 한다. 그 많은 남자들이 너에게 잘 보이려고 물질 공세를 벌이고 말을 조심하고 뭐든 해주려고 하고 아양을 떨 텐데, 네가 왜 페미니스트야? 예쁜 여자가 왜 페미니스트지?? 혹시 강간이라도 당했나??? 그래서 남자를 미워하나?? 남자를 싫어할 이유가 없잖아?

이 모든 상황에서, 거절로 인한 자신의 분노와 그 모멸과 수모의 감정이 자기 눈앞을 가리고 있을 거란 생각은 못 한다. 자신의 감정은 정상이고 자연스러운 것이기 때문이다. 예쁜 여자에게 내가 무시당했기 때문에 그런 콧대 높은 여자에 대해 성적인 농담을 하며 웃음거리로 만드는 건 공명정대한 일이라고 생각한다. 몇 주 몇 달마다 터지는 '카톡방 내 성희롱' 내용들을 봐도 그렇다. 실제로 주위의 여자 동료를 카톡에서 말하는 것처럼 쉽게 '따먹'지는 못했을 거라 확신한다. 그저 진짜 쉽게 '따먹을' 수도 있는 것처럼 남자들끼리 얘기함으로써, 여자들이 독점(했다고 착각하는) 짝짓기 선택의 권력을 자신들에게로 조금 더 가지고 오려는 의도일 테다. 그런 자신의 감정이 너무나 자연스러워서, 그 언어폭력의 상대가 된 여자의 감정 따위는 생각도 들지 않는다. 그렇게 언어폭력을 당하고 성적 대상화를 당한 여자 동료가 그런 말을 내뱉는 자기보다 훨씬 더 대접 받으면서 잘 살고 있다고 생각한다. 오히려 자신이 차별받는다고 생각한다. 왜냐면 어쨌든 그 여자에겐 잘 보이려고 덤비는 남자가 많지만 자기는 어떤 여자에게든 공을 들여야 하기 때문이다. 그러면서 자신은 논리적이고 여자는 비논리적이라고 믿는다. 여자들이 더 감정적이라고 우긴다.

한국남자들만의 얘기도 아니다. 위에서 말했지만 @ByeFelipe는 외국 데이팅 사이트에 올려진 사진 모음이고, 틴더 역시 해외 유저들이 훨씬 많다. 거절당한 남자의 분노 얘기도 내가 생각해낸 새로운 얘기가 아니다. 세계 어딜 가나 남자의 분노와 공격성, 성욕은 자연스러운 것이라 대접받고, 여자는 약하고 감정적인 존재라고 매도당한다. 언제나 남자들의 분노는 정당하고 여자들의 분노는 히스테리다.

39

섹스와 여혐의
상관관계

남자는 왜 여혐을 하는가. 여자를 남자보다 열등한 존재로 보기 때문이라지만 내 의견은 다르다. 내 경험으로는 보통의 젊은 이성애자 남자들은 여자를 딱히 남자보다 못한 존재로 여기지는 않았다. 문제는 그저 '여자', 그러니까 동등한 인간보단 '성적인 상대'라는 의미가 너무 커서 여자를 남자와 같은 사람으로 못 본다는 점이었다.

보통의 이성애자 남자들은 지나가는 여자를 볼 때마다 본능적으로 yes/no/no/yes 식의 판단을 한다고 한다. 구애도 필요 없고 아무 제약도 없다고 가정했을 때, 러프하게 잡자면 지나가는 여자 중 절반과 '맥락 없이 그냥 섹스할' 의향이 있는 남자가 다수라는 것이다. "여자로 보인다"는 말은 곧 '섹스할 의사가 있다'이다. 그게 뭐 꼭 '덤벼서 강간하겠다'는 게 아니고, 그냥 머릿속으로 여자로 느껴진다/아니다를 생각하고, 자기 기준에 해당하는 여자라면 섹스하는 상상까지도 할 수 있다는 것. 여자로서 이걸 더럽다고 느끼는 분도 있을 것이고 '나도 똑같은데'라고 하는 분도 있을 것이다. 당신에게 친한 남자 사람 친구가 있고 평범한 이성애자 남자라면 그는 당신과 섹스하는 상상을 했을 확률이 매우 크다. 호시탐탐 덮칠 기회를 노린다거나 섹스를 바라고 접근한다는 게 아니고, 그냥 상상은 해봤을 거라는 말이다. 난 남자가 나에게 성욕을 느꼈다고 해서 굳이 더럽게 볼 필요도 없고, 그게 내가 여지를 줘서, 만만하게 보여서, 혹은 예뻐서도 아니라고 생각한다. 상상만으로 잠재적인 강간범이 되는 것은 절대 아니다. 더럽다, 짐승이다, 욕할 필요도 없다.

그렇다면 십 대, 이십 대 남자 입장에서 보자. 나는 지나가는 여자의 반과 섹스할 의향이 있는데 그중 과연 몇 명의 여자가 나와 섹스를 해줄까? 남자아이들도 금방 깨닫는 사실이지만 어린 남자가 자신과 섹스해줄 여자를 찾는 건 엄청나게 어려운 일이다. 혹시 모르는 남자들이 있을까 해서 덧붙이자면, 보통 여자가 지나가는 아무 남자나 보고 이 남자와 섹스하고 싶다는 생각하고 당장 욕망을 느낄 가능성은 제로에 수렴한다. 이래서 여자가 도덕적으로 더 우월하다 이런 말이 아니라 성욕 레벨과 메커니즘 자체가 다르다는 말이다. 그러므로 남자가 성적인 매력이 떨어져서 거부하는 것보다는 그냥 그런 생각 자체를 잘 안 한다는 것(물론 예외도 있지만 우리 일반화로 시작했으니 일반화로 계속 갑시다).

젊고 불끈거리는 성욕을 지닌 남자 입장에서 지나가는 여자들을 보면 '와 저 여자도 가슴이 있고, 성기가 있고, 나와 섹스를 할 수가 있고⋯ 아 저 예쁜 여자도 섹스를 할까. 남친이 있을까. 남친은 어떤 남자일까. 저런 애랑 자려면 난 어떻게 해야 하나'를 거의 매일같이 생각하면서 일상을 산다고 해보자. 여자를 볼 때에 이 여자가 나와 잘 가능성부터 점치다 보니 오해 소지가 다분해진다. 나보고 웃어주면 아무래도 가능성이 좀 더 높은 것 같고, 나에게 친절하면 훨씬 더 가능성이 높아진 것 같고, 먼저 술이라도 한잔 하자고 하면⋯ 앗싸 오늘은 대박! 게다가 치마까지 짧음? 오늘 계 탔다. 드디어 오늘 얘랑 할 수 있나보다⋯ 하는 쪽으로 생각이 쉽게 샌다. 여자가 뭘 도와달라고 하면 '그래 이번 기회에 내가 남자다움을 어필하면서 좀 더 친해지고, 그러면 나에게 끌릴 수도 있고, 그러면⋯ 섹스도?!' 이렇게 의식이 곧잘 흐른다. 그래서 열심히 도와줬건만 남친이 있다고 하면 엄청난 배신감에 미쳐버린다. 어떻게 될 것 같다고 김칫국 마셨던 자기 자신 때문에 더 열이 받는다. 남친이 있으면서!!! 감히 날 이용해 먹었어!! 나쁜 년 같으니라고!!! 섹스해줄 것 같이 해놓고는!!

곁다리지만, 여자가 어떤 남자를 가리켜 '아 그냥 하룻밤만 잔 사이야'라고 말했을 때 훨씬 열 받아 하는 남자의 심리도 이 때문이라고 한다. 난 지금 네 마음에 들려고 이렇게 노력하고 공을 들이는데, 뭐?? 클럽에서 만나서 하룻밤?? 너 그렇게 쉬운 여잔데 내가 루저처럼 혼자 공들이고 있었음?? 하는 식의 논리로 새는 것. 여자를 볼 때마다 섹스의 가능성을 점치다 보니까, 이 여자에겐 얼마나 공을 들여야겠군, 하는 견적 내기에도 익숙하다. 그래서 그토록 열심히 공들였는데 딴 놈은 하루 만에 섹스에 성공했다고 하면, 내가 그놈보다 훨씬 못하거나 아니면 이 여자는 그렇게 공들일 필요가 없는 여자였거나 둘 중 하나가 되어버리는 것이다.

늘 여자를 갈구하는 입장에서 남자는 자신을 아쉬운 쪽, '을'에 놓는다. 자신감이 넘치고 여자가 줄줄 따르는 남자라도 불특정 다수의 여자와 아주 쉽게 섹스를 하기란 불가능하다. 그에 비해 평균 외모의 여자라도 섹스 가능함을 표현하면 몇 분 만에 파트너를 찾을 수 있다. 정말 인기 많은 남자 연예인이라고 해도 매일 매일 다른 열 명의 여자와 내키는 대로 섹스하는 건 힘들겠지만 반대로 여자에게는 유사이래 제일 오래된 직업이 매춘이라는 것에서도 알 수 있듯 돈 주겠으니 섹스해달라는 남자가 넘친다.

자신은 이렇게 원하는데 쉽게 넘어오지 않는 여자를 보면서 남자는 그녀의 권력을 미워한다(대다수의 여자 쪽에서는 권력? 뭔 권력?? 뭥미?? 하는데도 그렇다). 여자가 옷을 야하게 입고 있는 것은 당연히 남자들이 어떻게 반응할 줄 알면서 자신의 권력을 과시하는 행동이다. '나 섹스 쉽게 할 수 있는 여자'라고 광고하는 것 같기도 하다. 그런 여자에게 거절당하면 더 분하다. 분명히 다른 놈하고는 잘 거잖아?? 그렇지만 나는 안 된다는 거지? 왜?? 내가 어디가 못나서??

권력을 빼앗긴 남자는 몇 가지 선택을 한다. 하나는 권력을 쥔 자를 희화화하고 별 것 아닌 것처럼 까내리는 것이다. "그년들 별 거 없어. 그래봤자 화장발이야. 돈도 못 버는 게 감히 나를 무시해? 별로 예쁘지도 않은 게. 뚱뚱한 게." 뭐 이런 식이다. 자신감이 좀 더 넘치고 긍정적인 남자는 '여자를 연구해서 성공적으로 공략하리라'고 결심한다. 또 다른 부류, 이런 게 다 피곤하고 해봐야 안 되니 의욕을 상실한 남자는 아예 여자를 피한다.

어떤 남자들은 그렇게 살다 어느 순간, '이 여자가 나와 잘 것인가' 중심의 사고를 버리게 되기도 한다(여자 역시, 남자의 평범한 성욕에 위협을 느끼지 않고 더럽다고 치부하지 않게 되기도 한다).

결국 남자가 여자를 볼 때 본능적으로 남자인, 곧 '보통 사람'인 자신과는 완전히 다른 존재로 인식을 한다는 데에서 문제가 시작된다. 그냥 '사람인데 성별이 여자'인 여자들은 자긴 관심 없는, 자기 기준에서 외모가 한참 떨어지는 여자의 경우다. 그렇지 않고 자신의 커트라인을 넘은 여자들에게는 잘 보이고 싶은 욕구, 선택받고 싶은 욕구가 크다. 그래서 구애가 실패했을 때에 분노하고 폭주하며 여성 전체를 매도하기도 하나, 이런 이들도 여자 한 명 만나서 연애 시작하면 또 그럭저럭 잘 산다. 내 여자가 생기면 잘 해주고 싶고, 그 여자에게 인정받고 싶고, 그 여자에게 부끄럽지 않은 남자가 되고 싶고, 다른 놈들이 해치지 못하게 내가 보호해주고 싶고, 뭐 그런 순정(?)이 아예 없는 남자는 드물다. 그런 여자가 생긴다고 해서 갑자기 딴 여자들이 여자로 안 보이거나 하는 건 아닌데, 자신이 사랑하는 여자와의 좋은 관계는 여자들이 연애를 꿈꾸는 것만큼이나 남자도 소중히 여기더라. 전직 극악 여혐러도 여자 만나더니 곧바로 태세 전환해서 애처가에 딸바보 되어서 사는 걸 여럿 봤다.

그러므로 여혐 존재 자체를 부정하는 이들 특히 남자들에게 여자를 '동등한 존재'로 인식해 달라는 요구, 혹은 '열등한 존재'로 무시하지 말라는 요구가 먹히지 않는 이유는 그들의 머릿속에서만 실재하는 그 '짝짓기 권력'이 너무나 확고하기 때문이다. 그런 이들에게 아무리 여자는 짝짓기를 무기로 당신을 무시하는 게 아니라 해도 상상을 하지 못한다. '옷 입을 때, 화장할 때, 사람들 만날 때, 당신은 모든 것에 성적인 뉘앙스가 있다 믿을지 몰라도 거의 백퍼 확률로 아니다. 당신을 꼬시려는 의도도 아니고 무시하려는 의도도 아니다. 그냥 아무 상관없는 사람으로 각자 갈길 가고 싶을 뿐이다'라고 설명해도, 깨어있는 거의 모든 순간을 주위의 여자와 잘 수 있는지, 그 여자의 옷차림과 표정에서 섹스의 가능성이 얼마나 되는지 가늠하는 그 버릇을 버리지 못한다. 여자들이 남자를 거의 의식하지 않는다는 주장 자체를 받아들이지 못한다. 그래서 괜히 넘겨짚고 여자에게 작업을 걸거나 실패하고는 자기 연민에 빠진다.

"난 여자를 좋아하는데 왜 여혐이라고 하냐"고 모자란 질문을 한다면:

당신이 여자를 성적인 대상으로, 남자와는 다른 존재라고 인식하고 하는 모든 행동과 말과 사고방식이 여혐이다. 그렇기에 예쁘다고 대접해주는 것도 여혐이고 당신의 '난 여자 좋은데'라는 말도 엄청나게 징그러운 여혐 발언이다.

40

섹스 상대 말고
동반자를 찾아라

앞선 글에서 남자는 여자를 볼 때 섹스할 수 있을 정도의 외모인가를 본능적으로 판단하고 같이 자려면 얼마나 공을 들여야 하는지 견적을 낸다고 했는데, 만약 그 여자 옆에 남자가 있거나 남친이 있거나 남편이 있으면 노력이 훨씬 더 많이 필요하고, 자기 여자를 보호하려는 남자의 노력도 본능적으로 알기 때문에 정말 미친 듯이 끌리지 않는 이상은 알아서 피해간다. 특히나 그 여자의 '주인' 남자와 아는 사이라면 아예 후보에서 제외해버리기도 한다(그렇다고 해서 여자로 안 본다는 건 아니다. 이건 본능적으로 결정하는 영역이기 때문이다).

난 일찍 결혼했고, 미모가 아주 출중하지도 않았고, 초반 직장이 남편 회사였고, 그 후의 직장에서도 남편의 동료가 있거나 한 다리 건너면 아는 환경이었다. 그러므로 직장에서 나에게 작업 걸 남자는 없었고, 밖에 나가도 남편과 거의 행동반경이 일치하고, 거리에서 헌팅 당할 만큼 예쁘지도 않았으므로 대시 대상이 될 일이 별로 없었다. 그래서 나는 곧잘 '연애 상담 전담 아줌마'가 되었다. 나를 '평균 여자'로 보고 나에게 여자는 무슨 생각을 하는지, 좋아하는 여자를 어떻게 공략해야 하는지 등을 물어보거나 그 외 연애 고민 상담 내지 관찰을 정말 자주 하다 보니까 남자에게 감정을 이입할 때가 많았다. 좋아하는 여자가 생겼을 때의 자존감의 위기, 여자가 거절하면 어떡할까 조마조마함, 딴 남자를 선택했을 때의 분노, 왜 나를 선택하지 않았는지에 대한 뼈아픈 이유 분석, 여친과 헤어지고 싶지만 톡 까놓고 여자 사귀는 게 정말 어려웠기 때문에 용기는 못 내고 자기 합리화하는 고민 등 종류도 많다.

사족이지만 내 경험 속 이공계 남자들은 진짜 바라는 게 많지 않았다. 중상 정도-같이 다녀도 부끄럽지 않을 정도-미모의 여자가 나에게 잘 웃어주고, 좋은 말 해주면 그저 감사하고 오케이였다. 여친으로 급수가 올랐다면, 여친이 나를 좋은 남자로 생각해주고, 칭찬해주고, (성관계를 즐겁게 자주 하고!) 이 정도만 해줘도 평생 충성하고 살 남자도 엄청 많았다. 그리고 그 남자들은 자기 나름대로 여자에게 엄청 맞춰주고 많이 참는다. 여친이 싫어하는 말도 안 하고, 입으라는 옷 입고, 친구들과 만나지 말라면 안 만나고, 너네 부모님 싫다고 하면 연락도 잘 안 하고 정말 많이 노력한다. 자기를 선택해준 여친에게 어울리는 남자가 되기 위해서 말이다. 물론 내 샘플이 거의 이공계 남자라 좀 더 단순할 수도 있다.

그런 이유로 난 성적으로 나에게 공격적이거나 위협적인 남자를 직접적으로 겪어보진 않았다. 남자들은 여자와 처음 제대로 사귀기 전에는 여자에 대한 몰이해와 분노와 비뚤어진 근자감 등으로 똘똘 뭉쳐 있다가, 자기가 좋아하는 여자와 사귀게 되면 곧바로 '너를 위해선 뭐든지 하겠어' 류의 오글거리는 충성심으로 가득 찬, 믿음직한 남친이 되었다.

여자를 제대로 안 사귀어 본 남자들의 공통점이 있다면 어머니를 제외하고는 여자의 깊은 신뢰와 애정을 경험하지 못했다는 것이다. 사귀기 전에는 여자들이 까다롭게 보일 수 있으나 여자가 자기 남자에게 보내는 애정은 남자의 예상을 훨씬 뛰어넘는다. 남편 욕한다 싶으면 안색 변하는 아줌마들 꽤 있는데, 나 역시 그렇다. 여자의 '무조건적인 보호 구간' 안에 들어가면, 그때부터는 남자가 진짜 웬만큼 잘못해도 목숨 걸고 싸고 도는 여자가 많다. 내 남친이, 내 남편이 최고다. 겉으로 보면 세 보이는 여자들도 실제로 자기 남자에게는 완전 백퍼 져주고 모시고 사는 여자가 의외로 엄청 많다. 오래 사귀다 보면 여자가 좀 더 좋아하게 되고 남자가 지겨워한다는 그 스테레오타입이 이 때문에 발생한다. 이런 여자의 사랑방식을 경험하고, 여자의 사랑이 꼭 성욕과 연결되지 않지만 그래도 감정의 깊이는 깊다는 것을 경험하면 남자도 변한다. 나쁘게 변하는 쪽도 있고, 좋게도 변한다. 어쨌든 연애의 모델은 변한다. 여자의 마음을 얻으면, 그리고 그녀의 남자가 되면 연애의 다이내믹이 완전히 달라지는 걸 알게 되니, 이전처럼 여자들이 남자를 재력 같은 단순한 기준으로 재서 선택하지는 않음을 배운다(끝까지 모르는 남자도 많다!).

여자들이 돈에 끌린다고 착각하는 남자는 돈을 과시한다. 여자 중에서 분명 돈 밝히는 사람은 있기 마련이니, 그런 남자에게는 그런 여자가 몰린다. 어쨌든 돈을 과시해서 여자를 모았으니 모인 여자는 당연히 돈을 보고 모인 여자고, 이 여자들은 선물을 바라고 호화로움을 바란다. 그리고 그게 없어지면 떠나간다. 근데 네가 먼저 그런 여자 모집했잖아요! 그래놓고 김치녀니 된장녀니 하면 안 되지.

여자가 외모, 혹은 뭔가 다른 어떤 것에 끌린다고 생각하는 남자는 그것을 과시하고, 그것을 중시하는 여자가 그에게 끌린다. 당연한 이치다.

그래서 연애 모델 변경이 필요하다. 돈 많은 남자를 보면 여자들이 헤벌레 한다고 천박하게 생각하면 당신만 손해다. 지금 당장 여친이 없는 것 때문에 그렇게 매도해 기분이 잠시 나아질지는 모르지만, 그건 당신의 미래 연애에도 도움이 되지 않는다. 섹스하고 싶은 여자 말고 내가 정말 사랑에 빠졌던 여자를 생각해 보면 그리 흔하진 않을 거다. 여자도 그 정도의 확률로 남자를 찾고 있다.

여자를 한 인간으로 관심을 가지고 사랑해줄 남자. 그저 섹스 제공용 도구가 아닌, 한 인격으로 보며 존중하고 인생의 동반자로 사랑해줄 줄 아는 남자면서 연애를 못 하는 남자는 거의 없다. 지나가는 여자 보고 '어떻게 잘 수 있을까'는 그냥 고민하지 말자. 어차피 가능성 없다고 보면 된다. 일부러 잘 보이려고 노력할 필요도 없고, 물량 공세 해봐야 별로인 여자들만 모이니까 열심히 살면서 예의 갖추고 존중하는 것이 최선이다(그러면 같이 잘 여자가 생기나요 묻는 당신, 그 생각 좀 그만 하라니깐). 강간이나 성매매 할 거 아닌 이상, 당신이 원한다고 어떻게 할 수 있는 상대가 아니다. 그걸 받아들이고 '섹스를 위한 전략적 공략' 시도 따위를 멈추면 남자나 여자나 살기 편해진다.

제발 그렇게들 합시다.

41

메갈리아가
뭔데

 당신은 사실 전라도 출신이지만 서울에서 대학교를 다니고 전라도 사투리를 쓰지 않으며 전라도 사람이 아닌 척한다고 하자. 그런데 당신 지도교수가 '전라도 놈들은 싫어'라고 한다. 물론 그냥 한 사람의 의견이다. 하지만 학교 사람들 모인 자리에서 그런 교수의 발언에 몇 사람이 동의하고, 당신은 전라도인으로서 뭐라 반박하기가 힘들다면 이미 이건 개인 레벨을 넘어섰다. 정부 고위직의 사람이 '이래서 전라도놈이랑 일 못하겠어'라고 해도 잘리지 않을 정도면 이미 이건 개인 레벨의 편견에서 사회적 동의로 받아들여지는 임계점을 넘은 거다. 다른 사람들도 쉽게 전라도 비하 발언을 할 수 있게 되고, 당신은 전라도인으로 싸우기가 힘들어진다.

이제는 거의 죽은 사이트, 메갈리아를 보자. 메갈이 한국남자와 싸우려고 시작한 운동이라는 해석을 많이 보는데 그건 아니라고 생각한다. 메갈은 여자를 위한 사이트였고, 여자들에게 가장 큰 영향을 줬다. 여자가 치마를 입은 것이 당신을 유혹하기 위한 것이 아니듯이 메갈의 욕설은 당신을 설득하려는 게 아니었다. 그러니 "메갈의 방식으로는 남자들을 설득할 수 없다"는 아무 의미가 없다. 그게 포인트가 아니었기 때문이다.

경상도 사람들로 가득 찬 팀에서, 전라도 출신이지만 아닌 척 하고 전라도 비하 발언에 아무런 제재를 가하지 못한 당신에게, 메갈은 미친 척 하고 상사에게 야 이 경상도 ㅅㅂ놈아 너 뭐라 그랬어? 라고 덤빈 전라도 선배다. 전라도 비하 발언할 때 경상도 비하 발언을 아주 찰지게 욕 섞어 해준 동료다. 물론 전라도 비하에 경상도 비하로 답하는 건 옳지 않다. 그 실성한 선배는 경상도 사람들이 절대 참지 못할 정도의 심한 쌍욕을 했을 수도 있고, 경상도 출신 위인에게 모욕을 가했을 수 있다. 그래서 경상도 사람들의 큰 반발을 샀을 수 있다. 하지만 경상도인들을 설득하는 게 목적이 아니었다. 지금까지 욕 먹어온 전라도인들에게 외친 거다. 야, 덤벼. 덤벼도 돼. 너 지금까지 당한 거 차별이고, 부당한 거야. 내가 미친놈처럼 싸워 줄 테니까 너는 곱게 반대해도 돼(참고로 난 부모님 두 분 다 경상도 분이다. 부산에서 어릴 적 살아서 사투리 구사 가능자다).

그렇지만 같은 전라도 사람도 그 선배를 욕할 수 있다. 너 같은 놈 때문에 전라도 사람들이 더 욕먹는다(맞는 말이다), 혐오에 혐오로 대하면 안 된다고 말할 수 있다(역시 맞는 말이다). 그렇게 덤빔으로써 오히려 전라도 사람들에게 더 해가 된다고도 할 수 있다(그럴 수도 있다). 그렇지만 그럼, 그 차별을 계속 참을 거야? 견딜 거야? 전라디언 어쩌고 할 때마다 허허 웃고 넘어 갈 거야? 지도교수님에게 가서 정중하게 저기요, 제가 좀 예민한지는 모르겠지만 그렇게 말씀하시면 제가 참 좀 그렇거든요… 할 거야? 그래서 통해?

　　그렇게 정신 나간 놈처럼 덤빈 몇 명 덕분에, 지역감정(이라고 하지만 결국은 전라도 사람들 차별)이 이슈화되었다. 경상도 사람들이 이젠 전라…어쩌고 하기 전에 아주 조금이라도 눈치를 본다. 물론 "역시 또라이 전라도"라고 비아냥거리면서 그렇게 난리쳐봤자 너희에게 도움 안 된다 하는 이들도 있지만, 당신은 이제 배웠다. 눈이 뜨였다. 내 편도 있구나. 나만 당하는 거 아니었구나. 그 많은 전라도 편견 발언, 뒤집어서 경상도에 적용하니까 말이 안 되는 건데 그걸 나마저 믿고 있었구나. 그리고 그 미친 선배와 동료 덕에, 당신이 '그 선배는 물론 너무 나갔지만, 전라도 사람들 비하가 넘쳐나는 건 사실이죠'란 말을 점잖게 하면, 이전보다 훨씬 더 쉽게 받아들여진다. 물론 "지역감정은 다 옳지 않아요! 우리 다 친하게 지내요!"라는 경상도인들 많지만… 전라도 사람들 신나게 깔 때는 같이 웃어놓고 이제 와서 정색하고 "전라도 비하가 문제가 아니라 혐오가 문제입니다!" 이러고 있지만 뭐 어쨌든.

미시경제가 있고 거시경제가 있다. 과소비는 개인 레벨로 좋지 않고 저축을 해야 하지만 국민 전체가 모두 소비를 멈추면 경제는 망한다. 미시 레벨에서 옳다고 거시 레벨도 옳다는 게 아니다. '임계점'이라는 게 있다. 사회 전반으로 '정상'으로 받아들여지는 순간, 개인의 편견은 사회 전체의 힘을 업고 엄청난 권력으로 변한다. 나도 "남자가 여자를 열등하게 봐서 여혐 하는 게 아니라 다르게 봐서 그런 것이다"라고 썼는데, 그게 개인 레벨에선 그렇다. 하지만 미시 레벨에서 남자가 느끼는 연애 좌절을 가지고 거시 레벨로 여자들 전체가 당하는 여혐을 정당화하면 안 된다.

몇몇 국가에서 왜 혐오 발언을 처벌하냐면, 미시 레벨에서 헛소리하는 걸 막아야 거시 레벨로 퍼지지 않기 때문이다. 이미 거시 레벨로 퍼져서 제도화 되어 있다면 미시 레벨에서까지 제제를 가해야 변화 임계점까지 갈 수 있기 때문이다. 이게 좀 백신 같아서, 그 크리티컬 임계점을 넘어서면 사회에서 "그딴 발언하는 놈이 사람이냐" 분위기가 조성되고 자정이 된다. 하지만 백신 퍼센티지가 떨어지면 혐오가 또 퍼진다. 허핑턴에서 「내가 한남충이다」라는 글을 읽었는데, 나도 미시 레벨에서 남자의 좌절을 이해 못하는 건 아니지만, 이미 거시 레벨에서 여성에 대한 차별과 폭력이 너무나도 난무한 상태에서 그런 남자들도 이해해주자는 건 아니라고 본다.

만약 전라도 사람이 경상도인에게 3일에 한 명씩 맞아 죽는다면, 당신은 전라도인으로서 가만 있겠는가? "전라도 애들이 좀 성질 돋구는 거 알잖아요, 그래서 팼어요."라는 핑계가 사회적으로 먹힌다면, 당신은 그게 옳다고 생각하나? 전라도 새끼가 나를 무시했다는 이유로 아무런 상관없는 전라도 사람을 죽인 경상도인은 조현병 환자니까 지역감정으로 몰아가지 말라고 할 것인가?

전라도인 성기에 전구를 넣고 깨자는 농담이 인터넷에 버젓이 돌아다니면? 전라도인이 경상도인에게 당하는 폭력이 수십 배로 더 높다면, 한국 CEO와 임원의 95퍼센트가 경상도인이라면, 국회의원 중에 전라도 사람을 찾기가 힘들다면, "전라도인은 고용하면 좀 그렇더라고"란 의견이 아무런 제재 없이 게재된다면, "전라도 사람 믿을 수 없다"는 이유로 취업도 어렵고 진급이 잘 안 되고 잘리기도 쉽다면, 경상도 주도로 이렇게 경제 발전이 되었는데 그거 이득 보면서 뭔 말이 많냐, 기업은 이윤을 추구하니까 그저 경상도 사람이 일 더 잘하고 믿을만해서 고용한다고 말하면?

이 와중에서 실제로 범죄를 지르지는 않았어도 "경상도 새끼들 다 죽여버리고 싶다"는 과격한 글을 올리는 소수의 이들이 있다면, 당신은 전라도 차별 없애기보다 그 경상도 혐오자들부터 색출해서 없애야 한다고 생각하나? 3일에 한 번씩 전라도인이 경상도인에게 살해당하고 있는데?

42

여자의 여혐이
더 슬픈 이유

오래 전에 어디서 읽은 얘기다. 태평양 어딘가의 외딴 섬에 서방의 비행기가 몇 번 날아와서 현대 문명을 처음 접하는 주민들에게 구조품을 주고 갔단다. 그 이후로 그 섬의 주민들은 철로 만든 새가 다시 오기를 기원하며 기원 의식을 행했다고 한다. 이에 비슷한 이야기로 어느 문화에나 흔히 있는 기우제가 있다. 현재로 오면 수능 시험을 치는 아이들을 위해 기도를 하고 불공을 드리는 어머니들이 있다. 그리고 강박증에 시달리는 이들도 있다.

이들의 공통점이라면, 살면서 내가 어찌 할 수 없는 상황을 맞닥뜨릴 때에 이 상황을 설명할 수 있는 어떤 특정한 방식을 채택한다는 것이다. 그리고 그 설명은 보통 내가 어떻게든 통제할 수 있는 것이다. 하느님이 진노하셔서 비가 안 오는 거고, 내가 불공을 안 드려서 내 아들이 공부를 못하는 것이다. 내가 아침에 문 잠그기를 세 번 안 했기 때문에 내 상사가 기분이 안 좋은 것이다. 이 모든 설명들은 나의 노력으로 극복이 가능하다. 40일 금식기도를 하면 원하는 바가 이루어질 것이다. 108배를 하면 아이가 방황을 멈출 것이다. 동물을 희생하여 굿을 하면 비가 올 것이다 등등.

여자의 여혐도 그리 다르지 않다. 사람이 살면서 자신이 어찌할 수 없는 일들은 정말 많이 겪게 된다. 그렇지만 우리는 의식이 있고 목표를 세울 줄 알고 기억이 있고 희망이 있으므로 어떻게든 이 인생의 '랜덤함'을 우리의 통제권 안으로 들여오려 한다.

남편이 바람 피운 것은 여자가 잠자리를 잘 안 해줘서다. 남편에게 사랑을 받으려면 아침밥을 해야 한다. 화장을 하고 자신을 가꾸면 남편이 밖으로 나돌 리가 없다. 여자가 좀 애교가 있고 사근사근해야 남자들이 좋아한다. 시어머니에게 잘 해야 남편이 아내에게 정을 붙인다.

물론 이 논리는 취업전선에서도 이용된다. 특히 한국처럼 나라 경제가 급작스럽게 발전하면서 약간의 노력만 해도 삶이 많이 나아지던 경험을 한 부모 세대는 자신이 통제할 수 있는 부분을 훨씬 더 과대평가한다. 몇 대에 걸쳐서 계급제가 고착된 영국 사람들과는 달리, 자신의 노력으로 정말 많이 극복할 수 있다고 믿는다. 열심히 공부하면 좋은 대학에 갈 거고, 좋은 회사에 취업될 거고, 중소기업에 들어가더라도 열심히 일하면 인정받고 성공할 거라 믿는다. 노오오력의 신화는 그저 청년들을 짓밟으려 나온 철학이 아니다. 인생은 내가 어찌 할 수 없이 그냥 당하게 된다는 그런 무력한 시나리오보다 말은 안 되더라도 내가 뭔가를 하면 어떻게 바꿀 수 있다는 믿음이 할 일을 주고 희망을 준다. 그래서 다들 기도하고 절하고 공부하고 우주의 기운을 모은다.

그런데 이런 믿음 체계를 너무 체화하다 보면 다른 이들에게도 영향이 간다. 나는 이렇게 살면 이렇게 될 거라 믿으니 너도 그렇게 해라, 이다. 성추행, 성폭행을 맞닥뜨린 이들은 눈을 감고 피해자에게 말한다. '네가 조심했으면 됐잖아. 난 조심했으니 안 당했고, 앞으로도 안 당할 거야.' 그렇게 안 당한 자신의 상황을 정당화하고 앞으로도 그럴 일 없을 거라 자신을 위로한다. 취업 안 되는 여자들에게 말한다. '안 되긴 뭐가 안 돼. 너도 노력하면 될 걸? 여자들이 취업 안 되는 게 다 이유가 있어서 그래. 직장에서 못 버티겠어? 사람 관계는 이렇게 이렇게 하면 돼. 이건 다 네가 잘만 하면 견딜 수 있고 해결할 수 있는 문제야.'

다른 여자들을 비난하는 여자를 두고 '명예남성'이라 한다. 난 그들을 보면 인간의 나약함이 보이고, 하늘에 계신 신들에게 어떻게든 비를 내려달라고 기도했을 우리 선조들이 떠오른다. '살기 힘든 건 우리들이 어떻게 할 수 있는 문제고, 우리가 이렇게 저렇게 하면 당연히 대접받을 거고, 그걸 못하는 김치녀 된장녀들이 당하는 거고, 나는 그렇지 않으니까 잘 살 거'라는 그런 기복신앙적인 믿음이 나쁘다고만 할 수는 없다. 하지만 자신의 운명을 자신이 어찌할 수 있다는 그런 안타까운 믿음이, 재수 없게 인생에 치인 이들에게는 상처가 되고 2차 가해가 된다.

살기 힘든 건 아는데, 그래도 다시 한 번 생각해보자. 여자로 살면서 조심한다고, 애교 부린다고, 더 노력한다고, 강간범 피하고 성추행 피하고 직장에서 승승장구하며 좋은 남자 만나 살 수 있는 건 아니라는 거. 인정하고 가자.

43

"내가 여자를
얼마나 좋아하는데!"

"여자 혐오 안 해! 나 여자 좋아하는데??" 가 징그러운 이유?
바보도 아니고, 무슨 말인지 알아서 그렇다.

- 나 포르노도 보고 몸매 좋은 여자 보면 눈 돌아가! 나 여자 좋
  아해! 피 뜨거운 남자라고! 내가 여자 좋아하지 그럼 남자 좋
  아하겠어?
- 예쁜 여자 몸매 좋은 여자 보면 그런 여자랑 같이 섹스하는 상
  상하면서 기분 좋아져! 나 여자 좋아해!
- 나 밥 해주고 청소 해주고 빨래 해주고 아들이라고 우쭈쭈 해
  주는 울 엄마 좋아해!

- 나 "오빠 오빠" 하면서 애교 부리는 예쁜 여자들 좋아해!
- 포르노/야설에서 자주 보이는 가슴 빵빵하고 빨간 립스틱 바른 누나들도 좋아해! 몇몇은 로리파지만 난 누나파라고!
- 스포츠 볼 때도 예쁘고 늘씬한 치어리더 좋아해! 남자만 있는 스포츠는 재미없어!
- 외모지상주의만도 아니야! 꼭 예쁘진 않더라도 사근사근하고 친절하고 나한테 잘 하는 착한 여자애들도 좋아해!
- 내가 싫어하는 건 여혐 페미 어쩌고 하는 못생기고 뚱뚱한 여자들이야! 예쁜 여자 좋아해!

합법적인 포르노를 보는 게 나쁘다는 게 아니고, 여자 보고 성욕 생기는 게 나쁘다는 게 아니다. 똑같은 말 반복해서 입 아프다만, 여자는 강간, 폭력, 직장에서의 성차별과 성희롱을 얘기하고 있는데 "아냐. 난 여자 보면 성욕 생기니까 여자 좋아해!"라는 대답이 말이 되냐 이거다. 그런 식의 왓더퍽 반응을 자주 접하고, 어떤 상황에서 그딴 황당한 답을 하는지를 알다 보니까 "예쁘다"는 칭찬도 여혐이라고 하는 거다. 무슨 생각하고 그 말 하는지 너무 잘 알아서 그렇다. 프로 불편러라서가 아니라.

44

잠재적 가해자
취급이라고?

🌿 여혐 문제 얘기할 때마다 가장 이해 안 가는 논리가 "모든 남자
가 그런 건 아닌데 다 잠재적 가해자 취급한다"는 것이다.

같은 논리를 따른다면 임금 체불 같은 문제도 내놓고 뭐라 하면
안 된다. 그런 불평은 고용주들은 다 나쁜 놈이라고 일반화시키는
셈이기 때문이다. 착한 고용주도 얼마나 많은데. 사람들 앞에서 "나
불공평하게 잘렸어" 이런 말도 하면 안 된다. 수당 없이 야근시켰다,
임금 체불했다, 사람 취급 안 했다 이런 식으로 말하면 고용주들이
얼마나 공격당한다고 느낄까. 고용주들이 다 그런 건 아닌데 자꾸
당신이 그렇게 분위기를 그렇게 만들어가고 있다는 소리 듣기 쉽다.

당신이 애초부터 일을 잘했으면 안 그랬을지도 모른다.

자, 이런 반론은 말이 안 된다. 임금 체불에 대해 이의를 제기하면서 고용주에 대해 말할 수 있다. 이때 "모든 고용주가 그렇지 않지만…"이라고 미리 변명하면서 시작할 필요가 없고 그 누구도 그런 말을 요구하지 않는다. 일도 제대로 못하면서 모든 고용주를 악마화하는 사람으로 취급받지도 않는다.

그렇지만 성차별, 여성혐오에 대해서 말할 때는 늘 그런 반론을 듣는다. "성추행 문제가 심각합니다" 하면 "친하게 지내요" "왜 자꾸 싸우려고 해요" "왜 모든 남자들을 잠재적 가해자 취급을 하나요?" 다른 논란에서는 말도 안 된다는 지적을 받았을 반응이, 남녀 성문제에서는 늘 대두된다. "불평하는 네가 뭔가 잘못했으니 사장님이 그랬겠지"는 덤이다.

그렇게 말하자면 여자들 욕하는 분들, 앞으로는 절대로 직장에 대해서 불평불만하지 말아야 한다. 가만 있는 고용주가 일반화 당하고 가해자 취급받아서 기분 나쁘니까. 당신이 학별 좋고 능력 있으면 당연히 듣지 않을 욕인데 뭔가를 잘못했으니 사장이 그리 이야기했겠지. *안 그렇소? 솔직히 근무 태만인 사람들 많은 거 우리다 알잖소.* 그러니 사장이 화를 냈겠지. 요즘 노동자들이 얼마나 대접받는데 그래도 그렇게 욕 먹는 거 보면 사장들이 참 너무 불쌍하고 역차별 당하는 거 같지 않나? 노동법도 맨날 노동자편만 들고, 돈 많이 번다고 세금 막 때리고. 아아, 역차별. 능력 갖춰서 취업만

하면 매월 따박따박 월급 받는 노동자들이 자기가 얼마나 행운인지 모르고 저렇게 불만만 늘어놓는다.

여자들도 그래. 예쁘고 착하고 조신하고 나한테 잘 하고 딴 남자하고는 손도 한 번 안 잡아본 여자가 나에게 시집와서 밥하고 살림하고 애 키우고 맞벌이도 하면서 우리 부모님만 모시면 내가 예뻐해 줄 텐데. 듣기 불편하게 성차별이니 성추행이니 이딴 말이나 자꾸 꺼내고, 내가 얼마나 역차별 당하는지는 알아주지도 않고 그래. 여자 팔자가 제일 편한데. 아이 기분 나빠.

45

여자들은 모르는
남자들의 인생

 세계 생산성의 블랙홀이라는 미국의 커뮤니티 레딧Reddit에서 상
당히 재미있게 읽은 글들이 있다. 남초 환경에서 살고 아주 일찍 결
혼해서 남자들을 잘 안다고 생각하다가도 이런 글들을 보면 확실히
직접 겪지 않으면 모르는 게 많겠다 싶다. 한국에는 해당되지 않는
부분도 많겠지만, 내가 미처 생각하지 못했던 부분 몇 가지를 소개
한다.

아프리카는 노인의 죽음을 슬퍼하지만 서구인들은 어린아이의
슬픔을 슬퍼한다는 말이 있다. 아프리카는 죽음과 함께 사라지는
노인의 기억과 지혜를 안타까워하지만 서구인들은 어린아이의 가능

성을 슬퍼한다는 것이다. 아프리카에서 자랐기 때문에 이건 좀 억지라는 생각이 들었으나 아프리카는 넓고 희한한 부족은 많으니까 뭐 그렇다 치자. 하지만 약자와 아이들을 더 보호하려 한다는 건 사실이다. 타이타닉이 가라앉을 때 여자와 아이들부터 먼저 구했다는 일화는 유명하다. 이 전통은 그 한참 전에도 있었고, 지금도 계속된다. 사실 약자든 아니든 인간 목숨은 똑같이 귀하다. 그래서 딱히 남자가 완력으로 좀 더 오래 살아남아 있을 수 있으며, 여자와 아이들을 먼저 구해주고 난 다음에 자신도 살 수 있다는 확신이 있는 거 아닌 이상 남자들이 희생할 필요는 없다고 어렴풋이 생각했다. 그러니 확실히 남자들은 좀 더 가깝게 느꼈을 거다. 왜 나는 내가 알지도 못하는 여자들과 아이를 위해 먼저 희생되어야 하는가, 라는. 한국의 군대 문제도 이런 정서가 얽혀있다.

이와 조금 연관 있는 내용이 남자는 직위나 능력이 없으면 사람 취급 못 받는다는 글이었다. 이건 남성적인 세계관 때문이기도 한데, 여성적인 서사와 남성적인 서사는 구도가 다르다(요즘은 많이 희석되고 있으나 얼마 전까지 흔했던 서사 방식이었다). 남성적인 스토리는 거의가 주인공이 여러 가지 역경과 도전을 겪으면서 좀 더 강해지고 어떤 식으로든 더 중요한 사람이 되면서 원하는 여자를 차지할 자격을 갖게 되는 류가 많다. 그러므로 그런 남성식 서사를 보면 주인공은 결국 무언가를 해내고, 더 중요한 사람이 된다. 그러기 전에는 하등 취급을 받는다. 여성적 서사는 다르다. 여자는 자기 자신 그대로를 사랑하는 남자를 만난다. 로맨스 드라마를 봐도 잘나가는 남자

주인공은 별 볼 일 없는 여자주인공을 만나 사랑에 빠지며, 여주가 잘 나가게 되자 그제야 비로소 사랑하게 되는 내용은 없다(화장이나 헤어스타일, 패션스타일 바꾸는 정도는 있어도 '성형 후에 예뻐지고 나서, 상속하고 나서야 좋아하는' 남주는 별로 없다). 그러니까 그 수많은 스토리 라인에서 여자는 그냥 그대로도 사랑받지만, 남자는 무언가 이루고 대단한 사람이 되어야, 혹은 꼭 필요한 존재가 되어야 사랑받을 자격이 주어진다는 것이다. 그런 게 없는, 별 볼 일 없는 보통 남자는 주로 총 맞아 죽는 엑스트라로 등장한다. 폭탄 터져 죽고, 주먹다짐에서 피떡 되고, 그 외 하찮은 존재로 목숨을 잃는다. 물론 이건 여자들이 남자를 미워해서 나온 스토리 라인은 아니다. 영화계는 그때나 지금이나 남성이 지배하는 곳이니까 말이다. 하지만 그리 대단하지 않은 보통 남성이 볼 때는 '아, 난 대단해지지 않는 이상 저 엑스트라에 지나지 않겠구나.' 할 수 있겠다.

그 다음 좀 짠했던 "외롭다, 말 할 사람이 없다"는 글. 이건 한국에 해당되지 않는 거 같다는 느낌이 들었는데 또 모르는 일이다. 남자들끼리 술 마시고 어울리는 일이 없진 않으나, 남자들끼리 속 터놓고 서로 위로하고 그런 일은 별로 없다. 그리고 그나마 대학교 졸업하면 확 줄어든다. 여자들은 서로를 보고 대화하지만 남자들은 나란히 서서 다른 것을 함께 본다는데, 내 경험에도 남자들은 개인적으로 힘든 일이 있으면 친한 사람들과 만나서 뭔가 다른 것을 함께 하며 시간을 보내는 편이었다. 그에 비해 여자들은 정서적으로 기댈 수 있는 네트워크가 평균적으로 남자들보다 훨씬 넓다. 물론 여자라고 공짜로 그런 친구들이 생기는 건 아니다. 여자간의 관계는 상당히 미묘하기도 있고, 친구 사귀기도 절대로 쉽지 않다. 하지만 시간과 노력을 투자해서 만들어놓은 정서 지원 네트워크는 특히 나이가 들어갈수록 정신 건강과 육체 건강에 엄청난 영향을 끼친다.

그 다음은 "여자 주변에서 어떻게 해야 할지 모르겠다"라는 글. 사실 이것 때문에라도 성추행하는 개새들을 아예 없애버려야 한다고 생각한다. 여자들에게 치근덕거리고 스토킹하고 폭언하고 성추행 하는 남자는 소수겠지만, 이들은 아주 열일하는 인간들이라 엄청나게 많은 여자들이 그런 남자들을 겪는다. 그러므로 '정상적'인 남자들도 덩달아 피해를 입는다. 영어권에서 남자들이 제일 무서워하는 단어는 'creep'(소름끼치게 여자에게 들러붙으려 하는 남자). 좋아하는 여자에게 가서 쭈뼛거리며 말을 걸었는데 'creepy' 하다고 피한다면, 개인적인 창피함은 둘째 치고 이 여자가 다른 사람들에게 자신이 creep이라 말할까 노이로제 걸려서 아예 여자에게 접근을 포기하는 경우도 많다. 요즘에는 직장에서의 성추행 문제도 엄청 많이 불거지다 보니 오히려 남자들이 훨씬 더 몸을 사리기도 한다. 결국 몇 퍼센트의 남자들 때문에 나머지 남자들이 엄청나게 피해를 보는 셈이다.

세계 경제 사정이 참 안 좋긴 안 좋구나 혹은 요즘 남자들은 감수성이 많이 다르구나, 라고 느낀 글도 있다. "내가 필요해서가 아니라, 그냥 나 자신을 원했으면 좋겠다"는 글이었다. 예전에는 '남자는 자신을 필요로 하는 여자를 사랑하게 된다. 그러므로 좀 약한 척 명 청한 척 해라' 하는 조언이 버젓이 돌아다녔다. 이것은 남자는 문제를 해결하려고 하는 본능, 목표물을 향해 돌진하는 사냥꾼의 본능이 있다는 이론에 기반한 것인데, '능력 있는 내가 이렇게 벌어와서 너를 먹여 살리고 너는 감동하는' 시나리오가 힘들어진 까닭이기도하다. 뭐 대단한 거 보여주고 싶지만 그게 쉽진 않고, 자기가 멋있게 해결해 줄 수 있는 문제도 그리 많지 않으니, 여자가 꼭 필요로 하는 남자가 됐으면 좋겠지만 그게 힘든 요즘 세상에 그냥 나 자신 그대로 좋아해줬으면 좋겠다는 뜻이다. 여자들은 평균 외모라면 그 냥 가만히 있어도 남자들이 뭐든 해주려고 하는데(물론 순수한 의도는 아니지만!) 남자는 뭐든지 자기가 혼자 해야 한다. 명함 내놓을 수 있 는 사람이 되어야 하고, 직업을 가져야 하고, 여자에게 어필해야 하 고, 리드해야 하고, 감동시켜야 하고, 먹여살려야 한다고 느낀다더 라(여기 역시 여자로서 할 말 많지만 이번 글의 주제에서 벗어나니까 다음으로 미 루겠다).

마지막으로 이것도 상당히 짠했는데, "누가 나 칭찬해줬으면 좋 겠다"는 글이었다. 내 주위 여자들은 칭찬에 익숙하다. 어찌 해보려 는 남자들도, 직장 동료들도, 친구들끼리도 칭찬을 많이 하는데, 보 통 외모의 남자로서는 지나가는 여자에게 덕담 들을 일이 없다. 이 것 역시 소수의 남자들에게 질린 여자들이 자기 방어로 틈을 주지 않고 철벽을 쳐서이기도 한데, 어쨌든 그렇다. 그리고 보통 외모의 남자는 자기가 나서서 무언가를 하지 않는 이상, 투명인간이다. 아무도 관심 안 보여준다. 그냥 지나가는 행인 #153이다. 그에 비해 여자들은 – 평범한 남자가 잘 알고 있듯이 – 남자에게 조금만 관심을 보여도 그 남자는 최소한 성관계를 할 의향이 있을 것이고, (여자는 그런 관심 싫어한다는 건 차치하고) 그 여자에게 술이라도 한 잔 살 것이고, 어찌 잘 해보려고 입에 발린 칭찬이라도 할 것이다. 평범한 남자에게 멀쩡한 여자가 그럴 일은? 없다.

그렇지만 이 책은 페미니즘 관련 책이니까 페미니즘으로 말을 돌리자면,

"동네 사람들! 저 수많은 폐해들이 페미니즘으로 극복됩니다!"

남자는 이래야 된다 저래야 된다, 남자가 먹여 살려야 한다, 능력 없는 남자는 남자도 아니다, 남자가 먼저 작업 걸고 리드해야 한다, 남자가 더 좋아해야 한다, 여자가 밝히면 안 된다, 여자는 쉽게 보이면 안 되니까 남자한테 너무 잘 하면 안 된다, 이런 거 다 페미니즘으로 극복 가능하다.

얼마나 좋습니까. 기승전페미니즘.

46

공대와 남녀
임금 격차

 "남녀 임금 격차는 여자가 공대 안 가서다! 여자도 공대 가면 취업 잘 되는데 문과에 가서 그렇다." "공대의 남녀 성비 봐라." 라는 떡밥들. 이거 내가 먹을 거야 아웅!

한때 남아공 멘사에서 멤버 선정을 위한 아이큐 테스트 감독관으로 일했다. 이때 참 재미있었던 케이스가 일란성 쌍둥이 자매였다. 대학교 2학년이던 이들은 한 명은 기계공학, 한 명은 마케팅 전공이었다. 얼굴, 체구, 행동은 똑같은데 관심사는 다르다고 했다. 아이큐 테스트 결과는 15점 차이였다. 공대생이 더 높게 나왔다. 15점이면 표준편차 1이다. 유전자가 똑같아도 그렇다. 물론 '높은 아이큐=

머리 좋음'은 아니고, 내 경험으로는 (테스트에 따라 다르지만) 아이큐는 공부 머리 중에서도 이과 머리와 연관이 높았다. 높은 아이큐 점수가 나오는 사람은 이과 쪽 과목 점수가 잘 나올 확률이 높다는 말이다. 관심이나 적성이 있건 없건 간에. 또 특이한 것은, 남녀 점수 평균을 내면 그 차이가 의미 없을 정도인데(연구 결과마다 다르지만 커도 3점 정도 차이다), 분포는 다르다. 남자 아이큐의 분포 벨커브(종모양 곡선분포)는 낮고 넓다. 쉽게 말해서 천재도 남자가 더 많고 바보도 남자가 더 많다는 얘기다. 여자는 평균에 좀 더 몰려있다.

예를 들어, 이과 머리가 뛰어난 남자 100명에 여자 80명 정도가 있다고 하자. 그러면 공대생 비율도 10:8 정도 되어야 하지 않을까 싶은데, 아니다.

부모 입장에서 아들이 잘 나가고 장가 잘 가려면 어떤 직업이 좋을까. 반대로 딸은? 여권이 후진 사회일수록 여자는 자신의 똑똑함이나 능력보다는 외모나 자신을 선택한 남자의 능력이나 지위로 평가받는다. 여성 수학자보다는 재벌 2세와 결혼한 아나운서를 더 부러워할 수 있다는 말이다. 딸을 키우는 부모는 분명히 '시집 가기 좋은 직업'을 우선적으로 고려한다. 좀 사는 집 딸이라면 미술, 음악, 무용 쪽으로 더 밀어볼 수도 있겠다. 중산층이라면 기계공학과보다는 교사, 스튜어디스 쪽으로 기울어질 수 있겠다. 딸이 정말 공부를 잘 한다면 의대나 법대에 보내는 집도 있겠으나 공대는 드물지 싶다. 부모님 세대 기준에서는 오히려 인문계 박사까지 해서 여성 교수가 되는 편이 엄한 전기과나 기계과에 가는 것보다 훨씬 가능성 있게 보였을 수도 있다.

그리고 여기서 들어가는 일반화. 보통 여학생이 남학생보다는 부모님, 선생님 말씀을 더 잘 듣는다. 내 나이 또래에 컴퓨터에 관심이 많아 코딩을 할 정도면 입시 공부는 땡땡이 치고 국영수 소홀히 했다는 건데, 머리 좋고 공부 잘 하고 부모님과 선생님 말씀을 잘 듣는 여학생이 그러리라고는 상상하기 좀 힘들다. 오히려 의대나 법대, 약대, 교대 등을 목표로 두고 학업에 정진하다가 샜다는 게 훨씬 더 그럴 듯하다. 일반화 한 번 더. 평균적으로 남자보다는 여자가 조금 더 보수적이고 안전한 선택을 한다. 나 때만 해도 한국에서 공대는 찬밥 취급을 받았고, 무조건 문과를 가야 관리직으로 올라간다고 했던 시절이다. 게다가 이공계는 여자가 별로 없고, 남초 환경에서 살아남기 빡세고, 여자로서 취업이 힘들다는 게 잘 알려져 있는데 그걸 감안하고도 진학할 정도로 무지막지하게 강한 이공계 선호를 보이는 여학생은 그리 많지 않을 거라 본다. 롤모델도 거의 없다. 윤송이 상무 빼고 성공한 이공계 여성 열 명 읊을 수 있는가? 난 첫 우주인 이소연씨 정도 밖에 생각나지 않는다. 대신 의사, 교사, 변호사인 여성은 주변에 숱하게 보인다. 커리어를 설계하는 여학생 입장에서 훨씬 더 승산 있어 보인다는 말이다.

여기에다가 가계 소득이 낮을수록 아들에게 투자하는 집이 많고, 딸은 시집만 잘 가면 된다 생각하여 어차피 시집 갈 때까지만 뭐라도 할 직업이 있으면 된다는 인식이 팽배했다. 그런 사회 분위기를 체화시킨 여자아이들 역시 외모가 갑이라 믿거나 최대한 여자로서 안정적인 직종을 찾는 점, 이공계는 최근까지 그리 각광받지 않는 남초 직종이었다는 점을 다 합하면 왜 공대의 성비가 그렇게 망했는지 설명 가능하다.

사족 하나, 옥스포드 강사에게서 들은 이야기다. 옥스포드와 캠브리지는 1:1 튜터링으로 유명한데, 가르쳐보니 여학생과 남학생의 꽤 큰 차이가 있더란다. 남자애들은 근자감이 넘쳐 교수 설명에도 토 달고 지가 잘났다고 덤비는 애들이 상당히 많았다고 한다. 그래서 정말 대박 나는 애도 있지만 망하는 애도 흔하다고 한다(앞서 말한 아이큐 분포 패턴과도 일치한다). 반면 여학생은 자신감이 좀 모자란 편이며 공부할 범위가 확실히 주어지면 그 범위를 열심히 공부하는 편이라고 했다. 그래서 톱에도 남자가 많고 바닥에도 남자가 많은데, 여학생은 거의 대부분이 최소 중간은 간다고 했다. 커리큘럼이나 목표가 확실하면 여학생이 훨씬 잘 하고, 모험적인 도전을 요구하는 분야에는 남자가 강하다는 이야기다. 이것 역시 성역할이 철저하게 구분되는 사회화와 교육의 영향이 크기 때문에 생긴 결과이지 싶다.

정말 마지막 사족으로, 남녀 임금 격차 얘기해봅시다.

명문대 출신의 30대 후반, IT 경력 10년에 페이스북에서 4년 차로 일하는 엔지니어가 한국에 간다면 얼마나 받을지 생각해보고, 그 사람이 애 둘 딸린 엄마라면 얼마나 받을까 생각해봅시다. 진정, 정말, 레알, 연봉이 같을 거라고 생각합니까? 이건 물론 애 둘 있는 엄마한테 그나마 컨택이 온다는 걸 가정했을 때 얘기지만.

47

'김치녀' 제대로 없애는
방법

 이 단어 자체가 무지하게 혐오스럽지만.

남아공의 흑인 결혼에 대해 잠깐 언급했다. 남자는 결혼할 때 여자의 가족에게 가축(요즘엔 현금!)을 주는 문화가 있다. 물론 이건 미풍양속이라서 여자를 사는 대가는 아니라고들 하고, 여자의 가족에게 전하는 감사의 표시라고 한다. 그렇지만 이 미풍양속은 곧 여자 값으로 취급받았다. 사람은 어느 환경에서나 자신을 다른 이와 비교하기 마련이고, 타인보다 조금 낫다 싶으면 기뻐한다. 그래서 남아공 흑인 여자들은 누가 얼마의 로볼라를 치뤘냐에 대해 뒷이야기를 많이 한다. 누구는 정말 예뻐서 소를 세 마리 받았다는 소문이

자자하고, 누구는 늙고 안 예쁘니 로볼라가 얼마냐는 질문에 우물 쭈물한다. 이것은 남자가 여자를 찍어누르려다 생긴 악습이라기보다는 여자가 재산으로 취급되고, 남자의 경제력에 완전히 의존해야 했던 시절의 부작용이다. 그렇지만 어쨌든 그 시스템 안에 사는 사람은 그것을 체화한다.

한국에서는 '집'이 로볼라다. 그런데 집에 대한 반응은 남녀 커뮤니티 사이에 많은 차이를 보인다. 남초 커뮤니티에서는 집을 요구한 김치녀 이야기나 집이 없어서 장가 못 가는 남자의 눈물겨운 사연이 주로 올라오는데, 여초 커뮤니티에서는 집값 반반이 상당히 많고 그나마 모자란 돈은 대출해서 맞벌이로 갚는다는 얘기가 많다. 그러나 익명이 보장되지 않은 오프라인 여자 커뮤니티에서는 또 남자가 소 몇 마리, 아니 집 몇 평을 해왔다는 이야기가 주를 이룬다. 이건 아마도 거의 다 사실일 것이다. 그저 화자가 누구인지, 누구를 염두에 두고 말을 하느냐의 차이일 뿐.

여자의 유일한 가치는 남자가 지불할 금액으로 결정된다는 가부장적인 사회에서는 '여자도 함께 집값을 냈다'가 자랑이 될 수 없다. 이것은 곧 '예쁘지 않아서/나이 들어서/데려갈 남자가 없어서/그 외 여러 가치 절하의 이유로 여자가 아쉬워서 돈까지 쥐어 억지로 떠넘겼다'로 이해되기 때문이다. 이게 아니면 '남자가 능력이 없어서 여자의 진짜 값을 내지 못했다'도 된다. 여기서 여자가 얼마나 공부했고 어떤 사람이고 뭘 이루었는지는 고려대상이 아니다. 부모 입장에서 다른 이들에게 말을 할 때, 우리 잘난 딸이 이렇게 시집을 잘 갔다는 걸 강조하려면 여자의 기여도는 확 낮추고 남자의 기여도는 확 높여야 한다. 실제로는 집값을 반반 부담했고 혼수, 예단까지 치면 여자 쪽에서 훨씬 더 냈더라도, 주위 사람들에게는 남자가 다 해온 걸로 말을 해야 서로 체면이 선다. 익명 커뮤니티에서는 그럴 필요가 없으니 있는 그대로의 얘기가 나온다. 혹은 '내가 이렇게까지 했는데 남자가 나에게 이딴 식으로 한다'는 내러티브를 완성하기 위해 여자의 기여도를 조금은 높일 수도 있겠다. 여기서 예외는 남자의 가치가 월등히 높아 여자도 값을 치러야 한다는 동의가 있을 때다. '사짜' 신랑에게 시집갈 때 돈을 왕창 싸간다거나 하는 등등의.

　　남자 입장에서도 돈 잘 버는 여자, 친정에서 돈 많이 가져오는 여자가 개인 레벨에서는 좋다. 그래도 체화된 시나리오 중에 가장 마음에 드는 것은 남자가 크게 성공해서 그 성공에 맞는 (능력 무관의) 예쁜 여자를 쟁취하는 것이다. 요즘 경제가 불황이다 보니 최고로 선호하는 시나리오보다 실속을 택해서 맞벌이가 가능한 여자를 선택하는 남자가 늘어나고 있지만, 남자의 수입이 몇 억대로 늘어나면 빡세게 돈 버는 능력녀보다는 차라리 겁나게 예쁘고 내조 잘할 여자를 찾을 확률이 높아진다(외국에도 그런 경우가 많다. 남자 성향에 따라서 예외가 있긴 하지만). 그러므로 김치녀는 사실 남자가 원하는 관계 속의 여자다. 내 돈으로 사치하는 예쁜 여자. 내가 엄청나게 능력 있다면 아마도 내 옆에 있을, 능력 없는 남자는 넘보지 못할 여자. 물론 처음 만날 때는 아주 드라마틱하게, 남자의 재산을 전혀 모르고 만났다가 '어머 유아 쏘 리치!' 하며 행복한 웃음을 짓는 여자. 그 다음부터야 남편 돈을 쓰겠지만 어찌됐든 결과만 보면 그들이 그렇게 욕하는 김치녀다.

이것은 여성에게도 큰 딜레마다. 여성의 직업, 꿈, 성취보다 그녀를 선택하는 남성에 의해 여성의 가치가 결정되는 사회다. 뒤웅박 팔자. 전문직 여자라 해도 남자가 집을 해오지 않았다면 '시집 잘 가지 못한' 게 된다. 본인들은 그렇게 생각하지 않더라도 주위의 시선이 그럴 수 있다. 그리고 그것은 곧바로 "여자가 무슨 문제가 있나?"로 이어진다. 게다가 우리는 모든 것을 간단하게 수치화하는 시대에 살고 있다. '얼마'로 다 계산된다. 그 남자가 널 사랑해? 얼마짜리 해줬어? 물론 다 부자는 아니니까 좀 더 유연하게 해서, 얼마 버는데 그 정도를 쓴 거야? 너한테 몇 시간 정도를 투자해? 이렇게 쉽게 흐른다. 그렇게 누군가를 좋아하는 마음을 수치로 재게 되면 생기는 더 큰 문제는 감사하기가 힘들어진다는 것이다.

남자가 100만 원짜리 선물을 사줬다. 보통이라면 "어머나 세상에 뭐 이런 엄청난 선물을??" 하겠지만, 사랑을 수치화하는 시스템에서는 "이 남자는 100만 원짜리를 선물할 만큼 나를 사랑하는구나"가 된다. 여자의 가치가 그만큼인 것이다. 그런데 나도 100만 원짜리 선물을 해줬다면? 선물과 지출을 '대가'로 보는 사회에서는 '100-100=0'이다. 그러니 감사도 없고 기브 앤 테이크도 없다. 계속 받아야 한다. 그래야 사랑의 증표가 되니까. 나의 가치를 증명해 주니까. 내가 해주는 건 내가 아쉽다는 증표로, 선물이 끊기는 것은 더 이상 나를 사랑하지 않는다는 논리로 비약된다.

　이렇게 뒤틀어진 사회에서 진짜 김치녀가 탄생한다. 나는 예쁘기 때문에 시장 가치가 있고, 그러므로 남자는 그에 상응한 대가를 지불해야 한다는 개념이다. 가부장제를 완벽하게 체화하고 여자의 가치를 오로지 남자의 능력으로 결정하는 시스템이 뇌에 굵게 새겨진 여자다. 그러므로 받아도 감사는 없다. 받은 선물에 대한 보답은 '내가 만나주는 것'이다. 이의 완전 반대는 '헌신하다가 헌신짝 되는 헌신녀'가 있다. 남자 고시 뒷바라지를 하다가 버림받은 여자 역시, '남자가 시장 가치가 있어 헌신으로 대가를 지불한 여자'가 된다. 김치녀가 선물 받았다고 계속 사귀어줄 필요가 없듯이, 고시 합격한 남자 역시 헌신은 다 받아먹고 여자를 버릴 수 있다. 김치녀와 조강지처 배신남(이것 보소, 조강지처 배신남한테는 찰진 욕도 없음)은 둘 다 가부장제 사회에서 자신의 가치를 알고, 그래서 그에 따른 당연한 대접을 받았다고 생각한다.

　김치녀가 싫은가? 여성의 가치를 남자가 매기지 않는, 여자의 결혼으로 그 인생의 성공과 불행을 판단하지 않는 사회가 오면 된다. 예쁘고 젊은 여자가 대접받는 게 당연한 분위기가 없어지면 된다. 결혼과 임신, 출산이 경제활동에 지장을 주지 않아서 결혼 상대 남자의 경제력을 고려하지 않아도 되는 사회면 된다. 그러므로 그렇게 원한다는 김치녀 퇴치는 페미니즘의 성공으로 가능하다. 김치녀 욕할 시간에 여혐타파에 힘 쓰자고요.

사족 하나: 그나저나, 여자 뒷바라지와 헌신 홀랑 **빼먹고** 튀는 남자 욕하는 단어 진짜 없나요?

사족 둘: 한국 자체가 줄 세우기를 워낙 잘하는 나라라서 대접 바라는 자세를 없애는 건 힘들 것 같기도 하다.

사족 셋: 김치녀라는 말이 나온 배경은 무시하고, 여자들이 처한 상황도 외면하면서 '날 만나주지 않고 다른 돈 많은 남자 만나서 펑펑 쓰는 여자' 혹은 '여자가 돈 저렇게 잘 벌리 없으니 분명히 남자 등쳐서 쓰는 것 같은 여자'만 욕하는 남자면 '김치녀란 단어 쓰는 남자 만나지 말자'라는 조언도 유효하다. 아니 세상에 좋은 남자도 많은데, 여혐이 너무나 기본으로 장착되어서 여자 앞에서도 그런 비하 단어 쓰는 남자를 왜 사귐? 한국사람 비하하는 외국인이랑 굳이 사귈 이유 없고, 전라도 사람으로서 일부러 전라도 비하하는 경상도 사람 만날 필요 없지 않소? "난 전라도 사람이지만 네가 욕하는 전라도 사람이랑 다르고 너한테 무척 잘할 거야."라고 할 필요는 없잖아요.

48

'그런 여자'의
두려움

 강남역 사건이 일어나고 나서 갑작스레 변한 듯한 여자들에게 당황하는 사람들이 많이 보인다. 한국은 치안이 좋은 나라인데 뭐가 그리 걱정이냐고, 그렇게 성추행, 성희롱이 많다면 왜 여자들은 지금껏 말이 없었냐고, 이제야 쏟아져 나오는 게 이상하다, 오버하는 거 아니냐 묻는다.

난 "그런 여자"가 되는 것에 대한 두려움을 해외에서 자라면서 배웠는데, 아마 한국에서 자랐어도 비슷하거나 더 심하지 않았을까 생각한다. "그런 여자"가 된다는 두려움이란 무엇인가. 정확하게 어디에서 배웠는지, 어디에서 시작되었는지는 모르겠다. 이건 성적인 뉘앙스가 들어간 모든 것에 내가 어떻게라도 연관될까 노심초사하는 두려움이다. 모르는 남자가 내 허벅지를 쓰다듬는 추행을 했다면, 그걸 말했을 때 사람들이 떠올릴 이미지. 남자의 손이 내 스커트 안에 들어왔다는 장면 자체, 난 내 피해 사실을 얘기하는 것뿐인데 그걸 상상하면서 묘사되는 청자의 표정, 곧바로 혐오를 보이는 몇몇의 표정, 그럼으로써 내가 이상하게 '더러워진' 것 같아 오소소 돋는 소름, 그렇게 나는 성적인 뉘앙스에 엮인 "그런 여자"가 된다. 사람들은 이제 나를 볼 때 나로 보지 않고, 어떤 남자의 손이 허벅지를 쓸었던 "그런 여자"로 본다. 왠지 그런 여자는 여지를 좀 주었을 것 같기도 하다. 그게 아니더라도 더 이상 순수하고 밝은 양갓집 규수는 아니다. 피해자도 아니고, 뭐라 해야 하나. 깨끗하게 닦인 유리창에 손자국 남은 그런 느낌이다.

순결 교육을 빡세게 받은 기억은 없다. 부모님과는 성교육 관련 대화를 한 기억이 별로 없고, 학교에서도 그저 정자, 난자, 수정란, 임신, 출산 정도에 대해서만 배웠다. 그런데 "그런 여자"의 두려움은 어디서 왔을까.

누가 나에게 걸레라는 욕을 했다면 어떨까. '사기꾼', 혹은 '잘난 척 하는 년'과 같은 욕이라면 화를 내면서 다른 사람들에게 호소하는 것이 비교적 쉽다. 누구누구가 나보고 잘난 척 한다지 뭐야?! 뭐 이렇게. 그런데 "걸레"는 그게 힘들다. 그 단어와 내가 엮이는 것에, 불특정 다수가 나를 그렇게 생각할지도 모른다는 것에, 그렇게 "그런 여자"로 낙인찍힐지도 모른다는 것에 두려움이 있어서 말을 하지 않는다.

이 두려움이 언제부터 옅어졌나 하면 이십 대가 되어서이다. 이십 대 초반의 분위기만 해도 분명히 기억난다. 강간당한 여자에게 "쟤는 어떻게 시집갈까"라는 우려를 하는 게 흔했고, 나 자신도 강간당한 여자는 사랑해줄 남자 찾기가 힘들 수도 있겠다고 생각했던 기억이 난다. 여자가 성희롱, 성추행, 성폭행을 당했다고 할 때에 사람들 얼굴에 스쳐갔던 표정들을 또렷이 기억하고, 그래서 나는 절대로 그 표적이 되고 싶지 않다고 느꼈던 것도 기억한다. 점점 더 많은 여자들이 당당하게 성폭행 가해자를 지목하게 되었고, 직장에서의 성희롱을 호소하는 이들 역시 늘어났지만 그래도 확실하지 않았다. 내가 당한다면 나는 과연 내 주위 사람들에게 다 알리고 싶을까? 누가 나에게 어떤 성적 행위를 했다고 내놓고 말하면, 그들은 그것을 다 머릿속에서 연상할 테고 나는 그 수많은 이들의 뇌세포에 성적인 컨텍스트로 기억될 텐데, 난 그럴 용기가 날까.

메갈리아의 유일한 업적은 여혐 공론화라는 이들이 있지만 나는 메갈의 제일 큰 업적이 다른 데 있다고 생각한다. 남초 사이트에서는 여혐 미러링 글만 엄청나게 퍼가며 메갈을 욕했으나 하루에도 몇 개씩 올라오는 성폭행/성추행/성차별 경험담은 하나도 안 퍼가더라. 그래서 여성들 안에서 거대하게 일어나고 있는 분위기 변화를 눈치 채지 못 했을 것이다.

메갈에는 온갖 추잡하고 치사한 방법으로 당한 경험담들이 쏟아져 나왔다. 그러나 이번만큼은 "네가 여지를 줬겠지"라는 매도 받지 않고, "너 이제 인생 망쳤다 어떻게 시집갈래"라는 악담과 걱정도 없었다. 당했다는 얘기를 하는데 그걸 야동의 한 장면으로 떠올리는지 묘한 표정을 짓는 사람도 없었고, 갑작스레 "보통" 여자가 아닌 "그런 여자"로 보면서 거리를 두려는 이도 없었다. 그저 위로와 공감, 가해자를 향한 찰진 욕만 있었다.

무서워하지 마. 너만 당했다고 생각했니? 아니야. 우리도 다 당하고 있었어. 다 겉으로는 괜찮은 척 하니까 몰랐던 거야. 어떤 나쁜 놈이 성기 만졌다고 하면 남친이 더럽다고 너 버릴까봐 말 안 했지? 난 성폭행 당한 거 말하면 시집 못 갈까봐 엄마가 말하지 말라고 했어. 삼촌이 그런 거지만 엄마는 모른 척 했어. 난 선생님에게 당했어. 나보고 음란한 년이라고 해서 난 내가 진짜 그런 줄 알았어. 난 사촌 오빠가 그랬어. 난 친구 오빠가. 난 친동생에게서. 난 대학 선배에게서. 그러니까 우리 앞에서 말 해. 우리가 들어줄게. 네가 더럽지 않다고 말해줄 거야.

메갈은 피해자들을 그렇게 다독이고, 가해자에게 욕설을 퍼부어줬다. 어떤 남초 커뮤니티도 그런 게시물은 퍼가지 않았으나 여초 커뮤니티로는 그 분위기가 퍼져나가기 시작했다. 그때부터였는지도 모르겠다. 당했던 여자들이 그제야 집단적으로 사실을 마주하게 된 것이. 정말 내 잘못이 아니구나. 난 나만 더럽혀진 줄 알고, 내가 여지를 준 줄 알고, 내가 바보 같아서 당한 줄 알고, 말하면 다들 손가락질하고 피할 줄 알았는데, 사회적으로 매장당할 줄 알았는데, 진짜 그 새끼가 잘못한 거구나. 말해도 되는 거였구나. 나 같은 여자들 정말 많구나. '깨끗하고 순수한' 여자들 사이에 더럽혀진 나 하나가 숨어 있던 게 아니었구나.

강남역 사건 이후로 여자들이 자신이 당한 피해를 말하기 시작한 것이 난 그 덕분이라고 믿는다. 한 번도 메갈에 들어가보지 않은 여자라도 다른 여초 커뮤니티를 통해 알게 되었을 것이다. 성추행/성폭행은 확실한 범죄고, 피해자가 부끄러워해야 할 일이 아니라는 것을 느끼게 되었을 것이다. 전국의 여자들이 깨어난 셈이다. 진짜 말해도 괜찮다는 거. 다른 여자들도 다들 이해한다는 거. 우리 모두 이 여혐 팽배한 사회에서 힘들게 살아왔고, 그런 사회에서 살아남아보겠다고 나도 모르게 강자 입장에서 서서 다른 여자들을 "그런 여자"라 비난하기도 하고, 그럴 여지를 줬겠지 욕하면서 나는 괜찮을 거라 믿고 싶었다는 것.

이제야 여자들의 입이 트이기 시작하니까 다들 이게 뭔가 싶었던 모양이다. 가입하기도 힘들게 꼭꼭 막아놓은 여성 커뮤니티에서는 하루에도 수십 가지의 이야기가 오늘도 계속 올라온다. 남자들에게, 가족들에게도 하지 않는 이야기가 매일같이 쏟아져 나온다. 남자들이 접하는 이야기는 빙산의 일각 위의 얼어 죽은 파리 한 마리일 뿐이다. 불과 어제 본 글에도 "한국 직장에서 저런 성추행이 있나요?"

라고 묻는 사람들이 있던데… 한국뿐만 아니라 세계 전역에서, 오늘도, 지금 이 시간도, 초당 수십, 수백 명에게 일어나고 있다. 그리고 이제 우리는 말할 수 있는 용기를 얻고 있다. "그런 여자" 딱지 따위는 네 이마빡에나 갖다 붙이라고 삿대질 하는 방법도 배우고 있다.

우리 연대합시다. 싸웁시다. 말하고 설치고 나댑시다. 우리 다음 세대는 "왓더퍽? 너 고소!"가 자연스럽게 나올 수 있도록.

49

남자의
특권

 백인 남자들에게 'white male privilege(백인 남성의 특권)' 어쩌고 하면 버럭! 하는 백인 남자들이 많다. 오히려 특권이라 하는 것 자체가 역차별이라 말하는 사람도 있다. 내가 역차별 소리를 들어도 혈압상승으로 죽지 않는 이유가 바로 이거다. 그놈의 역차별 역차별, 많이 들어봐서.

상당수의 동성애자들에게는 공개된 장소에서 애인과 손잡고 걷는 것이 특권이다. 친구가, 가족들이, 회사 동료가 '결혼 언제 해? 애인은 있고?' 물어볼 때 애인 있다, 없다 말할 수 있는 것도 이성애자의 특권이다. 같은 상황에 동성애자들은 보통 애인을 친구라고 속이거나 거짓말하고 혹여 들키지 않을까 노심초사한다.

영어 구사자로서의 특권도 많다. 세계 어딜 여행해도 말이 통할 거라는 확신이 있고, 영어로 말하라는 게 무리한 요구가 아니다. 무슨 상황이든 영어 못하는 사람보다 스트레스를 훨씬 덜 받는다. 외국에서 웬만한 물건을 사도 영어 설명서가 기본으로 있는 경우가 많고, 호텔 프런트, 그 외 여러 상황에서 당연히 나와 같은 언어로 말하는 사람을 요구할 수 있고, 나와 같은 언어를 쓰는 사람이 준비되어 있다는 거, 이게 엄청난 특권이다.

특권은 '있어서 엄청 이득이 되고 구좌에 돈이 들어오고 애인이 생기는' 그런 게 아니다. 없을 때 뼈저리게 느끼는 게 특권이다. 미국에서 흑인은 가게에 들어가면 도둑으로 의심당할 확률이 높고 운전할 때 경찰이 과하게 단속할 수도 있다. 별 생각 없이 가게에서 쇼핑하고, 경찰관에게 걸리면 면허증 보여주고 슥 지나가는 백인 남자는 '와, 내 특권 땜에 개이득!'이란 생각 안 한다.

남자의 특권을 보자. (한국엔 흔하지 않은 것 같지만) 거리를 걸어가다 보면 "어이 아가씨~ 여기 봐! 웃어봐! 어이 예쁜이!" 이렇게 작업 거는 곳들이 많다. 대답 안 해주면 위협하기도 한다. 남자로서 이걸 당하지 않는 게 특권이다. 하지만 그렇다고 오백 원이라도 살림에 보탬됐냐, 그건 아니다. 심지어 다른 여자들이 자기에게 그렇게 작업 걸어주면 좋겠다고 느낄 수도 있다. 하지만 여자들은 불쾌하고 위협을 느끼며 그런 일 좀 당하지 않았으면 좋겠다, 안 당하는 남자들은 얼마나 편할까를 생각한다.

할머니가 성차별 해서 손녀만 일 시킨다고 해보자. 손자, 손녀를 불러 둘을 세워 놓고 "손자 너는 남자니까 일하지 말고, 손녀 너는 여자니까 일해라" 이런 식으로 말하겠나. 손녀에게 잔소리를 하고, 손자는 어쩌면 그 말을 듣지 못했을 수 있다. 특권이라고 느낄 기회는 없다. 입사 서류를 제출하는데 여자는 같은 학교, 같은 학점이라도 서류 통과가 잘 안 된다. 통과된 남자가 "와, 내 특권 봐! 내 여자 동창에 비해 통과 잘 되네!" 할까? 아니요. 요즘엔 다 취업하기 힘들어요.

다들 내가 받는 건 별 느낌 없고, 내가 못 받는 것에는 몇십 배 몇백 배 서럽고 분하다. 비장애인인 나는 어딜 가도 휠체어 이용이 가능한 지하철 역을 찾거나 그 외 대중교통 루트를 찾을 필요가 없다. 그렇지만 '내 특권'에 감사하기보다는 런던 지하철에 화내고 길 막힘에 빠쳐있을 때가 더 많다. 면접 갈 때, 사람 만날 때, 여행 갈 때, 영어가 안 통하는 사람은 얼마나 불편할까 가끔 생각하긴 하지만 영어를 잘한다는 사실에 매일 감사하진 않는다. 한국사람들도 매일매일 "와, 내가 한국말 잘해서 이렇게 쉽게 치킨도 배달시킬 수 있어. 한국말 못하는 외국인들은 얼마나 불편할까" 하지 않듯이.

누군가가 특별한 대접을 받는 게 아니라 별 생각 없이 살 수 있는 것, 이게 특권이다. 페미니즘에 전혀 신경 안 쓰고 그게 뭔지 모르는 것, 페미니즘이 왜 필요한지 이해할 수 없는 것, 페미니스트를 이해하지 않아도 삶에 지장 없는 것. 여자든 남자든 그게 특권이다.

PART FIVE

당신에게 보내는 편지

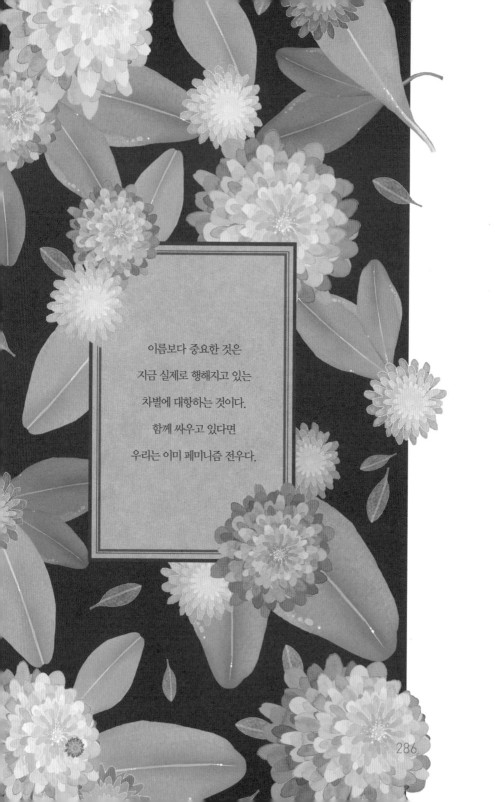

이름보다 중요한 것은
지금 실제로 행해지고 있는
차별에 대항하는 것이다.
함께 싸우고 있다면
우리는 이미 페미니즘 전우다.

50

'덩치 크단 이유만으로 길가다
예비 강간범 취급당하니 없던
살심이 치솟는다'라던 분께

 "남자는 여자가 비웃는 것을 두려워하지만,

여자는 남자가 죽이려 덤빌까 두려워한다."

저는 님을 모릅니다. 하지만 영국에 살고 계시지는 않겠지 추측하고 있습니다. 제가 예전에 남아공에 살면서 블로그에 상당히 자유롭게, 하고 싶은 말을 별 필터링 없이 쓸 수 있었던 이유 중 하나는, '같은 동네 살고 있는 사람 별로 없을 테니까'라고 생각해서였습니다.

댓글님은 아마 덩치가 큰 남자분인 것 같은데, 억울한 일을 많이 당하셨는가 봅니다. 하지만요. 밤늦은 시간 어두운 골목에서 어떤 여자가 자기를 따라오는 남자를 흘낏 보고 걸음을 종종 걷는다고 합시다. 그 남자는 위험한 상대일 수도 있고, 아닐 수도 있습니다. 두 가지 가능성이 있겠네요.

99퍼센트: 그냥 보통 남자.
1퍼센트: 위험한 놈.

이때 댓글님은 상식적으로 생각하여, "내가 이상한 놈일 가능성이 얼마나 낮은데 저 여자는 날 뭘로 보는 거야!! 내가 그 1퍼센트의 강간범이나 살인범처럼 보이냐?"라고 합니다. 그러므로 이 상황에서 댓글님에게 최악의 상황은 '강간범 취급을 당했다는 기분 나쁨'입니다. 그렇죠?

여자도 이걸 압니다. 하지만 1퍼센트의 경우일 때, 여자가 조심하지 않은 대가는 뭘까요?

강간. 살해. 아니면 최소한 폭행.

그러므로 여자는 전화기를 꺼내고, 주위를 두리번두리번 살피고, 뒤를 흘낏흘낏 봅니다. 도망갈 길을 먼저 마련해둡니다.

기분 나쁘세요? 네. 기분 나쁘시겠죠.

여자는요? 존나 무섭습니다. 유영철이 미친 사람처럼 생겼던가요? 아뇨, 멀쩡하게 생긴 사람들 중에 개싸이코들 많아요.

자, "그런 일이 얼마나 있다고 엄살이냐?"고도 하실 수 있겠는데. 혹시 블로그 하면서 악플 받아보신 적 있으세요? 있으시겠죠. 그런데 "시발년 좆 까고 있네 확 죽여버릴까 보다. **를 찢어버릴까 보다 강간해버릴까 보다." 같은 협박을 들어보셨나요? 전 들어봤습니다. 물론 전 남아공에 살고 있었고 악플러는 아무래도 한국에 있었을 테니까 아주 두렵진 않았습니다만. 여자 블로거나 기자, 그 외 온라인상에 조금 세다 싶은 의견을 써본 여자라면 다들 겪어봤을 걸요. 살해, 강간, 혹은 폭행의 협박 말입니다. 한 번도 아니고, 그런 내용의 악플 자주 받습니다.

한국남자들이 딱히 악해서 그런 걸까요? 당연히 아니죠. 얼마 전 영국에서 처음으로 트위터 악플 단 사람이 처벌되었는데, 여자 기자가 쓴 기사에 그가 단 댓글은 '너 이년 찾아내서 강간하겠다, 돌려먹겠다, 죽여버리겠다'라는 식이었어요.

이거 흔합니다. 그리고 여자로서 한 번이라도 남자와 몸싸움을 해봤다면 절절히 느끼는 거지만, 남자가 작정하고 덤비면 여자의 몸으로 못 막습니다. 꼭 남자 덩치가 커야 되는 것도 아니죠. 퇴근하는데 기다리다가 염산을 확 부어버리는 일도 종종 일어나고요. 여자라고 안 그런다는 건 아닌데, 남자가 가해자인 사건이 확실히 많지요?

저 윗글에서 "살심이 돋는다"고 말씀하셨는데, 전 그거 보고 소름이 돋았습니다.

여자들도 압니다. 조금만 남자에게 기분 나쁘게 해도 회까닥 돌아서 해꼬지 할 수 있다는 거요. 그래서 아주 싫은 남자가 추근거려도, 옆에 일행 없고 혼자라면 막 대하지 못합니다. 어두운 밤거리를 혼자 걷는 여자의 경우에도, 그가 여자가 아니라 남자였다면 확 뒤돌아서서 "시발놈아 왜 쫓아와?"라고 먼저 시비를 걸 수도 있겠죠. 여자는 못합니다. 몸싸움으로는 거의 백퍼 지니까요. 다른 사람들이 도와줘야 합니다.

완전 작정하고 미친 인간들도 있고, 기회가 있으면 미친 짓 할 수 있는 인간들도 있고, 보통은 정상적인 남자지만 댓글에서 말씀하셨다시피 "살심 돌도록 회까닥" 하면 사고 칠 남자들도 있습니다. 여자 입장에선 뭐 다 무섭습니다만. 어쨌든 안 그럴 확률이 높지만, 그리고 오해했다면 미안하지만, 오해가 아닐 경우에 대가가 너무 크기 때문에 조심하지 않을 수 없다는 겁니다.

자, 이런 글을 쓰면서도 저는 생각합니다. '설마 영국 사는 사람은 아니겠지??' 댓글님은 아주 괜찮은 분일 수도 있고, 직장에서 만났다면 저와 둘도 없는 친구가 됐을 수도 있습니다. 하지만 저는 댓글님을 모릅니다. '양파 네 년이 또 이딴 식으로 기분 나쁘게 글 썼으니 죽여버리겠다'고 댓글을 달 만한 사람일 가능성도 있죠? 물론 아닐 가능성이 훨씬 높습니다만, 그리고 그러신다 하더라도 여기까

지 날아와서 절 찾아오지 않을 가능성은 더 높겠지만 그러면서도,

- 협박성 댓글을 받아봤고
- 영국에 사는 남자에게서 죽여버리겠다는 협박도 들어봤고
- 실제로 작정하고 덤빈다면 저를 찾기는 쉽고
- 제가 미리 대비할 방법은 거의 없다…

는 것을 고려할 수밖에 없다는 거 이해하시죠? 그리고 여자로서 이게 아주 자주 드는 생각이라는 것도 이해해주셨으면 합니다.

남자 입장에서 억울하게 누명쓰는 경우도 많다는 것 아주 잘 알고 있습니다. 특히나 해외에서는 가정폭력의 경우는 요즘엔 무기로도 쓰이지요. 남자가 목소리만 높여도 당장 경찰 부르면 바로 감방 가고, 요즘엔 그런 기록을 다 공개하자는 분위기다 보니까 여자 잘못 만났다가 인생 망치는 거 한방이다… 이런 케이스도 없는 건 아닙니다.

그래도 남자가 여자에게 그 자리에서 맞아죽을 확률은 그리 크진 않지요? 지금 이 순간에도 살해당하는 여자들의 거의 대부분은 남친/남편/그 외 남자인 범인에게 희생됩니다. 무고한 누명을 생각해서 '여자들 편들지 말자'고 하기엔, 아직은 희생자가 너무 많네요. 저는 악플러들이 여자 블로그에 강간이나 살인 협박 댓글을 달 때마다 감방 갈 거 각오하는 분위기가 되었으면 하는 사람입니다.

이어지는 말은 다소 험합니다.

한국남자가 한 번 흑인 남자에게 **빡세게** 강도를 당했다고 합시다. 그래도 먹고 살아야 하니까 남아공에서 계속 사는데, 어쩌다 보니 저녁에 좀 늦도록 친구들과 술 한잔 하고 집에 가는 길입니다. 흑인 남자들이 저쪽에서 너댓 명 큰 소리로 떠들며 놀고 있군요. 좀 피해가려고 합니다. 그런데 그 사람들이 말을 겁니다.

"어이." "야!" "헬로!" "칭총창!!" "중국 원숭이!"

무시하고 지나가려고 하지요. 그런데 덩치 좋은 한 남자가 갑자기 내 쪽으로 달려옵니다. 그래서 순간 움찔합니다. 그러니까 그들이 우와아아 하고 웃습니다.

"무섭냐?" "내가 너 강도라도 할 거 같냐?"

또 무시하고 지나가려니까 그럽니다.

"야, 너 나 흑인이라고 무시하냐?" "좆도 없어 보이는 새끼 털 것도 없는데 안 건드릴 거거든??" "어? 이게 사람이 말을 했는데 답을 안 해?"

성질 같아서는 총이라도 꺼내서 확 다 쏴 죽여버리고 싶지만, 승률은 높지 않죠. 그리고 사실 무섭습니다. 그래서 암말 못 하고 지나갑니다. 한 대 맞은 것도 아니고, 걔네들은 그냥 껄렁대며 시비 건 것뿐이지만, 당한 사람은 트라우마가 더 심해집니다. 그래서 그 얘기를 다른 사람들한테 했더니,

"그니까 왜 남아공에 사냐 돌대가리 새끼야"
"왜 저녁에 술은 처마시고 지랄이야 집에 일찍일찍 다닐 것이지"
"그니까 평소에 내가 운동 좀 하라고 했지? 덩치 있고 성깔 있어 보이면 걔네들이 시비 걸 거 같냐? 니가 비리비리하니까 걔네들이 만만해서 시비 걸지"

라고 합니다. 분하고, 억울하고, 창피하고, 쪽팔리고, 인생에 회의 들죠.

이런 상황, 여자는 상당히 많이 겪습니다. 시비 거는 남자들은 저런 상황에서 자기 무시한다고 난리. 말대답해주면 본격적으로 작업 걸기. 상대 안 해주면 "너 같이 못생긴 년 건드릴 생각도 안 했는데 혼자 김칫국 마시고 난리"라 욕하고, 여자 입장에서 남자가 혹시라도 한 대 칠 것 같아서 어쩔 수 없이 좋게 상대 해주면 "병신 같은 년 내가 진짜 지 좋아하는 줄 알고 아주 질질 싸네" 하는 식으로 비웃죠. 그런 일이 있었다고 주위에 말하면, 왜 그러니까 치마 입고 다니냐 모자란 년아, 왜 밤에 늦게 혼자 다니냐, 왜 미친놈들 상대를 해주냐, 왜 미친놈들 성질 건드리냐 뭐 이런 반응 받기 십상입니다.

남자의 경우 남아공 같은 특수상황에서 느낄 수 있고, 그 외 한 정된 환경에서만 겪을 수 있다면, 여자는 사실 어디에서나 아주 자 주 겪는 상황입니다. 영국도 예외 아닙니다(남아공보다 훨씬 덜하긴 합니 다만). 체감상 남아공에 사는 한국사람들의 50퍼센트는 강도를 당해 본 적이 있을 겁니다. 최근 미국 대학에서 조사한 바로는 5명 중의 1명꼴로 여학생이 성추행, 성폭행을 경험한 적 있다고 합니다. 이건 대학교 때만 얘기고, 여자 인구 전체를 조사하면 '한 번이라도 성추 행이나 성폭행을 경험한 사람, 남자에게 직접적인 위협을 느껴본 사 람'이 최소한 70퍼센트 넘을 거라는 데에 돈 겁니다. 남아공 한인 강 도 확률보다 확실히 높습니다. 내가 당장 당하지 않았다면 아주 가 까운 사람이 당해본 적 있어서, 그게 어느 상황인지 아주 잘 이해할 수 있거든요.

인종차별도 당연히 큰 문제입니다. 하지만 앞서 든 예에서 움찔 하고 못들은 척 하며 지나간 사람을 '흑인을 사람으로 안 보는 인종 차별주의자'로 몰고 가는 건 초점이 빗나가도 한참 빗나갔죠. 마찬 가지로, 여자가 위협을 당하는 상황이 상당히 많고 폭행과 강간, 살 해당하는 여자가 많다는 말에 "모든 남자가 그런 건 아닌데 남자를 강간범 취급한다"라는 대답은 그와 같이 초점이 빗나간 말입니다. 저 상황에서 당한 사람에게 "앞으로 어두운 밤길에 흑인을 보더라 도 움찔하거나 경계하지 마라. 그건 인종차별주의자나 하는 짓이다" 란 충고가 전혀 도움이 안 되듯 말이죠.

나를 부르주아 페미니스트라
부르는 분들에게

🍃 우선, 부르주아로 보아주셔서 감사합니다. 십 년 전의 저라면 뒤집어지게 웃었겠지만 어쩌다 보니 그렇게 보이는 위치에 왔네요. 저 사실 꼭 구분하자면 흙수저일 거예요. 공무원 출신 부모님이 남아공에 나오신 이후 저 고딩 때 파산하셔서 고등학교도 학교에 빌려서 장학금 받고 다녔고 스무 살 이후로 집에서 지원 못 받고 안 받았어요. 남편도 흙수저 집안이에요. 스무 살부터 자기가 벌어서 먹고 살았어요. 첫 '연봉'이 500만 원이었습니다. 스물하나에 그거 받으려고 새벽 다섯 시부터 한 시간 넘게 운전해서 출근했어요.

왜 제가 살지도 않는 한국의 일에 이렇게 열 올리는지 아시나요?

제가 한국을 떠나지 않았더라면 어떤 일을 겪었을지 대강 알기 때문입니다.

제 얘기는 이미 했지만, 다시 한 번 해볼게요.

23세의 양파는 고졸이 마지막 학력인 유부녀였습니다. 고졸 유부녀이지만 취업이 어렵지 않았습니다. 이건 아프리카에서 유색인종으로 살던 때의 얘기입니다.

24세의 양파는 취업한 곳에서 성희롱, 성차별을 겪지 않았습니다. 작업 거는 상사도 없었고 술자리에서 치근덕거리는 동료도 없었습니다. 외모 비하도 없었고 살 빼라 뭐 어째라 고나리질도 없어서 스트레스가 없었습니다. 이 날 이때까지 저에게 살쪘다 못생겼다 한 사람들은 전부 한국인입니다.

25세의 양파는 일하면서도 계속 공부할 수 있었습니다. 별거 아닌 이력으로도, 여자로서도 이직이 가능했습니다.

26세의 양파는 결혼 3년차인데 시댁의 제사 한 번 가본 적이 없었습니다. 남편 아침 한 번 차려준 적이 없었습니다. 명절 차례상 차려본 적도 없어. 남편이 딱히 엄청나게 훌륭한 성자인 것도 아닙니다. 그냥 평범한 사람이에요.

27세의 양파는 1년 동안 일을 쉬고도 다시 취업이 가능했습니다. 여전히 고졸 유부녀 스펙이었습니다.

28세의 양파는 중소기업에서 좋은 직장으로 이직이 가능했습니다. 그 누구도 결혼했냐 애는 언제 가질 거냐 묻지 않았습니다. 드디어 학사를 끝냈습니다.

29세의 양파는 영국으로 취업비자를 낼 수 있었습니다. 비자 신청할 때도 네가 왜 메인 신청자냐, 유부녀가 취업 어떻게 할 거냐 애 낳으면 어쩔 거냐 안 묻더군요. 서른 넘어서 '경력 단절녀' 되면 어쩔 건지 걱정도 안 하던데요.

30세의 양파는 아프리카 학사 하나만 가진 이민자 유부녀 신분으로 영국 도착 2주 만에 취업할 수 있었습니다. 역시 직장에서 성추행, 성차별은 경험하지 못했습니다. 외모 고나리도 역시 한 번 없었네요. 영국 떠날 때까지 제삿상 한 번 안 차렸고 시댁에 안부 전화 안 드려도 됐습니다. 시부모 간병에 호출 된 적도 없고 김장 도우러 가지도 않았습니다.

31세의 양파는 임신기간 동안 눈치 하나도 안 받고 무려 임금 인상까지 두 번 받고 무사히 출산했습니다. 유급휴가 6개월 받고, 그동안 석사 공부도 엄청 진도 낼 수 있었습니다.

32세의 양파는 출산휴가를 무사히 끝내고 복귀한 뒤, 얼마 되지 않아 연봉을 확 올려서 이직했습니다. 어린 아이가 있는데도 새 직장에서는 뭐 하나 안 묻더라고요. 탄력적인 출퇴근 시간 운용이 가능했고 친정과 시댁 서포트로 큰 아이 그럭저럭 쉽게 키웠습니다.

33세의 양파는 또 한 번 연봉 올리면서 마이크로소프트로 이직했습니다. 이번에도 역시 애 있는데 어떻게 일할 거냐 묻는 사람은 없었습니다. 그리고 일 시작한지 몇 달 만에 곧바로 임신했습니다. 그래도 힘들진 않았습니다. 민폐란 소리 한 번 안 듣고 눈총 한 번 안 받고 진통 올 때까지 일할 수 있었으니까요. 출산 후 돌아왔더니 연봉 인상이 있었습니다. 이때 옥스포드 석사 졸업생이 됐네요. 이

듬해엔 진급도 했습니다.

　당신에게 묻습니다. 똑같은 스펙으로 23세에 한국에서 고졸 유부녀로 시작한 양파는 어떻게 살았을까요? 제가 자란 곳에서는 그냥 특별할 것 없는 환경이고 특출날 것 없는 결혼생활이지만, 한국에서 저런 인생을 살았다면 로또를 연속 몇 번 맞은 운일 겁니다. 23세의 양파는 고졸 유부녀니까 콜센터 이외엔 취업이 안 됐을지도 모릅니다. 아니면 고졸이니 '미쓰양'이라 불리면서 커피만 탔을 수도 있죠. 24세의 양파는 퉁퉁하다고 상사에게 구박 받고 그나마 안 예쁘면 노력이라도 하지 화장도 안 하고 안 차려입는다고 동료들에게 지적당하며 스트레스성 병 몇 개쯤 달고 다녔을 수 있습니다(저 키 163센티미터에 58킬로그램 나갔거든요). 25세의 양파는 심한 야근 때문에 학사 공부를 포기했을지도 모릅니다. 26세의 양파는 일 년에 있는 몇 번의 제사, 설, 추석을 챙기느라 시댁에 드나들고 시댁 어른 간병 때문에 직장에서 눈총 받으면서 휴가를 내야 했을지도 모릅니다. 27세의 양파는 아침 한 끼 해주는 게 그렇게 어렵느냐는 남편 때문에 새벽 다섯 시에 일어나서 아침상 싹 차려놓고 화장하고 출근하느라 훨씬 더 힘들었을 수도 있습니다. 28세 양파는 방송통신대 학사를 끝내고 드디어 이직을 노리는데 아이는 언제 가지냐는 질문에 어버버 하다가 좋은 기회를 놓쳤을지도 모릅니다. 29세 양파는, 30세의 양파는, 31세의 양파는, 그러니까 남아공과 영국에서 일하지 않은 양파는 실제의 저와 같은 좋은 운발을 가질 수 있었을지 저는 심히 의심이 듭니다. 32살에 저는 과연 출산 후 석사 끝내고 복귀해서 아이 키우면서 일이 가능했을까요? 연봉 인상이 가능했을까요? 이 직은 쉬웠을까요? 노오오오력을 죽도록 했으면 다 해결됐을까요?

네, 지금의 저만 놓고 보면 부르주아 페미니스트라고도 할 수 있겠네요. 하지만 저는 공부 잘하는 학생-명문대-좋은 직장의 정석을 밟고 온 사람이 아니라서 제가 얼마나 운이 좋았는지 아주 잘 알고 있습니다. 한국보다 못 사는 아프리카에서 파산한 집 자식으로 자라면서도 한국에서보다 훨씬 더 쉽게 살았습니다. 이것을 가능하게 해 준 것이 페미니즘이고 노동환경입니다. 한국에서 저보다 훨씬 더 열심히 사는 20대 친구들 많이 봅니다. 페미니즘이, 성평등이 자연스러운 환경이라면 정말 성공했을 친구들인데, 저보다 훨씬 더 잘난 친구들인데, 저는 당하지 않았던 여혐을 당하고, 저는 겪지 않아도 되었던 차별을 겪고, 엄청난 벽에 마주쳐서 좌절합니다. 그리고는 '노오오오력'이 부족하다고 질타당합니다. 제가 예뻐서, 잘나서, 독해서 워킹맘으로 사는 게 아닌데, 그걸 가능하게 해주었던 수많은 환경적 도움이 있어서 가능했던 건데, 많은 이들은 그냥 결과만 보죠.

그래서 이렇게 죽어라고 글을 쓰고 있습니다. 여성들이 페미니즘이고 뭐고 아무 신경 쓰지 않고 살아도 될 정도로, 그냥 '정상적인' 사회가 되었으면 해서요. 특별한 거 없는 제가 단지 한국을 떠났다는 이유로 로또급의 운발을 얻은 듯 해 미안해서요. 스펙만 나열하면 그럴듯하게 들리는, 억대 연봉의 옥스포드 출신 마이크로소프트 데이터 과학자가 되는 건 제가 아무리 잘났어도 페미니즘 없이는 절대 불가능했다고요. 당신의 노오오오력이 모자라서 그런 게 아니라, 더 좋은 노동환경이, 페미니즘이 필요해서 그런 거라고요.

52

칭찬이 어떻게 여혐이냐고
묻는 분께

🌿 미국에 유학생으로 나간 당신. 백인 친구가 이렇게 말하면 과연
칭찬으로 들릴까요?

"넌 다른 한국사람이랑 달라서 좋아."

"한국사람치고 너 정도면 괜찮지!"

"그렇게 안 봤는데 전형적인 한국사람이네."

"난 공부만 잘 하는 한국애들보다 너처럼 개념 있는 한국애가 좋
아."

"공부 이렇게 열심히 하는데 한국인답지 않게 성격도 활발하면
얼마나 좋아?"

"너는 똑똑하니까 한국인 모임 회장 이런 거 할 수 있겠다."

"너는 너무 한국인스러워서 친구 사귀기 힘들겠어."

"한국사람치고는 영어 잘 하네?"

"와, 미국 정치에 관심 있는 한국사람 처음 봐!"

"누가 자꾸 너한테 수학 과제 도와달라고 한다고? 이야, 인기 많아서 좋겠네~."

"넌 어디가 모자란 것도 아닌데 왜 백인 친구가 없어?"

"와, 한국사람들만 있어서 그런지 뭔가 다들 암산 엄청 **빠**를 것 같아요!"

"본토 미국인처럼 보이시네요."

"한국에서 온 지 얼마 안 됐는데 되게 사고방식이 서구적이시네요."

"어유, 한국사람이 있으니까 말조심해야겠네."

이런 말이 기분 좋은 칭찬은 아니죠. 그런데 기분 나**빠**하는 당신에게 미국인 친구가 이렇게 말합니다. "너 되게 예민한 거 같다? 난 너 기분 좋으라고 칭찬한 건데 왜 그렇게 까칠하게 굴어?? 역시 한국사람들은 너무 예민한 것 같아. 나처럼 타 인종 배려해주는 미국인도 별로 없거든?"

왜 여자들이 똑같은 칭찬에 예민하게 받아들이는지 이해가 가십니까? 그나마 인종차별 발언으로도 비유할 수 없는 칭찬 아닌 칭찬도 많습니다.

"이렇게 몸매가 좋은데 왜 숨기고 다녔어."

"누나 나이도 예뻐요."

"넌 엄마 같아서 좋아."

"내가 딸처럼 아껴서 그래."

"아주 맏며느리감이네."

"네가 너무 예뻐서 참을 수가 없어."

"자취하니까 남자들한테 인기 많겠어요."

"내가 10년만 어렸어도 ㅇㅇ씨처럼 매력적인 여자랑 연애할 텐데."

"예쁜 공주님이 왜 힘들게 밖에 나가서 돈을 벌어?"

"너는 내가 항상 지켜줘야 할 것 같아."

#하나도_기쁘지_않습니다

53

아이를 낳아도 될지
고민하는 분께

 저는 보통 다음의 셋 중에서 두 가지를 충족하면 아이 갖기를 추
천합니다.

1. 다음 중 하나가 본인의 삶의 철학이다.

– 난 아이를 너무너무 좋아한다.

– 아이 없는 생은 의미가 없다.

– 혼자서라도 낳아서 기를 거다! 남편 따위 없어도 정자 기증 받

　아서 애 낳아서 키우겠다.

– 여자는 아이를 낳지 않으면 어른이 될 수 없다.

– 진정한 인생의 의미를 알려면 애를 가져야 한다!

– 커리어나 직업적 자아실현 같은 것보다 아이 키우는 것이 더
중요한 일이다.
– 부모님에게 최고의 효도는 손자손녀를 안겨드리는 것이다.

남자라면 부인이 위의 철학 중 하나를 깊이 신봉해야 합니다.

2. 주변 환경 세팅이 다음 중 하나에 해당 된다.
– 탁아 비용이 엄청나게 싸거나 국가 보조로 무료다.
– 손자손녀를 눈이 빠지게 기다리는 조부모님'들'이 차로 최대
한 시간 거리에 계셔서 낳자마자 땅에 닿을 일이 없이 예쁨 받
을 것이다. 아이 보고 싶어서 안달이 나셨기 때문에 언제라도
맡길 수가 있으며 매우 건강하시다.
– 주변에 (특히 걸어서 갈 수 있는 거리에!) 아이를 낳은 친구들이 많
아서 같이 키울 수 있다. 급하면 윗집, 아랫집, 앞 동 등에 사
는 친한 사람에게 맡기고 나갈 수 있다.
– 주위에 도와줄 사람 하나 없지만 넘쳐나는 게 돈이라 매달 육
아비용 2백만~3백만 원은 껌이다.

3. 남편/남친/그 외 파트너 준비 완료, 아이를 너무너무 좋아하
고 원한다. 그리고 집안일을 잘한다. 말 안 해도 빨래 돌리고,
부엌과 화장실과 방 청소를 하고, 설거지 하고, 장 봐놓고 요
리하고 요리해놓고 뒤처리도 한다. 나한테 잘하는 건 별 도움
안 된다. 착한 것도 쓸 데 없고 아기 예뻐하기만 하는 것만으

로도 안 된다. 하나하나 말을 안 해도 척척 알아서 한다.

이들 조건 중 세 가지 모두를 충족한다면 오늘 당장부터 육아 연습 들어가시기를 추천합니다. 키우는 데 돈이 들어가긴 하지만 아이를 좋아하고, 아이 때문에 직장 포기하는 게 아쉽지 않고, 부모님이 아이 기다리고 있고, 남편도 집안일 잘 챙겨서 하는 (도와주는 게 아니고 자기 일로!!!) 경우면 돈이 빠듯하더라도 가능합니다.

애를 낳아야 할지 낳지 말아야 할지는 잘 모르겠지만 매달 한 1백만~2백만 원 정도 갖다부어도 괜찮을 만한 재정 상태이고 남편도 준비 완료라면, 아이 낳고 키워보면 애가 예뻐집니다. 스트레스 크게 받을 일 없고(받을 일 생기면 돈으로 해결하면 되고), 남편이 옆에서 아빠 노릇, 남편 노릇 제대로 하면 아무리 아기 안 좋아하는 여자라도 모성애 폭발할 가능성이 높습니다.

아이는 낳아야 할 거 같긴 한데 직장 포기하기는 싫고, 도와줄 부모님 안 계시고, 남편이 양말을 빨래통에 넣는 정도를 가정적이라고 생각하는 스타일이라면 아이 낳고 애가 예쁠 수는 있으나 후회할 수 있습니다.

아이를 무척 원한다면, 그리고 비록 남편은 가정적이지 않더라도 주위 친구들 및 이웃, 부모님의 지원이 있고 한 달에 50만 원 정도 더 들어가도 가정경제에 압박받지 않는다면 완전 가능합니다.

지금 싱글이거나, 남편/남친이 있지만 100퍼센트 확신 못 하겠고, 애 엄마들 보면 불쌍해 보이며, 애를 꼭 낳아야 하는지도 모르겠고, 돈만 많이 드는 것 같고, 내 인생 끝나는 것 같으며, 낳아도 적당히 맡길 데가 없다면 비추입니다. 애 낳아야 어른 된다거나 애 낳아야 인생의 맛을 알게 된다는 말들 새겨 들을 필요 없습니다. 이게 거짓말이라는 게 아니라, 그렇게 말하자면 여행 안 해본 사람은 죽어야 되고 공부만 한 사람도 인생 안 살아본 거고 종교 없는 사람은 헛사는 거라는 말이 다 맞는 거죠. 각자 다른 방법으로 인생을 배우는 것 아니겠습니까.

아이 낳고 사는 사람 중에 저 셋 다 충족하고 낳는 사람은 많이 없을 겁니다. 그거 기다리다가는 아마 인류 멸종하지 않을까요. 저만 해도 아이 낳을까 말까 많이 망설이다가 낳았고, 모성애가 생길지 안 생길지 무지 두려웠거든요. 단지 조건에 맞으면 맞을수록 '아이 낳아서 행복하고 후회 안 할 가능성이 높은 것 같다'는 의견입니다.

이제 육아 6년 차인데 아이 정말 예쁩니다. 하지만 몸이 힘들고 맡길 데도 없는데 신랑까지 퇴근이 무지 늦으면, 힘듭니다. 커리어가 중요했는데 애 땜에 포기해야 했다면 아이가 예뻐도 후회는 됩니다. 정말 몸이 힘들면 우울증 걸릴 수도 있고, 심한 경우 아이도 안 예뻐보일 수 있습니다. 사실 돈은 큰 문제가 되지 않습니다. 옆에서 도와주고, 격려해주고, 걱정되어도 괜찮다고 해주고 내가 아이 볼 테니 넌 좀 쉬라고 해주는 사람이 하나만 있어도 웬만하면 견뎌낼 수 있습니다. 아이가 크면 클수록 점점 더 예뻐지고, 내가 얘를 낳은 게 세상에서 가장 잘한 일이라는 생각이 들 수도 있습니다. 육아 비용이 무지 부담되고, 아이 때문에 직장 생활에 지장받는 것도 신경 쓰이고, 내가 이기적이라는 생각도 가끔 들지만 아이가 예쁘니까 괜찮더라고요.

하지만 '안 그러면 어째???'라는 걱정 때문에 망설이게 되는 거압니다. 막말로 물릴 수도 없잖아요. 저도 그래서 결혼하고도 무려 8년을 망설였습니다. 어떤 객관적인 조건이 맞을 때 후회하지 않을 가능성이 클까 생각해본 거지요. "낳으면 다 어떻게든 된다"는 얘기는 요즘 세상에는 맞지 않는 말 같습니다. 밖에 내놓고 말하지 않아서 그렇지, 후회하는 엄마들 꽤 봅니다. 아이 낳기 전에는 남편과 사이 좋았다가 벌어지는 케이스도 많고, 여러 통계를 봐도 아이를 낳는다는 것은 엄청난 위험을 감수하는 거죠. 물론 그래도 아이 자체를 죽이고 싶다던가(!) 그런 엄마는 흔치 않습니다만, 돌이킬 수 있다면 낳지 않겠다는 사람은 많습니다.

#저출산대책본부에서_이_글을_싫어합니다

54

'개념녀'들에게
보내는 글

여혐으로 흥한 사람은 여혐으로 망합니다. 여자라고 받은 특권, 대접, 권리, 그게 바로 여혐에서 나온 권력이고 실제로 힘 있는 이들에게서 잠시 빌린 것뿐인 권력이에요. 수틀리면 곧바로 개념녀에서 김치녀, 미쓰리로 추락하죠.

당신이 예쁘고, 착하고, 잘 웃어주고, 군소리 안 하고, 조신하게 굴면서 그들의 기준에 맞춰주기만 하면 나를 잘 대해주고 내게 잘 보이려고까지 하는데 이게 권력 아닌가, 난 여자라서 특혜를 누리는 거 아닌가 싶죠. 아니요. 여자라서 받은 대우는 여자라는 이유로 비난받으며 곧 뺏깁니다.

인기 있는 여성 정치인, 사회 지도층 인사라 해도 그 사람을 욕하는 글들을 보면 거의 빠짐없이 여성성을 가지고 비하합니다. 당신이 잘 나가는 검사든, 그룹 회장이든, 박사든, 교수든, 당신이 여자라면 당신을 욕할 사람들은 여성성을 붙들고 욕할 겁니다. ⁂년이라는 욕설, 외모 비하부터 시작해서 강간 협박까지. 잘못은 의사로서 했어도 욕은 여의사가 먹고. 일 망치는 건 교수였지만 신문기사에는 여교수라고 대서특필 되는 것처럼.

그래서 아무리 싫은 사람이라 할지라도 그 사람의 여성성을 가지고 욕하는 것은 반대하는 겁니다. ⁂년, 못생긴 년, 집에서 살림이나 할 것이지 류의 발언 말이죠. 저도 여자로 살아왔기 때문에 이게 남일 아니라는 정도는 알거든요. 저도 뭐 하나 잘못하면 곧바로 ⁂년 못생긴 게 지랄하네, 소리 듣고 강간 협박에 성기를 찢어놓겠다는 등의 협박 들을 거 알아요. 벌써 많이 들어봤거든요.

남 일이 아닙니다. 열 받으니까, 그냥 욕하고 싶으니까 그렇게 잘못한 사람이면 심한 여혐 욕설 들어도 된다고 생각하시죠? 이게 한 번 아무렇지 않게 받아들여지면 다음에 욕먹는 사람도 여자라는 이유 하나만으로 똑같은 욕설을 들을 겁니다. 지금은 잘 나가는, 남자들에게 사랑받는 당신이 어쩌다가 욕먹을 때에도 똑같을 거예요.

제가 실력 없다고 욕먹으면 뭘 가지고 욕먹을 거 같은가요? 역시 IT 업계 여자들은… 소리 듣습니다. 제가 한국 미디어와 인터뷰 한다면 무슨 악플 달릴 것 같아요? 외모 비하죠. 제가 결혼을 안 했다면, 아이가 없다면, 아무리 직업적인 이야기를 100시간 나누어도 저 싫어하는 사람들에게서는 "저러니 시집을 못 갔지"라는 소리가 나올 겁니다. 제 인생의 수많은 부분 중에서 가장 부각되는 건 제 여성성입니다.

여성혐오적 욕이 입에 착착 붙는다고요? 그동안 모두들 엄청나게 여혐 욕을 하다 보니 발달 되어서 그래요. 그렇지만 결국 우리도 언젠가는 당할지 모르는, 내 무덤 내가 파는 일은 좀 그만합시다. 제발 여기서 끊읍시다.

55

남자로서 부담을
느낀다는 분께

 어떻게 하면 남자의 부양 의무를 줄일 수 있을까요?

- 여자가 결혼을 하고 아이를 낳아도 고용에 지장이 없도록 합
  시다.
- 노동시간을 줄이고 출퇴근 시간 조절과 육아 지원 등으로 남
  녀 모두 육아와 일을 병행할 수 있도록 합시다.
- 경력 단절된 여성의 재취업이 쉬워지도록 합시다.
- 어린 여성들이 경제적 자립을 중요하게 생각할 수 있는 분위기
  를 만듭시다.
- 어린 나이와 미모를 중시하는 사회에서, 경제적 자립과 업무

능력을 더 중시하는 사회로 옮겨갑시다.

– "여자는 육아 가사, 남자는 가족부양"이라는 편견은 갖다 버립시다.

남자든 여자든 상관없이 모두 교육 받을 만큼 받을 수 있고 일도 잘할 수 있잖습니까. 인간답게 살 수 있는 노동환경을 조성해서 서로서로 도와가며 같이 벌고 같이 육아하고 같이, 같이 갑시다.

56

연애상대를 찾고 있는
여자분께

 김치녀, 된장녀라는 단어 쓰는 남자와 사귀지 마세요.

정확하게 뭐에 돈을 써야 된장녀냐 물어보면 남자마다 다를 거예요. 여행 싫어하는 남자는 여행에 돈 쓰는 여자더러 김치녀라고 할 거고, 명품 싫어하는 남자는 명품가방 사는 여자더러 김치녀라고 할 거예요. 커피 안 즐기는 남자는 커피 사먹는 여자더러 된장녀라고 할 거고요. 간단해요. '오빠가 허락하지 않는 소비'를 하면 김치녀, 된장녀 되는 거예요.

자기 돈 뺏어서 쓰는 것도 아닌, 다른 여자들이 돈 쓰는 것 보고도 그러는데 자기랑 사귀는 여자한테는 말할 것도 없죠. 지금 당장

'나는 검소한 여자고 오빠는 날 좋아하니까' 괜찮을 것 같죠? 결혼하고 나서는 자기가 안 먹는 비싼(?) 요거트 하나 산다고 '너 된장녀냐?' 할지 몰라요. 기분 전환으로 립스틱 하나 샀다가 된장녀 소리들을 수 있어요. 오빠가 싫어하는 소비를 하는 여자는 다 김치녀, 된장녀니까요. 어쩌면 식기 세척제도 된장녀 아이템이고, 중저가 유모차도 생각했던 것보다 비싸다는 이유로 된장녀 아이템이 될지 몰라요. 남의 돈 훔쳐 쓰는 것도 아니고, 나와 상관없는 사람이 자기 돈 벌어서 쓰는 걸 보고 김치녀니 된장녀니 하는 남자, 사귀지 마세요.

김치녀, 된장녀라는 단어 쓰는 남자와 친구하지 마세요.
내가 감당할 수 없는 소비를 하는 수많은 남자들에겐 뭐라 안 하겠지만, 내가 감당할 수 없는 소비를 하는 여자라면 내가 욕해 주겠다는 남자입니다. 자신의 언어 폭력이 왜 나쁜지도 모르고, '네가 내 마음에 드는 소비를 하면, 아니면 내가 돈이 없지만 네가 네 돈 들여서 나를 사귀어 주면 김치녀/된장녀가 아닌데, 왜 그렇게 예민하게 굴어?'라고 할 남자죠. 세상에 좋은 사람 많아요. 이런 사람들하고 친구할 필요 없어요.

역차별이라는 단어 쓰는 남자와 사귀지 마세요.
이 남자는 자기가 평생 손해보고 살았다고 믿어요. 그래서 당신과 사귀면서, 결혼하면서, 자기가 1도 손해 안 보려고 이를 벅벅 갈고 있어요. 그리고 손해 본 것을 당신에게서 만회하려고 하죠. 어쩌면 집에서 당신이 집안일을 할 때 아무것도 안 할지 몰라요. 자기는 군대를 갔다 왔으니까요. 어쩌면 시댁에 당연히 먼저 가야 하고 시어머니를 당연히 모셔야 한다고 할지 몰라요. 당신은 여자라는 이유로 모종의 혜택을 받았고 데이트 할 때도 돈을 적게 냈으니까요. 어쩌면 아이를 낳고 나서 당연히 당신이 휴직하고 아이를 봐야 하며 친정어머니가 살림을 도와줘야 한다고 할지 몰라요. 백화점 가면 여성 주차장이 있으니까요.

역차별이라는 단어 쓰는 남자와 친구하지 마세요.

당신이 취업 못 하고 자신만 취업해도 당연하다고 생각할 겁니다. 자기는 군대 갔다 왔으니까요. 당신이 직장에서 힘들다고 해도 젊은 여자가 뭐가 힘들어, 직장에서 온라인 쇼핑이나 하고 앉았겠지 하고 생각할 겁니다. 일이 힘들어도 당신이 남자 선배에게 가서 눈 깜박깜박 하며 아이 힘들어~ 하면 선배가 와서 다 해줄 거라고 그 남자는 믿습니다. 생리휴가 핑계 대고 캐리비안 베이 놀러가고 홍콩에 쇼핑 여행 갈 거라고 매도할 거고요.

걸레라는 단어 쓰는 남자와 사귀지 마세요.

성관계를 했냐 안 했느냐에 따라서 여자의 가치가 정해진다고 믿는 남자입니다. 그러니 당신이 성폭행이라도 당하면 가치가 떨어졌다거나, 더럽혀졌다고 여기며 떠날 남자고요. 자신이 '걸레'라고 믿는 여자라면, 술 좀 취했다 싶을 때 어떻게 한 번 해보려 들 수도 있겠죠. 어차피 해본 여자니까 뭐 한 번 더 한다고 큰일 나랴, 그렇게 생각하거든요. 즉, 성경험 있는 '여자'는 걸레지만 성매매 경험 있는 자신은 평범하다고 믿죠.

걸레라는 단어 쓰는 남자와 친구하지 마세요.

당신이 성경험 있다는 걸 알게 되면 다음 술자리에서는 은근히 작업 걸어올지 모릅니다. 어차피 너도 알 거 다 알면서 뭘 그러느냐 할 거고요. 왜 딴 놈에게는 해주면서 나한테는 안 해주냐, 너 김치녀냐 뭐 이런 식의 논리로 흘러갈 가능성 백퍼입니다. 뒤에서 당신을 두고 더러운 소문이 돌게 된다면 거의 이런 남자들 입에서 나온 말입니다.

물론 남자들 다 그렇다고 생각하지 마세요. 안 그런 남자들도 많습니다.

57

남자친구가 콘돔을
거부한다는 여자분께

 콘돔 거부하는 남자하고 사귀지 마세요.

몇 초 몇 분의 느낌이 중요해서 당신에게 임신과 성병의 위험을 떠넘기는 남자가 뭐가 그리 믿음직스러우세요? 그 짧은 시간에 자기 조금 더 좋겠다고 인생을 회까닥 뒤집을 수 있는 임신의 위험을 당신에게 뒤집어씌우는데, 다른 상황에서는 당신을 더 고려해줄 것 같은가요? 자기 "느낌"에 대한 손해를 잠깐이라도 못 참는 사람이, 시댁과 부딪히면 당신 편 들어줄 거 같아요? 밤에 아이가 울면 당신 대신 일어나 줄 것 같나요? 당신 경력 단절을 신경 쓸 것 같나요? 아뇨. 앞으로도 자기 편한 대로만 살 겁니다. 그리고 그런 그의 삶에 당신은 늘 그가 쓰기 편한 도구가 될 겁니다.

자신이 잠깐 기분 좋기 위해서 당신이 매일 피임약을 챙겨먹길 바라는 남자도 오십보백보입니다. 그 남자는 자신이 조금 편하기 위해 당신이 시댁에 져주기를 바랄지 모르고, 자신의 성욕을 핑계 삼아 당신이 입덧하는 중 성매매 업소에 출입 할 수도 있겠죠. 자신이 육아에 동참하기 싫으니까 저녁에 일부러 야근이나 회식을 자처할지도 모르고요. 하나를 보면 열을 안다는 말이 있죠. 너야 어쨌든 나는 좋고 봐야겠다는 사람입니다.

콘돔 거부하면서 내가 책임진다는 남자 믿지 마세요.

무슨 책임을 집니까? 책임감의 첫 단계는 책임질 짓을 안 해도 되도록 미리미리 책임감 있게 대처하는 거죠. 콘돔 끼면 임신 위험이 확 줄어드는데, 그걸 안 하겠다는 남자가 과연 아이 생기면 책임감이 확 생길까요? 뭐, 낙태 비용 대주는 거요? 몇 분 좋자고 남의 인생 책임진다는 식의 허세 남발하는 남자를 정말 믿고 함께하고 싶나요?

정말 책임지겠다는 남자라면, 당신을 사랑해서 당신과 사귀는 남자라면, 이런 상황이 벌어지기 전에 당신과 얘기를 했을 겁니다. 콘돔 싫다는 거 자체는 범죄가 아니지만, 그게 자신이 원하는 거라면 그로 인해 생길 수 있는 일을 어떻게 할 것인지, 당신이 그것을 어떻게 받아들일 수 있는지 미리 합의를 봤어야 하죠. 잠자리에서 헉헉대기 전에 이미 얘기 다 하고 합의와 결정을 내렸어야 하는 부분입니다. 그런 걸 바로 준비성 있고 책임감 있다고 하는 거죠. 어쩌다 보니 그 상황이라 어쩔 수 없었다고요? 당신 아버지가 갑자기 방에 들어와도 그 남자는 스톱 못 할까요? 하겠죠. 당연히 스톱하고 나가서 콘돔 살 수도 있고, 그냥 관둘 수도 있어요. 못 하는 게 아니라 안 하는 거예요.

아프다는데 섹스 강행하는 남자는 제발 버리세요.

당장 자기와 몸이 딱 붙어 있는 사람이 아프다고 하는 상황입니다. 뭐 멀리 아프리카 고아들이 고생한다는 것도 아니고요. 나와 지금 당장 살 섞고 있는 사람이 아프다는데 지 좋다고 계속하는 놈은 소시오패스입니다. 더 가까워질 수 없이 끌어안고 있어도 당신이 아파하는 거 모르고 싫어하는 거 외면하는 남자가, 과연 살면서 당신이 힘들 때 알아줄까요? 자기가 아프게 하면서도 모르는 척 하고 자기 좋은 것만 취하는데, 그 남자가 정말 당신 생각 조금이라도 해줄 것 같은가요?

관계가 좋지 않은데도 전혀 모르는 남자, 그래도 하자는 남자는 폐기하세요.

성관계가 늘 황홀해야 한다는 건 아닙니다. 남자가 백퍼센트 책임지고 여자를 즐겁게 해야 한다는 것도 아니에요. 그렇지만 같이 일하는 동료가 안색이 안 좋아도 안부 물어볼 수 있고, 지나가는 사람이 아파 보여도 신경 써줄 수 있는 건데, 연인 관계로 같이 관계를 하면서 즐기지 않는 것을 모른다면, 모른 척만 한다면, 관심이 없다면, 그러면서도 또 관계를 하자고 조른다면, 그게 사람입니까?

책임감이 뭔지도 이해 못하면서 말로만 남발하고, 저만 좋다면 당신의 고통 따위야 야동 음향처럼 즐기는 소시오패스에게 제발 이용당하지 마세요.

·♣·

어릴 때 한국을 떠나고 한국 현실은 신문으로, 커뮤니티로, 그리고 듣는 이야기로 배우다 보니 한국에 대한 지식이 확실히 모자란 부분이 표시 날 때가 있는데 이 글이 그랬습니다. 이 글을 올리고 나서 받은 답글 때문에 가슴이 참 먹먹해졌어요. 한국의 현실이 이렇습니다.

·♣·

양파님 글은 이제 막 데이트를 시작하고 성생활을 시작하는 시기의 여성에게는 꽤 도움이 되는 글이라고 생각합니다. 성교육용이라면 맞는 거고 당연히 그런 방향으로 나아가야 하죠. 하지만 생각하시는 것보다 한국의 현실은 훨씬 더 끔찍해요.

데이트의 상황만 말씀하셨지만 기혼자의 경우에도 아이를 갓 낳은 부인에게 어차피 수유기에는 임신 안 되는 거 아니냐며 콘돔을 거부하고, 수유를 하느라 피임약을 먹지 못하고 시술을 받지 못하는 부인을 두고도 콘돔을 쓰고 싶지 않다는 남편 이야기를 부지기수로 듣곤 합니다. 이 나라의 남자들은 결혼이란 내 마음대로 다 해

볼 수 있는 평생 쿠폰을 얻었다고 생각하는 경우가 많아요. 대놓고 부인에게 결혼해서 가장 좋은 게 매일 맘대로 할 수 있는 거라고 (진심으로) 말해도 그게 아무렇지도 않은 나라입니다.

이럴 때도 갓 태어난 아기를 놔두고 헤어져야 할까요?

댓글에서도 말씀하신 바대로 한국에서는 데이트 직후에 섹스가 시작되기보다 상당히 감정이 깊어진뒤 성생활을 시작하는 경우가 많습니다. 사람이 옳지 않은 것을 알아도 감정이 깊어지면 쉽게 판단을 내리기 힘듭니다. 게다가 지인들 간에 연애를 시작할 경우 연애가 깨진 것만으로 걸레, 헌 여자 취급은 기본입니다. 연애 두어 번으로 학교를 휴학하거나 자퇴는 물론 심지어 직장까지도 자의가 아닌 채로 나와야 하는 일이 허다한 게 한국이에요. 사내 연애 자체를 금지하는 회사에서 차인 남자가 보복 투서를 하는 경우는 뉴스에도 나올 내용도 안 되는 나라예요. 이런 나라에서 그렇게 연애를 아니다 싶을 때 그만두는 건 쉬운 선택이 아닙니다.

그리고, 아들의 자존심과 기 살리기를 아들 양육의 목표로 삼는 부모 아래 자라난 한국남자들은 자신이 문제가 있어서 연애에서 차였다는 것을 고분고분 받아들이는 경우가 오히려 소수입니다. 스토킹이나 깽판 정도는 귀여운 정도이고 보복 폭력, 리벤지 포르노도 역시 아주 흔한 일입니다. 여자 인생 망가뜨리겠다고 직장 사람이나 주변인에게 루머를 퍼뜨리는 일은 신기하지도 않아요. 연애를 끝낼 때 '안전 이별'이라는 말이 우스개가 아니라 정말 그렇게 목숨을 걸어야 하는 나라입니다.

이론적으로 양파님 말씀 다 옳다고 생각하고 저도 그렇게 살고 싶습니다. 하지만 지금 올리신 글 때문에 상처받을 사람이 많다는 걸 알아주셨으면 합니다.

모자라서, 말씀하시는 걸 몰라서 못 헤어지는 게 아니라, 지금 당장 어떻게 해야 내가 안전할 수 있는지의 문제 때문에 헤어지지 못하는 사람들이 대다수라는 것을 알아주셨으면 합니다.

58

참으로 저렴한 악플을 남긴
이모 씨 보세요

 무슨 일인지 모르실 독자 분들을 위해 당신이 보낸 메시지부터 우선 봅시다:

"남아공에서 실컷 강간당하며 쌓였던 분노를 지금 줘도 안 먹는 아줌마가 된 시점에 페북으로 발산하시는 건가요?"

자, 이 짧은 메시지로 당신 정신세계를 이렇게 많이 드러낼 수 있다는 게 참 실력이라면 실력입니다. 축하드립니다. 이런 메시지 보내면 제가 무서워할 거 같았나요? 화낼 거 같았나요? 그냥 기분 나쁘기만 바란 건가요? 궁금하실까 말씀드리자면 (제가 좀 친절합니다) 제일 먼저는 웃었고 두 번째로 당신이 같잖았고 마지막으로 이렇게 교과서적인 악플을 남겨주다니 이걸로 글쓰기도 참 좋겠네 싶었습니다. 길게 길게 남기면 제가 또 요약해야 되잖아요.

첫 부분 봅시다. 당신은 제가 무가치한 여자라는 욕을 하려고 '강간'이란 단어를 언급했습니다. 당신에게 '강간당한 여자'는 가치가 없는 여자죠. 왜냐면 여자는 남자가 아끼는 성적인 상대의 존재로서만 의미가 있으니까요. 당신의 인생에서, 당신의 사고체계에서 여자는 그게 답니다. 강간당한 여자는 다른 남자도 원하지 않을 테니까, 넌 정말 쓸모없는 물건, 쓰레기다 그거죠. 우리가 딱 그렇게 말하는 사회에서 삽니다. 강간한 남자에게 포커스를 맞추는 게 아니라 강간당한 여자가 이상하게 가치가 없어지죠. 여자는 물건으로 취급되니까요. 당신 머릿속에서 여자는 성관계 해주는 물건입니다. 당신은 현실에서도 개저씨죠?

두 번째 파트 봅시다. "줘도 안 먹는~" 여기서 당신의 자존감이 드러납니다. 왜냐면 줘도 안 먹는 여자는 거의 99.99퍼센트 확률로 없거든요. 이건 당신이 더 잘 알 거예요. 여자인 나와 남자인 당신이 똑같은 거리를 걸으면서 섹스 상대를 구한다고 합시다. 저는 5초만에 구할 수 있는데, 당신은 한 5년 걸어도 못 찾을 것 같네요. 당신은 이걸 잘 알고 있고, 평생 성관계를 거절당하는 데에 관한 분노과 좌절감, 성적 수치심이 어마어마합니다. 그래서 그게 제일 열받고 화나는 일이라고 생각합니다(편하게 살아서 좋으시겠습니다). 그래서 저에게 '너 같은 여자를 선택할 남자는 없다'라고 하면 상처받을 거라고 착각합니다. 이보세요. 저 여자로 멀쩡하게 40년 가까이 살았어요. 심할 때는 수백 대 1의 남초 환경에 있었고요. 남자를 진정 모를 거라고 생각합니까? 하하 그래요. 결혼해서 평생 충성할 남자는 하루 만에 찾기 힘들지 모르죠. 하지만 섹스할 상대 한 시간 안에 열 명 찾기? 아무래도 제가 이길 것 같죠?

아마 당신은 이해가 안 될 거예요. 그렇게 파트너 찾기 쉬운데 왜 그 좋은 섹스를 안 할까. 네, 많은 여자들이 안 그래요. 섹스 가능하다고 의사 표시만 하면 돈 쥐어주며 하자는 남자가 그렇게 많아도, 성매매 여성은 소수고 내켜서 하는 여자들도 남자에 비해 수십 배, 수백 배로 까다롭게 상대를 고르죠. 팅기느라고 안 하는 게 아니라 싫어서 안 하는 겁니다. 안 먹어줘서 안 하는 게 아니라고요.

전 콤플렉스를 수백 개는 갖고 있지만 '남자에게 성적 상대로 간택 못 받을 것 같다'는 종목은 단 한 번도 맘속에 데뷔한 적 없었습니다. 여러 가지 욕설을 할 수 있었는데 딱 그걸 욕이라고 한 거 자체가 당신의 유치함과 비참함을 보여주는 거예요. 이렇게 여혐 종합 선물세트 완전체이기도 힘든데 어련하시겠어요.

그냥 당신 혼자로는 개진상 동료, 개저씨 상사, 찌질한 남자에 불과하겠죠. 불쾌감 주는 거 외엔 딱히 유해하지 않을지도 몰라요. 하지만 당신 같은 루저들이 모여서 여자들을 찍어 누르는 사회를 만듭니다. 강간당한 여자가 당당히 신고하지 못하고, 오히려 손가락질 받고, 남친을 사귀면서 이걸 말해야 되나 말아야 하나 머릴 쥐어뜯으며 고민합니다. 당신 같은 인간들 때문에 여자들이 강간당하는 사건 사고가 일상다반사로 받아들여지고, 무감각해진 재판부는 낮은 형량을 때립니다. 당신 같은 인간들 때문에 공중파에서는 여자 외모 까는 걸 유머랍시고 강요하고 시장에서 값 떨어진 늙은 여자는 젊은 여자를 질투한다는 식으로 몰아갑니다. 저야 악플러에 대한 공포가 훨씬 줄어서 웃고 넘기지만, 당신 같은 개새끼들 때문에 여자들은 포털의 개 같은 댓글 보고도 참고 넘어가고 성적인 농담을 해도 못 들은 척 합니다. 당신 메시지 하나가 한국의 여혐을 대표하지는 않지만, 당신 같은 놈들이 떼로 모이면 한국이 여혐사회가 됩니다. 정상적인 남자들도 뭐라고 나서기 힘든 그런 사회요. 카톡방에서 누구 강간하자 누구는 얼굴에 봉지 씌워야 관계한다며 농담해도 "그냥 개인 간의 농담"으로 넘어갈 수 있는, 그딴 개 같은 사회요.

제가 왜 바쁜 시간 쪼개어가며 이런 글을 쓰는지 아시나요? 바로 당신 같은 사람 때문이에요. 다른 여자들도 당신 같은 개새끼한테서 욕 들은 적 있을 테니, 최소한 제 포스팅 보고 대리만족이라도 느끼라고요. 그런 여자들이 점점 늘어나면 목소리도 내기 시작하죠. 연대할 수 있고 용기가 생기죠. 공개처형 안 할 줄 알았나요? 내가 왜? 이딴 메시지 받는다는 거 보여주고, 그런 인간들이 얼마나 비참하고 별 볼일 없는 루저인지 보여줄 수 있는 좋은 기횐데요 왜. 잘 쓴다는 칭찬 받으려 글 올린다고 착각하나요? 좋은 모습만 보이려고 노력할 거 같나요? 아뇨. 제가 왜요. 무슨 부귀영화 보겠다고.

당신 같은 루저 보면서, 응대하고 싸우면서, 저는 하루하루 더 강해집니다. 더 아무렇지 않아지고, 상식이 안 통하는 이 사회에는 더 분노하게 돼요. 싸울 에너지도 더 생기고요.

열심히 여혐하세요. 저도 열심히 싸울 테니까.

59

여혐 따위는 없다고 하는
여성 한모 씨 보세요

🌿 "난 나를 혐오하는 사람이 잇다는걸 느낀적이 없는데 왜케 여성

을 혐오한다고 아우성이야 ㅋㅋㅅㅍ"

"나만 아니면 됨"

그 외에도 쌍욕을 많이 남기셨죠.

당신 같은 여자도, 여권 신장으로 득을 봅니다. 당신 같은 여자
들도 먼저 싸워준 페미니스트 덕에 투표를 할 수 있고, 학교를 다닐
수 있고, 똑같은 법적인 권리를 가질 수 있죠. 당신 같은 여자도 소
라넷 상대로 싸워온 여자들 덕에 몰카의 위험에서 조금이라도 덜 위

험해지고, 당신 같은 여자도 여혐 문제로 물고 늘어지는 여자들 덕에 김치녀 소리 덜 듣겠죠. 좀 더 나아가서 한국에서 좀 더 여혐이 없어지면, 당신 같은 여자도 인사고과 때 여자라고 불이익 받지 않고, 당신 같은 여자도 회사에서 성추행, 성희롱 당하는 일이 줄어들 겁니다.

한모 씨. 지금은 관심 없을 거예요. 남자들이 잘 해주고, 같이 어울리기에 더 편한 것 같죠? 말하는 거 보니 딱히 앞으로 변할 것 같진 않지만, 그리고 지금은 세상 살면서 성적인 관심을 기반으로 한 젊고 예쁜 여성에 대한 호의를 뽑아 먹는 게 훨씬 더 편하다고 느낄 테지만, 당신 같은 여자도 성추행 덜 당하고, 직장에서 덜 차별 당하라고 오늘도 투쟁하는 다른 여자들이 있습니다. '너네가 안 그래도 난 잘 먹고 잘 살아' 할 수 있겠죠. 네. 그런 여자인 거 알면서도, 그리고 나중에 유리한 것만 다 빼먹을 사람인 거 알면서도, 그래도 싸워줍니다.

한모 씨. 당신 같은 사람들을 freeloader라고 합니다. 남이 다 해놓은 밥에 숟가락만 얹는 얌체 같은 사람들 말이죠. 최대한 강자 편에 서서 "난 저렇게 악다구니 쓰는 여자 아니고요, 오빠들에게 애교 부리는 착한 여자예요"라는 여자들 있죠. 인종차별 이슈 속에서도 "저는 악다구니 쓰는 흑인 아니고요, 백인들 좋아해요" 하는 사람도 많습니다. 권력 차이가 너무 확고하게 날 때는 그런 경우가 생길 수밖에 없기도 하고요. 하지만 당신 같은 사람도 페미니즘의 발

전으로 득을 봅니다. 당신 같은 사람도 10년~20년 지나면 "너 지금
내가 여자라고 그러는 거냐?"라고 당당하게 소리치고, 그때쯤 이미
바뀐 사회는 당신의 편을 들어주겠죠. 당신의 삼사십 대에는 아마
아이 낳은 여자가 취업하기 힘든 지금의 한국사회보다 좀 더 나아져
있겠죠.

자, 여기에 당신은 이렇게 답했습니다.

"왜 제 개인적인 생각을 말한건데 남자한테 잘 보이기위한거라고
생각하세요 ㅋㅋㅋ 니들이 그런 식으로 몰아가니까 좆같다이거예요
~"

"여자로 살면서 남자보다 불편하다는거 느껴본적도 없고 내가
잘 살고잇으니 그거로 만족함 그리고 그게 페미니스트 덕분이라면
감사한데 난 굳이 거기에 나설 필요를 못느낌"

"아니면 나한테 그 페미니스트가 되라고 강요하는거임?"

한모 씨. 당신은 지금 여성을 나이와 외모 기준으로 차별하고 대
접하는 사회에서 최고 수혜자입니다. 글쎄, 앞으로 5년? 10년? 결혼
하고, 아이 낳고, 아니면 그 둘 다 하지 않아도, 30대의 여자로 살아
가면서 지금 단 댓글이 얼마나 부끄러운 말이었는지 느낄 날…은 없
을 것 같네요. 기본 인성을 보아하니.

당신 말대로, 나도 페미니스트로 나서고 어쩌고 할 필요 없어요.

좋은 학벌과 경력으로 좋은데 취업해서 잘 먹고 잘 살아요. 당신보다는 훨씬 더. 아, 당신이 좋아할 만한 돈 잘 버는 남편도 있네요. 벌써 결혼하고 아이 둘 낳았지만 엄마라고 잘릴 염려도 없고요. 여혐 회사 아닌 것처럼 보이고 싶어하는 회사 분위기 때문에 대우받고 혜택 받았으면 받았지 차별받진 않았어요. 당신이 단지 젊은 여성이기 때문에 받는 수혜를, 저는 제도적으로 앞으로 훨씬 길게 받을 터이니 당신보다 더 둔하게 살아도 될지도 몰라요. 당신 같은 사람 대할 필요도 없지요. 그래도 숟가락 하나 얹습니다.

여자로 살면서 남자보다 불편한 거 느껴본 적 없다고 했죠? 앞으로 계속 그러길 바랍니다. 잘 살고 있으니 그걸로 만족하다고요? 저를 포함한, 여혐에 분노하는 사람들이 바라는 것이 바로 그겁니다. 당신을 포함한 모든 여성들이 그렇게 아무 생각 없이 살 수 있는 것 말이에요.

페미니즘 관련 글 올리면서 거지 같은 댓글 달리는 거요? 그리 기분 좋지 않아요. 당신 같은 사람과 상대해야 하는 거? 절대로 좋은 경험 아니에요. 나도 그냥 모른 척하고 살면 내가 훨씬 더 편해요. 그래도, 뭐 대단한 건 아니지만 글이라도 쓸 수 있으면 쓰고 있습니다.

당신 같은 여자도, 여자로서 차별 당하는 일이 조금이라도 적어질 수 있도록. 전 남친이 리벤지 포르노를 푼다면 곧바로 처벌이 가

능한 사회가 되도록. 남친이나 남편이 폭력을 가하면, 강압적으로
성관계를 하면 쉽게 신고 처벌이 가능하도록. 당신이 삼십 대 중반
에 아이를 데리고 이혼하더라도 사회가 당신을 개 같은 취급하지 않
도록. 최대한 저와 비슷한 환경에서, 차별받지 않고 안정적으로 일
할 수 있도록.

한모 씨, 행운을 빕니다.

60

이렇게 적대적인 글을 쓰면
남자들이 반감 느낀다는 분들,
잠재적 아군을 잃는다는 분들께

뭔가 번지 잘못 찾으신 거 같은데요, 저는 잠재적 우군이 아니라 잠재적 페미니스트를 위해서 글을 쓰고 있습니다. 한국에 남자 중심 사이트, 커뮤니티가 얼마나 많은데 저까지 당신 중심으로 써야겠습니까?

대한민국에 최소한 2천5백만 명의 여자가 있습니다. 일시에 2백만 인구가 거리에 나서니까 대통령도 탄핵되고 국회도 난리 나네요. 여자 1백만 명만 페미니스트가 되어도 대한민국이 바뀐다는 말입니다. 제 페북 페이지 구독자 수가 고작 2만 명입니다. 다른 페미니즘 페이지나 사이트도 페북 김치녀 페이지 50만, 소라넷 100만, 일베 수백만과는 비교도 안 됩니다. 지금까지 여혐 문화 방조하고 아무 신경도 안 썼으면서 '너네 내 기분 안 나쁘게 말하라'라고 하는 '잠재적 아군' 우쭈쭈 해줄 때가 아니죠?

저 한 사람이 몇 명의 잠재적 아군을 설득할 수 있을지 모르나, 또 한 명의 잠재적 페미니스트가 반 여혐 투쟁에 가담하면 훨씬 소득이 큽니다. 몇 안 되는 페미니스트들 때문에 기분이 불편하신가요? 1백만 명이 페미니스트가 되면 오히려 불편한 기분이 싹 없어지고 태세 전환이 훨씬 쉬워질 겁니다. 상황판단은 잘 하시는 분들이잖아요. '아 요즘엔 이런 소리 하면 매장되겠다' 싶으면 기가 막힐 정도로 빠르게 태세전환 하잖아요.

요즘엔 남자 페미니스트들도 엄청 많아요. 이렇게 주구창창 페미니즘 글 올라오는 제 페이지도 구독자 중 44퍼센트가 남자분들입니다. 트렌드를 읽으세요, 트렌드를.

백만 될 때까지 갑니다. 잠재적 아군은 즐.
그리고 여자 분들께.

"너네가 그렇게 말하면 잠재적 아군인 내 기분이 어쩌고" 하는 남자랑 사귀지 마세요. 잘 해봤자 잠재적 여혐러입니다.
"페미니즘이 아니라 이퀄리즘, 휴머니즘 어쩌고" 하는 남자 상대해주지 마세요. 어떻게 해서든 논의에서 여자를 지우겠다는 의도입니다. 그래야 듣기 싫은 여자들 얘기 안 듣고 대신 불쌍한 남자 얘기를 늘어놓을 수 있거든요.

"배부르고 배운 여자들이나 페미니즘 어쩌고" 하는 남자랑 얘기하지 마세요. 이 사람에게는 성상품화된 여자, 나 안 만나주고 안 자 주는 젊은 여자 외에 그냥 보통의 여자는 안 보이는 사람입니다. 백화점에 가도 쇼핑하는 여자 손님만 보이고 감정노동하는 여자 직원은 안 보이겠죠.

앞서 여혐 발언 하나 한다고 여혐러는 아니니까 태세 변환 기회도 주자고 썼는데요, 저 위의 세 부류는 그냥 패스하셔도 됩니다. 차라리 "여자가…" 하는 사람들은 아예 몰라서 그럴 수도 있으니 갱생 가능성이라도 있습니다. 마초들도 재활용 가능하지만 저 위 셋은 안 됩니다. 포기하세요.

61

여혐했던
양파에게

여성혐오를 비판하는 글을 정말 많이 쓰는 저이지만, 저 역시도 여성혐오를 합니다. 몇 개의 단어를 쓰는 정도가 아니라, 많이 창피할 정도로 저는 여성혐오와 성차별이 체화된 삶을 살아왔습니다. 그래서 그에 대해서 독자 분들에게 이야기를 하고 싶었습니다. 제 부끄러운 여혐의 역사, '여성스럽다'는 개념과의 싸움, 자기혐오 등에 대한 우는 소리. 들을 준비 되셨나요.

전 글쓰기를 좋아하면서, 글 쓰는 제 자신을 죽도록 미워합니다. 혹시 어렸을 때 "남자같다"란 소리 듣고 '그래, 난 다른 여자애랑 달라' 하면서 어깨 으쓱하신 분들 계세요? 제가 그랬어요. 전 여자다운 게 하기 싫었어요. 좀 선머슴 같기도 했지만 운동 좋아하거나 골목대장 하거나 그런 건 아니었는데, 그래도 제 기준으로 '남자애들이 잘 하는 것'을 잘 해서, 다른 여자애들과는 다르다는 소리를 듣고 싶었어요.

지금 돌아보면 정말 이상한 게, 글 쓰는 사람 중에 남자도 많잖아요? 그런데 정말 정말 이상하게도 전 글쓰기 같은, 제 수많은 문과 쪽의 관심을 다 여성적인 거라고 생각했어요. 그래서 이과의 '수학 잘하는 여자'가 되고 싶었습니다. 운동 잘하는 남자, 싸움 잘하는 남자 같은 말은 아주 간단히 무시했으면서, 수학 잘하고 공대 가고 과학자가 되는 남자들이 더 눈에 띄었는지 저도 뭐 그렇게 불리는 여자가 되고 싶더라고요.

그런 식의 '여성성 혐오'로 인해 글 쓰는 제가 싫었고, 역사에 관심 많은 제가 싫었습니다. 불문학에 참 관심이 많았는데, 그 수업 들어가니까 여학생이 거의 대부분인 것이 나의 엄청난 실패처럼 느껴진 적도 있었습니다. 그래, 나도 어쩔 수 없는 여자인 건가 뭐 그런? 저는 '말없이 허공을 바라보면서 수학 공식을 되뇌이는' 그런 사람이 되고 싶었거든요.

실제로 소위 말하는 '여자여자한' 성격은 아닙니다. 그렇지만 이십 대 초반에 제가 자주 했던 '남자들이 더 편하다'는 말은, 제가 인간관계에 미숙해서, 그리 깊지 않아도 되는 남자 동기들과의 관계가 덜 어려웠던 거였더라고요. 그 이후로 극 남초인 직장에 근무하면서 많이 배우기도 했습니다. 성별에 상관없이 인간관계는 힘들 수 있죠. 저랑 힘들게 지냈던 여자 직원들도 있지만 지금 제가 제일 아끼는 관계는 거의 전부가 여자 친구들과의 관계입니다.

아무 생각 없이 결혼하고 거의 8년이 지나도록 아이를 갖지 않았습니다. 결혼이야 그냥 룸메와 동거한다는 셈 친 거라서, 전통적으로 주부가 한다고 여겨지는 일은 아주 극적으로 피해갔습니다. 요리 배우기 싫었어요. '진짜 주부' 같잖아요. 집 꾸미는 것도 싫었고, 남편 알뜰살뜰하게 챙기고 이런 것과도 거리가 아주 멀었습니다. 그런 저였어서, 아이를 낳겠다는 결심은 정말 어려웠고요, 아이를 낳고도 내가 잘한 건지 잘 모르겠더라고요.

지금은 후회합니다. '여성적인 일은 별로다' 혹은 '어떠어떠한 일은 여성적이다'라는 선입견이 없었더라면 일찌감치 요리도 배웠을 텐데 말이죠. 제가 좋아하는 걸 그냥 받아들이고 열심히 했더라면 저는 지금 완전히 다른 곳에서 다른 모습으로 있을지 모릅니다.

후회는 해도 내재된 여혐은 쉽게 없어지지 않습니다. 팀 내에서 "그래도 네가 제일 사람들 잘 다룬다"는 말을 들으면 기분이 나쁩니다. '내가 여자라서 그런 말 하나?'란 생각이 들어요. 그래서 일하면서 일부러 팀 관리, 혹은 디자인 쪽에는 거리를 뒀습니다. 팀원들 챙기는 것, 회식 계획하는 것 이런 것도 아주 싫어합니다. 내가 여자라서, 여자들은 그런 거 잘 하니까 시키냐? 하는 피해의식이 들어서 그렇습니다. 못났죠. 그런데 아직도 좀 그래요.

사람들이 보통 '여성적이다'라고 정의하는 특성 있죠. 저는 이런 리스트에 익숙한데요. 자신감 결여, 자기 의심 많음, 사회적임, 이공계에 관심 덜함 등이 그에 속합니다. 그 특성에 제가 많이 해당된다는 데에 늘 패배감을 느꼈습니다. 저 사실, 그 스테레오타입 그대로 내가 어떤 일을 정말 잘 하는 건지, 왜 다른 남자들은 나보다 어떤 일을 훨씬 더 잘 하는 것 같은지, 그런 끊임없는 자기 의심과 자신감 부족에 늘 시달렸습니다. 남자 동료들은 전혀 아닌 것 같은데 말이에요. 내가 코딩 좀 못 한다 싶으면 '내가 여자라서 그런가? 정말 남자들이 더 잘하나?' 이런 바보 같은 의심도 들어요. 실제로 저보다 훨씬 못하는 남자가 많다 해도 잘 고쳐지지가 않아요.

그 외에도 '여자는 공격력이 없고 다른 사람들과 부딪히는 걸 싫어한다'는 스테레오타입처럼 전 사실 소심해요. 새가슴이에요. 눈치 없을 때도 있고 둔한 편이기는 하지만, 그래도 누가 저 싫어하는 거 싫고요, 싸우는 것도 무지 싫어해요. 알려지는 게 싫다기보다, 페이지 '좋아요' 수가 늘어나면 불특정 다수 누가 와서 절 욕할까봐 무서운 마음이 더 커요. 차라리 그냥 아는 사람 몇몇과 편하게 얘기하는 쪽을 더 좋아해요. 그래서 글 올릴 때마다 가슴이 두근두근 해요. 안 좋은 댓글 달리면 움찔하고요, 전투력 같은 거 없어요. 저 무지 물렁한 사람이에요….

몇 달 전에 결심했어요. 나 자신을 그냥 그대로 받아들이자, 자기혐오 좀 그만하자, 라고요. 그래서 쓰고 싶었던 글을 쓰고, 공개하고 있습니다. 하나 올리고 좀 두근거린다 싶으면 눈 꼭 감고 다음 글 올려요. 수학을 잘하는 엔지니어가 되고 싶었던 양파가 아니라, 그저 글 쓰고 나누는 거 좋아하는 양파 모습을 그대로 받아들이되, 맷집은 늘려보자 싶었어요. 같은 상황이라면 와 나 인기 많나봐 하며 즐길 사람도 꽤 많다는데 전 아직 괴롭습니다. 그래도 이게 여성적 모습인가 아닌가 고민하지 말고, 그냥 내 모습이다 받아들이고, 좀 더 용감해지는 방법도 연습해보려고요. 이제까지는 체화된 여혐적 사고방식에 휘둘려서 나 자신을 부인하는 연습만 해온 셈이잖아요.

저 사실 수학 잘 못 해요. 팀 관리하는 건 우리 팀 다른 사람들보다 잘 하고요. 다른 팀원과는 달리 문서화 좋아하고 글 쓰는 것도 좋아해요. 여자라서 그런 게 아니라, 그냥 양파라서 그래요. 요리하는 것도 좋아하고요. 코딩이나 수학과 관련 없는 책 읽는 걸 무지 좋아하고 수다 떠는 것도 좋아해요. 여자라서 그런 게 아니라, 제가 그냥 그런 사람이라서요. 전형적인 여자가 되기 싫다는 그런 유치한 여혐을 이유로 제가 즐기는 것, 잘하는 것, 사랑하는 것까지 버리지는 않겠다고 결심했고요, 그걸 지키기 위해서 조금 더 용감해지기로 했습니다. 여혐종자로 자기혐오 심했으나 반성하고 회개하여, 당당함을 넘어서서 뻔뻔해지려 노력중입니다. 함께해주시는 분들께 감사드립니다.

62

페미니스트 선언을
고민하는 남자분들께

어느 누군가가 보수에서 진보로 조금(?) 방향이 틀어졌다고 할 때, 하룻밤에 모든 생각이 다 바뀌진 않을 겁니다. 머리에 총대고 사상을 바꾸지 않으면 죽이겠다는 협박을 받지 않는 이상은. 크고 작은 이슈 하나 하나에 공감하고, 그러면서 그쪽 생각을 조금 더 듣게 되고 그렇게 천천히 변하는 게 보통이지, 어제는 어버이연합이었다가 오늘은 열혈 진보가 되는 일은 현실에는 없습니다. 있다면 그 사람이 좀 이상한 경우고요.

저는 남자가 자신이 페미니스트라고 선언하는지는 노상관이고, 한국에 만연한 여성혐오를 '고쳐야 한다'는 인식이 있으며 여성을 같은 사람으로 존중만 해줘도 좋겠다고 이야기합니다. 이건 남자들이 여권 문제에 있어서 포지셔닝이 까다로운 것을 자주 봐와서 하는 말이기도 합니다.

남자 입장에서 봅시다. 여성도 사람이니까 동등하게 대해 달라는 데엔 대부분의 남자들이 동의합니다. 여성이 차별을 받고 있느냐 아니냐를 두고는 아직 싸우는 사람들이 있지만, 어쨌든 이전에는 여성 인권에 별 관심이 없이 살아왔던 사람이 '강남역 살인사건' 이후로 조금 관심이 생겼다고 해보자고요. 거의 모든 사람은 자신을 선하고 좋은 존재로 여깁니다. 그러므로 여성 인권에 관심을 보이는 나 자신은 좋게 보겠죠. 그런데 페미니즘 관련 이슈는 남자로서 불편한 내용이 많습니다. "남자 니네는 편하게 살잖아, 위협받지 않잖아?" 이런 말을 들으면, "난 사실 여자들 밤길 위험하다는 거에 공감해주고 나쁜 놈들 욕해주려고 했는데 왜 나보고 편하게 살았다고 공격하지? 왜 날 나쁜 사람 만들지?" 하게 되거든요. 이게 바로 '말 곱게 해주면, 그러니까 내가 좋은 사람이라는 느낌이 깨지지 않게 말하면 들어줄 수도 있잖아' 논리입니다.

나와 다른 사고방식을 받아들이는 가장 빠른 방법은 그 방식이 당연한 사회에 혼자 집어넣는 방법입니다. 한국에서 여성혐오 발언, 인종차별 발언하는 사람들도 여성 인권이 높은 나라에 가서는 곧바로 입조심하지요. 반대로 외국인이 한국에 들어와서 웬만한 '여성혐오하는 한국사람' 부럽지 않은 수준에 닿기도 하고요. 그래서 저는 일대일 설득방식보다는 사회 전체 분위기와 시스템을 바꾸는 쪽으로 늘 말합니다.

남자 입장에서 봤을 때, '저는 페미니스트입니다' 선언하고 나면 앞으로 말하는 모든 걸 검열당하고 감시당할 것 같습니다. 뭐 하나 잘못하면 과격한 몇몇 페미니스트들이 '남자 페미가 그렇지' 혹은 '여자 꼬셔보려고 어찌 하더니 바닥 드러난다', '역시 뭣도 모르면서 페미니스트네 뭐네 말했구만'이라고 공격할 것 같고요. 게다가 남자 입장에서 여성의 삶을 100퍼센트 이해하기 힘들다 보니 (반대도 마찬가지) 뭔 말 하면 의도는 좋았더라도 삑사리 나기가 쉬워요. 그러면 또 얻어맞죠. 이게 끝이 아닙니다. 같은 남자에게서는 여자에게 잘 보이려고 별걸 다 하는 놈이란 소리를 들을지도 모르거든요. 반대로 페미니스트라는 말을 굳이 하지 않으면 평소 발언을 덜 검열해도 됩니다. 어차피 한국은 여혐 사회라서 여성 인권에 조금만 관심을 보여도 보통 남자와는 다르다고 좋게 봐주고요. 가부장제 시스템에서 나한테 편한 것만 쏙 취할 수 있습니다.

그러므로 정말 이기적으로 남자 입장에서만 보자면, 페미니즘 담론엔 관심이 아예 없는 척 하면서 여성의 인권 문제에 '에이, 그건 진짜 옳지 않다! 좀 고치자' 한마디 하는 것이 개인의 이익을 최대화하는 길입니다. 확 나서서 편들어주면 좋겠지만, 그게 쉽지 않다는 거 알아요. 그러니까 저는 이슈가 되는 차별적 관행과 조직적 피해에 대해 말이 나올 때 조금씩만 편들어줘도 괜찮다고 생각하고, 페미니즘 전체에 동의한다고 말하라고 강요하고 싶지 않습니다.

며칠 전, 약 400명이 모인 공식 채팅방 대화기록을 봤습니다. 점점 '한국여자들이 어쩌고~' 하는 식으로 말이 흐르니까 남자 한 분이 스톱시킵니다. "논란이 될 만한 말은 지양해주시기 바랍니다." 그 순간 여혐 발언이 정리되었습니다.

그래서 남자분들께 이것 하나만 바랍니다. 채팅방에서 헛소리 하는 사람들 나올 때, '내 너를 단죄하리'라는 식으로 키보드배틀 벌이지 않아도 됩니다. "논란이 될 만한 말, 다른 분들이 불편할 수 있는 발언은 삼가주시기 바랍니다." 이거 하나면 됩니다. 자신이 페미니스트라고 말하지 않아도 좋습니다. 다른 남자들 보고 "야 너 여혐하지마!" 일갈하지 않아도 좋고, 누가 따지면 "이런 거 캡쳐 떠서 양파 페이지 같은데 뜨면 귀찮아질텐데!" 해도 돼요. "여기 사람들이 몇인데 여혐러들이라고 딱지 붙으면 요즘 세상에 우리가 뭐가 돼!" 해도 좋습니다. "그런 말 하지마"라는 메시지만 전달된다면요.

제 페이스북 페이지 방문자의 44퍼센트가 남자분들입니다. 각자들 단체 카톡방 몇 개씩 있으시죠? 그중에 한국여자들이 어쩌고, 김치녀들이 어쩌고 욕하거나, 야한 사진 보내고, 후배 얼굴 평가하고 몸매 평가하는 꼴통 카톡방 하나쯤은 있을 겁니다. 연장자나 윗사람에게 대들 필요 없습니다. 나이 어린 애가 그럴 때 그냥 한 마디 해주세요. 구독자가 2만 명 정도니까 7천 명의 남자분들. 그리고 1만3천 명 여자분들의 남친, 남편, 동생, 남자사람친구들에게 한 달에 한 번씩만 말해준다 해도 2만 개가 넘는 단체 채팅방의 분위기가 쇄신됩니다. 한 채팅방에 10명만 있다 해도 20만 명이에요. 저 앞의 400명 채팅방에서 한 명이 한 마디 해주는 바람에 400명이 '아 이런 얘기 막 하면 안 좋은 소리 듣는구나' 변하는 걸 봤습니다. 한 번씩만 분위기 바꿔주세요. 여자가 말하면 '못생긴 게 히스테리, 메갈쿵쾅 정신병 어쩌고' 하지만, 윗사람이 한 마디 하면 분위기 정리되는 거 알잖아요.

나는 페미니스트다, 뭐 그런 대단한 선언 정말 바라지 않습니다. 내가 죄인이오, 딴 남자들 대신해 사과하오, 이런 것도 필요 없고, 괜히 주위 남자들과 주먹질 안 해도 됩니다. 사회 분위기가 점점 변해갈 때, 딱 반 발자국만 앞에 서서 아직 뒤쳐진 남자분들 살짝 끌어주면 그게 가장 큰 도움입니다.

63

여혐 발언 정치인, DJ DOC, 그리고 몇몇 여혐러로 찍혔던 사람들의 행보에 대해서

🍃 한참 전 얘긴데 '여자로서 알파 남자들과 일하는 법' 종류의 자기 계발서를 몇 권 읽은 적이 있습니다. (저 엉뚱한 책 많이 읽어요!) 여기에 서 몇 가지 인상깊었던 구절 중 하나가, 무언가 불만이 있을 때는 둘 만 있을 때 간단하게 '그거 앞으로 하지 말아달라'고 말하고 그냥 돌 아서라는 거였습니다. 저는 제 사정을 설명하고 설득시키는 스타일 이라 이거 상당히 공감이 안 갔습니다만 비슷한 상황에 몇 번 처해 보니까 무슨 말인지 알 것 같기도 했어요. 아래는 그 이후로 제가 만 든 이론입니다.

IT분야에는 'SOA(Service Oriented Architecture)'라는 개념과 '객체

지향'이라는 개념이 있습니다. 예를 들어 우리는 모르는 사람들, 그리 친밀하지 않은 사람들과는 SOA를 주로 씁니다. 편의점에 가면 종업원이 계산해줄 거라는 기대가 있고, 종업원은 그 기대에 부합하죠. 그 종업원 성격이 무엇인지 어떤 성향인지는 상관없고, 그 사람의 역할을 보는 겁니다. 학교 선생님은 공부를 가르치고 경찰관은 민원을 받습니다. 한 사람이 어떤 요구를 받으면 그에 반응을 하는 것이죠. 시어머니가 "김장 도우러 와라" 하고 서비스를 요구하면 간다, 안 간다로 반응할 수 있고요. 하지만 친밀한 사람들에게는 객체지향으로 생각하는 게 좀 더 흔합니다. 이것은 '이 사람은 이런이런 사람이다'라는 모델을 기반으로 하는데요, '내 친구는 나와 친하고 나를 이해하니까 이런 상황에서 내가 부탁하지 않아도 이렇게 할 것이다'라는 기대죠. 이심전심. 나와 공감하면 이런 말을 할 것이고, 저런 것도 해 줄 것이고, 뭐 그렇습니다.

김장 준비하는 시어머니의 예를 들어 봅시다. 객체지향으로 가면, '며느리는 우리 가족이고 내가 힘든 걸 알 테니 말 안 해도 당연히 와서 도와주고 싶을 거야'입니다. 하지만 며느리는 SOA 식으로 '시어머니가 김장하는데 도움이 필요하셔서 부탁한다면 도와드려야지'입니다. 또 다른 예로 아침 해주길 바라는 남편은 객체지향적으로 '내 아내는 나를 사랑하니까 아침 정도는 해줄 수 있을 거야'라고 기대를 하죠. 대신 부인은 SOA 식으로 '남편이 아침에 밥 해주기를 원하니 내가 부탁을 들어주겠다'일 수 있고요. 이때 부인이 아침을 안 하면, 객체지향인 남편은 '나를 사랑하지 않는가?'하면서 머릿

속의 객체 모델이 틀린 걸로 생각합니다. '내가 생각했던 사람이 아니네? 나를 사랑하지 않나?' 뭐 이런 식으로요. 왜냐면 자기 머릿속에서 '남편을 사랑하는 부인' 모델은 말하지 않아도 당연히 아침을 챙길 거거든요. SOA인 부인은 당신 부탁을 들어주려고 노력하지만 사정이 있어서 못 들어줄 수도 있고, 꼭 내가 매일 해줘야 할 의무는 어차피 없다고 생각합니다.

자, 이 시스템을 이제 여혐 논란으로 시끄러웠던 밴드(DJ DOC 등)와 그 외 여혐논란에 불을 지핀 사람들에게 적용해봅시다. SOA 개념으로 보면, 그들은 가수로서 서비스 실수를 했습니다. 여혐 가사가 논란이 됐죠. 이에 DJ DOC는 문제가 되는 부분을 고쳤습니다. 그리고 나와서 개사된 노래를 불렀습니다. SOA 입장에서는 잘 해결된 셈입니다. 문제 발견-정정 의뢰-정정 후 다시 서비스-에블바디 해피. 하지만 객체지향으로 생각하는 사람에게는 이건 충분하지 않습니다. '여혐을 내재한 모델'이었으니 그런 여혐가사가 나왔는데, 이번 건 고쳤지만 다음 번에 이러지 않을 거라는 확신이 없잖아요. 그러니 DOC는 (심금을 울리는 눈물 가득한 사과로?) 이제 그런 가사를 쓸 사람이 아니라는 걸 증명해야겠죠.

여기서 다시 처음 시작으로 돌아가 봅시다. 뭔가 문제가 있을 때에 그 사람에게 1:1로 가서 '이거 앞으로 하지 마세요'라고 하는 건, 아주 확실하게 SOA 스타일입니다. 객체지향은 서로의 공감과 이해를 구해서 '아 우리 같은 편이고 내가 왜 이 일에 이렇게 반응했는지

납득했으니 이제 앞으로 걱정 안 해도 되겠구나' 하는 거고요. 그러므로 다시 SOA 식으로는 '네가 왜 그랬는지는 모르겠고 내가 왜 이걸 원하는지 이래저래 구구절절 설명하진 않겠으나 내가 원하는 건 이거니까 네가 맞춰줄 수 있는지 말해'입니다. 객체지향 스타일이라면 '내가 왜 그 일 때문에 피해를 받았고 기분이 안 좋은지'를 말함으로써 상대를 설득시키려고 할 겁니다. 상대방이 이해한다면 앞으로 그에 대해서 걱정하지 않아도 될 거라고 믿어서이죠. 그러나 다른 환경, 다른 교육, 다른 이야기를 듣고 자란 사람들인데, 낳아준 부모와도 의견이 충돌하는데 다 내 마음 같지는 않죠. 길게 말(혹은 설득)해봤자 '넌 이래서 나쁜 놈, 넌 이래서 나쁜 놈, 넌 이래서 나쁜 놈'으로 들리기 쉽습니다.

이제는 여혐러로 찍힌 몇몇 사람 등을 봅시다. 거의 대부분의 여성도 상당한 수준의 여혐을 하게 만드는 이 나라에서 자란 사람들이라 놀랍진 않습니다. 보통은 제재도 받지 않고 그냥 살아가지요. 그런데 DJ DOC와 마찬가지로 이 사람들도 지적 혹은 질타, 비난을 받았습니다. DJ DOC 같은 경우에는 좀 쉬웠죠. 개사하고 그냥 넘어갔습니다. 정치인들에게는 좀 더 기준이 높습니다. 이때 '너는 여혐 발언을 하는 걸 보니까 글러먹었다' 류의 비난도 가능하지만, 저는 저와 다른 문화와 배경에서 자란 사람들이 대부분인 곳에서 살고 일하는 탓에 '네 배경이 뭔지 모르니 우선 한 번 조용히 넘어가고 기록은 해두겠다', 혹은 '나는 받아들일 수 없으니까 시정 요청하고 한 번 더 가보자'인 SOA 시스템을 택하는 편입니다. 실제로는 글러먹은 사람이라도, 지금이라도 환경 파악하고 태도를 바꿀 기회를 주는 거라고 봐도 됩니다. 특히 동료처럼 가까운 사람이라면 더 그렇습니다. 여자가 나서서 말하지 않는 무슬림 분위기에 익숙한 남자가 저에게 실수를 한다면, 간단하게 못 들은 척 하고 자신이 분위기 파악하도록 두거나, "어 그건 좀 아닌 거 같은데 다시 해봐" 하는 방식으로 다시 싹 지우고 리셋할 기회를 한두 번은 줍니다. Saving face, 곧 체면치레 하도록 약간의 여지는 남겨두는 것이기도 합니다. 체면 구기지 않고 얼른 태세전환 할 기회입니다.

여자를 팬 사람이 또 팰까요? 아마도요. 하지만 여자를 때려서 엄청나게 공개적으로 망신당한 사람이 또 같은 짓을 할까요? 사회 전체 분위기가 가정폭력에 아주 엄해진다면요? 좀 더 어렵겠죠. DJ DOC는 아마도 다음에 가사 쓸 때 너무 여혐적인 걸 쓰진 않을 거라 생각합니다. 생각하는 방법이 완전 페미니즘적으로 바뀌었을 리는 없지만, 최소한 노래 듣는 여자들이 불쾌하지 않을 정도로 노력은 하겠지요. 본심은 어떻든 간에, SOA 식인 저에게는 상관없고 개사했으면 문제 해결입니다. 정치인들도 "여자가…" 류의 발언은 조심하겠죠. 앞으로 정말 그 사람이 어떤 사람인지 더 보고 실망할 수도 있겠지만 우선은 딜브레이커까지는 아니므로 기억만 해두고 넘어갑니다.

페미니스트가 아니라고 해서 무조건 여혐러인 건 아니겠지요. 그저 익숙해진 삶과 그의 가치를 따라가는 사람일 수도 있고, 그런 일로 제재받아보지 않아 당황스럽고 화나서 발끈하는 사람일 수도 있습니다. 이때 내 맘같이 느끼면서 알아서 해주기를 바라는 건, 최소한 제 경험으로는 무리였습니다. SOA 방식으로 시작합시다. 가사 개사했으면 '가수'로서는 자기 역할 한 거죠. 공개적인 발언할 때 여성 비하하지 않으면 정치인으로는 일단 서비스 레벨 정상화 된 거죠. 머릿속으로야 무슨 생각하든 간에요. 여혐 관련 이슈로 홍역 겪었지만 사과했고 자신이 여성혐오적이었다는 걸 인정했다면, 또 그 후 페미니즘에 우호적 스탠스를 보인다면, 우선은 리셋했다 치고 다시 모니터링 모드로 들어가도 되겠죠.

나의 시각에서 보지 않고 나와 같은 경험을 하지 않고 나의 삶을 살지 않은 사람이 내 감정과 내 사정을 온전히 이해해주기는 힘든 것 같습니다. 나의 관점을 완전하게 수용하고 사람이 바뀌기를 바란다면 기대가 너무 높아집니다. 갈 길이 너무 먼데 나를 이해 못 하는 것에 분노하고 실망해버리면 천리 가야 하는 스케줄에 몇 걸음도 힘듭니다. 내 (정당한) 요구를 받아들이고 수용한 것도 성공이니 기뻐하고 또 힘내서 나갑시다.

여혐 발언 한 사람들 봐주고 넘어가자는 말은 아닙니다. 한 마디 한 마디에 분노하면서 에너지를 소비하기보다는 (저도 잘 그러지만) 어차피 우리 모두 다 여혐에서 자유로울 수 없으니까, 우리가 원하는 것을 확실히 해서 그것을 받아내는 데에 더 집중하자는 말입니다. 속으로야 무슨 생각 하든 여혐 발언 안하고 차별 안 하는 게 먼저잖아요. 진짜 그게 옳다고 믿는지 사상검증까지는 갈 필요 없죠. 제도적인 조치, 그리고 사회 전반적으로 "(속마음이야 어땠든) 내놓고 하면 안 된다."는 인식이 퍼지는 것이 중요하다고 봅니다. "You can specify what, or how. Not both."라는 말이 있죠. 일 시킬 때 뭘 해야 할지 말할 수 있고 어떻게 해야 할지 말할 수 있지만 둘 다 하진 말라는 뜻입니다. 우리가 원하는 'what'부터 먼저 요구합시다.

64

이상과 현실 사이에 있는 우리에게

 ~이래야 한다: Should be this way

현실은 이렇다: It is this way

이 둘을 각각 줄여서, 슈드비족, 그리고 (영국식 발음으로!) 이티즈 족이라고 합시다.

슈드비 스타일의 사람들은 강간하는 남자가 잘못이지 여자가 옷을 어떻게 입든, 술을 마시든 안 마시든, 그게 왜 문제냐고 합니다.

이티즈 사고방식의 사람은 (물론 강간범이 나쁜 놈이지만!!) 늦게까지 술 마시고 혼자 안 돌아다닌다든가, 위험한 데 혼자 안 다니고, 문 꼭 닫고 다니는 등 조심하면 강간당할 확률을 줄일 수 있다고 합니다.

슈드비와 이티즈가 토론하면 답이 안 나요. 슈드비 입장에서 이티즈는 강간범을 잡을 생각은 안 하고 당한 사람한테만 왜 조심하지 않았느냐고 따져드는, 피해자에게 책임을 떠넘기는 개념상실 또라입니다. 이티즈 입장에서 슈드비는 현실 감각 없이 뜬소리만 하고, 실제 위험한 상황에 처해본 이들에게는 아무런 현실적인 도움을 주지 않는 이들이고요. 며칠 만에 온 세상 강간범이 없어질 게 아닌 이상, 혹은 우범지대가 다 사라지지 않는 이상, 개인이 할 수 있는 최대한은 해야 하지 않겠느냐 이거죠.

얼마 전에 마이크로소프트 인턴 남자와 얘기할 일이 있었어요. 구글 인턴에 지원했다가 떨어졌는데, 자기보다 학점이 좀 낮은 여자애가 붙었다는 사실에 분개하고 있었습니다. 여자기 때문에 혜택을 준다 이거지. 그래서 걔한테 그런 말을 했습니다.

물론, 개인 입장에서는 공평한 시스템을 원할 수 있다. 하지만 거시적으로 본다면, 사실 학점 몇 점 차이 별 거 아니고, 학점이랑 일 실력이 비례하지 않는데다가 여자들의 이공계 진출을 더 장려하는 분위기에서는 충분히 그렇게 할 수 있다는 게 내 주장이다. 마찬가지로 남아공에서는 백인보다 흑인의 고용을 장려하고, 미국에서도 오랫동안 affirmative action(적극적 배려 혹은 차별철폐조치)이 있어왔다. 인종이나 성별, 성적지향 등 소수자성을 이유로 차별받기 쉬운

이들에게 교육기회나 고용에 혜택을 주는 거다. 개인의 입장에서 보면 불공평하다. 그러나 사회공평성을 고려하면, there should be more social equality(사회적 평등은 좀 더 필요하다). 지금 당장은 남자들이 이공계에 더 많고 실력 좋은 애들이 많을지 몰라도, 그대로만 둔다면 '컴퓨터는 남자들만 한다'는 선입견이 더욱 굳어진다. 이 선입견을 바꾸는데 열심히 노력하는 개인이 손해를 봐야 하느냐? 이건 지금까지 계속되는, 그리고 앞으로도 계속될 논란이지만 사회 전반적으로 보자면 사회적인 공평성을 위해 개인의 불공평함은 어쩔 수 없이 감수해야 한다는 것이 거의 대부분 국가의 입장이다. 똑같은 이유로 돈 많이 버는 사람들은 세금을 더 낸다. 능력 있어서 돈을 더 버는데 왜 더 빼앗아가냐고 하겠지만 말이지, 라고 말이죠.

이 케이스는 '슈드비'에 기반으로 한 정책 때문에 '이티즈'가 바뀐 겁니다. 여성의 사회 진출을 장려하자는 것이 '슈드비'이고, 그로 인해 실제 실생활에 변화가 온 거죠. 백인으로서, 남자로서, 혹은 돈 많이 버는 사람으로서 어느 정도 손해를 봅니다. 내 개인적 '슈드비'는 '만인이 평등하게 경쟁할 수 있어야 한다'이지만, 사회적인 '슈드비'는 여성, 혹은 저소득층을 먼저 돌봐주는 시스템입니다.

그러니까 '슈드비'를 기본으로 해서 '이티즈'를 점차 바꾸어가는 것인데, 개인 레벨에서도 그래야 한다고 봐요. 내 개인의 이익만을 보면 '이티즈' 족이 유리합니다. 하지만 이티즈 족만 드글드글한 동네는 빈익빈 부익부, 약육강식, 나만 잘 살면 된다는 이기주의가 팽

배해집니다. 사실 한국의 젊은 세대도 자기계발을 기본으로 한 이티즈 족의 강세라고 봐요. 사회 실태야 어쨌든 하여튼 나부터 잘 살고 보자는 것. 어쨌든 내 새끼가 공부 잘해서 서울대 가고 좋은데 취업하면 장땡. 그러나 점점 사회 시스템이 고착되고 더 이상 개룡녀, 개룡남(개천에서 용나는) 시나리오가 힘들어지면서 이기적인 이티즈 족들도 점점 슈드비의 중요성을 느끼기 시작합니다. 아무리 혼자만 잘 먹고 잘 살려고 해도 불가능해지거든요. 앞에서 든 강간의 예로 보면 이렇습니다. 아무리 조심해도 강간 사건은 엄청나게 벌어지고, 강간범들이 검거되지 않고 피해자의 인권보호가 되는 않는 사회에서는 그것이 어느 임계점을 넘는 순간 여자들에게 몸조심하라고 잔소리를 하기보다 대대적인 운동이 일어납니다. 최근의 인도가 바로 그런 케이스입니다.

나이가 들면 들수록 '슈드비' 경향이 약해져요. 아무리 사회가 이래야 된다 저래야 된다 외쳐봤자, 실제 변화는 느리고, 내가 할 수 있는 건 별로 없다고 생각하게 되기 때문인데요. 그렇지만 내 등이 따시면 따실수록, 내 배가 부르면 부를수록, 좀 더 여유를 가지고 주위를 돌아보며 '슈드비'를 실천하도록 노력해야 하지 않을까 싶습니다.

그렇게 작은 것이라도 하나씩 하나씩 고쳐갑시다.

결국, 페미니즘이 대한민국을 구할 것이다

이 원고를 마무리 짓는 동안 한국에서는 박근혜 대통령 퇴진 요구가 거셌고 결국 탄핵이 이루어졌다. 매주 토요일마다 국민들이 광화문 광장을 촛불로 뒤덮으며 "박근혜 하야"를 외쳤다. 그 와중에 몇 가지 여혐 논란이 있었고, 박 대통령은 비판하되 여혐은 하지 말자고 쓴 몇 개의 글이 많이 공유가 되면서 (글이 퍼지면 늘 그렇듯이) 욕도 많이 먹었다. 밤새 휴대폰이 댓글, 메시지 알림으로 울렸다. 오늘 아침에도 일어나 보니 알림이 거의 백 개가 쌓여 있었다.

피곤하다. 나에게 호의와 지지를 보내는 이들도 있지만 아무래도 상처 되는 말, 욕설, 삿대질이 멘탈에 스크래치를 낸다. 난 평소 생활에서 누구와 목소리 높일 일 없고, 동료와 충돌하는 일도 극히 드문 무난하고 심심한 사람이다. 싫은 소리도 잘 못 한다. 그런 나에게 한국의 온라인 생활은 그야말로 파란만장하다. 몇 번이나 페이지를 잠깐이라도 닫아버릴까 고민했다. 사실은 5분에 한 번씩 한다. 계속 댓글 알림은 울리고, 나를 극단 페미니스트, 메갈 돼지라고 부르는 사람들의 댓글이 줄줄이 달린다.

아무렇지 않은 듯 글을 또 올리지만 아무렇지 않은 것은 아니다. 난 기본적으로 이기적인 사람이고, 나에게 크게 이득 되지 않는 일이라면 내 평온한 일상을 망치고 싶지 않다. 많이 소심하고 타인들과의 분쟁과 갈등도 피해가는 편이기도 하다.

그럴 때마다 다시 다짐한다. 좋은 말만 하면서, 남들이 다 좋아할, 동의할 말만 하면서 세상을 바꿀 수는 없다. 내가 한 마디 말을 함으로써 어떤 이는 용기를 얻고, 어떤 이는 화를 내지만 그에 대해서 생각은 하게 되고, 어떤 이는 이런 말을 해도 된다는 걸 알게 된다. 콘돔 거부하는 남자가 욕을 먹는 포스팅을 보고 어느 여대생은 낙태를 피할 수 있을 것이고, 김치녀라 부르지 말라는 포스팅을 본 남자는 소개팅 나가서 말과 행동을 좀 더 조심할 수도 있다. 어떤 이는 해외의 다른 근로 환경 이야기를 듣고 한국 직장에서의 여혐이 비정상이라는 것을 느끼게 된다. 이슬람 세계의 엄청난 여성혐오 문화를 보고 이 세상 전체가 정말 갈 길이 멀다는 것을 배우게 된다. 지금 이 순간조차도 우리 삶엔 다른 이들이 먼저 싸워 쟁취한 권리로 가득 차 있음을, 그들이 없었더라면 훨씬 더 열악한 상황이었을 것을 깨닫게 된다.

단군 이래 처음으로 여성혐오가 공론화되었다. 일반 대중들의 뇌리에 여성혐오라는 단어 하나라도 새길 수 있었다. 그에 대해서 어떻게 생각하든, 누군가를 미친 페미니스트라 낙인을 찍든 어쨌든 알려졌다. 이제 더 끈질기게 쓰고 말하고 토론하고 싸우고 답하고 설명하고 나서고 귀찮게 하고 신경 쓰이게 해야 한다. 몇 주, 몇 달 뉴스로 지나가는 게 아니라 한국사회 전체가 불편해하고 의식하면서 1밀리미터씩 변하도록 만들어야 한다. 이것은 여권 담당 부처를 만든다고 당장 해결되는 일이 아니다. 대통령 혼자 각별히 신경 쓴다고 변하는 일이 아니다. 사회 곳곳에서 어딜 가나 계속 이슈가 되어야 한다. 불을 계속 지펴야 한다. 최대한 많은 이들이 떠들고 분노하고 토론해야 변한다.

지난 수십 년 간 진보적인 가치를 향한 곳도 있지만 그렇지 않은 곳도 많다. 아프가니스탄은 1960년대가 여성들이 훨씬 더 살기 좋은 나라였다. 미국은 대놓고 여성혐오와 성범죄를 자행하고 이민자와 소수자를 혐오하는 사람을 대통령에 선출했다. 이럴 때 주위 사람들이 눈치 보인다고, 나는 그리 심한 차별을 겪지 않는다고 잠깐만 눈을 감아도 사회는 급작스럽게 변할 수 있다. 출산휴가 찾아 쓰기가 더 힘들어지고, 육아 보조가 사라지고, 전업주부 비하가 심화되고, 성범죄 처벌은 여전히 가해자가 술을 마셨다는 이유로 솜방망이고, 경제가 어렵다는 이유로 여직원을 더 쉽게 자르고, 경력이 단절된 여성들이 늘어난다. 정부 지원이 줄어들면서 노후가 보장되지 않은 노인들과 지병으로 고생하는 친지들을 돌보는 일은 여성들의 보이지 않는 노동을 더 착취한다. 취업이 어렵다는 이유로 성추행 당한 여자 직원은 고발도 하지 못하고, 문화계 예술계 운동계 등 모든 분야에서 수없이 자행되는 성폭력도 지속된다.

그래서 나와 상관없다 해도 계속 떠들고 반발해야 한다. 인류역사상 먹고 살 형편이 좋아졌다고 여성 인권을 챙겨준 사례는 단 한 번도 없었다. 여성 인권 대신에 훨씬 더 중요한 사안은 언제나 있었다. 기다린다고 우리 차례가 오진 않는다. 전국적으로 공론화가 되었고 사람들이 불편해하고 귀찮아할지라도 여성혐오가 무엇인지 정도는 알게 되었을 때 직진해야 한다.

크게 시작할 필요 없다. 주위의 친구들과 이야기할 때 성관계를 강요하는 남친에 대한 조언을 하는 것으로 시작해도 된다. 술자리에서 성희롱 이야기가 나왔을 때 "와 그건 좀 아닌데" 한 마디만 거들어도 된다. 지인들의 발언에 대해 '네 얘기가 어떤 이에겐 여혐적으로 보일 수 있다'고 조심스럽게 지적해도 된다. 꼭 피켓 들고 나가서 투쟁을 해야 하는 게 아니다. 임계점만 넘으면 된다. 우리 사회에서 여성혐오 감수성으로 임계점을 넘으면 본능적인 거부감이 장착된다. 이것은 한국인들이 흔히 민감해하는 '손아랫사람이 손윗사람에게 반말하면서 대드는 상황'에서 느끼는 '뼛속 깊이 드는 본능적인 위화감과 거부감'과 비슷하다. 이 임계점을 넘으면 더 이상 여성혐오가 무엇인지 설명하지 않아도 된다. 부적절한 언행을 하면 남녀불문하고 다 움찔하게 된다. 여성을 비하하는 농담을 하면 시원하다는 이는 없고 불편하다는 이가 대부분이 된다.

그때가 오면 페미니즘이 필요가 없어진다. 성평등을 논할 이유가 없다. 우리 사회에서 성평등이 너무나 당연한 상식이 되고, 그것을 받아들이지 못하는 이들은 이해 불가능한 소수가 된다.

우리 그렇게 되도록 아주 조금씩만 더 노력하자. 불편하더라도, 싫어하는 소리 하기 힘들더라도 조금씩만 목소리를 높이자고 부탁하고 싶다.

That's one small step for a girl, but one giant step for all.
소심한 당신의 작은 행동이지만, 그렇게 미시적인 행동들이 모여 사회를 바꾼다. 우리 모두에게는 페미니즘이 필요하다.

시작하며 말했듯이, 페미니즘이 대한민국을 구할 것이다.

여혐민국
ⓒ 양파(주한나)

1판 1쇄 발행 2017년 4월 10일
1판 4쇄 발행 2019년 5월 20일

지은이   양파(주한나)
편집인   고윤희
디자인   이창욱
펴낸이   송사랑
펴낸곳   베리북
         경기도 고양시 일산서구 킨텍스로 410
전화   070.8777.6218
팩스   0303.3130.6218
이메일   verybook2@gmail.com
출판등록 2014년 4월 3일, 제 406-2014-000002호

ISBN 979-11-954465-9-9 (03330)

값 15,000원